DIETER BLUMENWITZ

Die Grundlagen eines Friedensvertrages mit Deutschland

Schriften zum Öffentlichen Recht

Band 27

Die Grundlagen eines Friedensvertrages mit Deutschland

Ein völkerrechtlicher Beitrag zur künftigen Deutschlandpolitik

Von

Dr. Dieter Blumenwitz

DUNCKER & HUMBLOT / BERLIN

Gedruckt 1966 bei F. Zimmermann & Co., Berlin 30
Printed in Germany

Meinen Eltern

Vorwort

Eine völkerrechtliche Arbeit, die sich mit dem Deutschlandproblem befaßt, muß mit erheblicher Skepsis rechnen, da zu diesem Fragenkomplex schon so viel geschrieben worden ist, daß unweigerlich die Frage nach der praktischen Möglichkeit neuer Gesichtspunkte und dem Sinn einer weiteren Untersuchung auftauchen muß[1].

Die Möglichkeit neuer Gesichtspunkte in der Deutschlandfrage bietet sich aus der Perspektive eines Friedensvertrages mit Deutschland; Ziel dieses Beitrags ist es, eine Erkenntnismethode zu finden, die sowohl die juristische wie auch die politische Problematik erfaßt.

Die vorliegende Untersuchung geht auf eine Diplomarbeit an der Hochschule für politische Wissenschaften in München zurück und hat als Inaugural-Dissertation der Juristischen Fakultät der Ludwig-Maximilians-Universität München vorgelegen; sie wurde vor Drucklegung im August 1965 nochmals überarbeitet.

Es ist mir ein Anliegen, meinem verehrten Lehrer, Herrn Professor Dr. F. J. *Berber*, dem Korreferenten, Herrn Professor Dr. P. *Lerche*, wie auch dem Vorstand des Instituts für Rechtsvergleichung der Universität München, Herrn Professor Dr. M. *Ferid* und dem Vorstand des Instituts für europäisches und internationales Wirtschaftsrecht, Herrn Professor Dr. E. *Steindorff*, für ihre verständnisvolle Förderung und ihre bereitwillige Unterstützung zu danken. Zu großem Dank bin ich ferner Herrn Ministerialrat a. D. Dr. J. *Broermann*, für die Aufnahme der Arbeit in sein Verlagsprogramm verpflichtet. Herr stud. cand. jur. Joachim *Ensslin* war mir beim Lesen der Korrekturen behilflich.

München, Weihnachten 1965

Dieter Blumenwitz

---

[1] Vgl. *Keßler*, Buchbesprechung in: Der Staat 1965, S. 369 ff.

Inhaltsverzeichnis

Abkürzungsverzeichnis

aaO	am angegebenen Ort
ABGB	Allgemeines Bürgerliches Gesetzbuch (Österreich)
AJ = AmJ = AJIL	American Journal of International Law. Published by the American Society of International Law
aM	andere Meinung
AöR	Archiv des öffentlichen Rechts. Herausgegeben von Bachof, u. a. Tübingen
Art.	Artikel
Aufl.	Auflage
Bd., Bde.	Band, Bände
BGB	Bürgerliches Gesetzbuch (Deutschland)
BGBl. I bzw. II	Bundesgesetzblatt Teil I bzw. Teil II (ab 1951)
BGH Str	Entscheidungen des Bundesgerichtshofs in Strafsachen
BGHZ	Entscheidungen des Bundesgerichtshofs in Zivilsachen
BRD	Bundesrepublik Deutschland
1. BT Drucks.	Verhandlungen des Deutschen Bundestages. 1. Wahlperiode 1949. Anlagen zu den Stenographischen Berichten: Drucksachen
2. BT Drucks.	Verhandlungen des Deutschen Bundestages. 2. Wahlperiode 1953. Anlagen zu den Stenographischen Berichten: Drucksachen
3. BT Drucks.	Verhandlungen des Deutschen Bundestages. 3. Wahlperiode 1957. Anlagen zu den Stenographischen Berichten: Drucksachen
1. BT StenBer	Verhandlungen des Deutschen Bundestages. 1. Wahlperiode 1949. Stenographische Berichte
2. BT StenBer	Verhandlungen des Deutschen Bundestages. 2. Wahlperiode 1953. Stenographische Berichte
3. BT StenBer	Verhandlungen des Deutschen Bundestages. 3 Wahlperiode 1957. Stenographische Berichte
Bulletin	Bulletin des Presse- und Informationsamtes der Bundesregierung, Bonn. Der Bürger im Staat. Hrsg. von der Arbeitsgemeinschaft „Bürger im Staat", Stuttgart
BVerfG	Bunderverfassungsgericht
BVerfGE	Entscheidungen des Bundesverfassungsgerichts. Hrsg. von den Mitgliedern des Bundesverfassungsgerichts

BVerwG	Bundesverwaltungsgericht
BVerwGE	Entscheidungen des Bundesverwaltungsgerichts. Hrsg. von den Mitgliedern des Gerichts
Cc	Code civil
DAP	Deutsche Außenpolitik. Herausgegeben von der Gesellschaft zur Verbreitung wissenschaftlicher Kenntnisse. Berlin (Ost)
DDR	Deutsche Demokratische Republik
DDV	Verfassung der Deutschen Demokratischen Republik vom 7. Okt. 1949 (GBl. der DDR, S. 5)
Doc.	Document
DöV	Die öffentliche Verwaltung. Zeitschrift für Verwaltungsrecht und Verwaltungspolitik, Stuttgart
DVBl	Deutsches Verwaltungsblatt, Herausgegeben von Hermann u. a., Köln—Berlin
EA	Europa Archiv. Herausgegeben von Cornides. Institut für Europäische Politik und Wirtschaft, Frankfurt a. M.
f. (ff.)	folgende
FAZ	Frankfurter Allgemeine Zeitung für Deutschland
Fn.	Fußnote
For.Rel.	American State Papers, Class I. Foreign Relations
FW	Die Friedenswarte. Blätter für internationale Verständigung und zwischenstaatliche Organisation. Herausgegeben von Wehberg, Basel.
GBl.	Gesetzblatt
GG	Grundgesetz für die Bundesrepublik Deutschland vom 23. Mai 1949 (BGBl. S. 1)
GK	Zivilgesetzbuch (UdSSR)
i. A.	im Allgemeinen
i. d. F.	in der Fassung
i. w. S.	im weiteren Sinne
JO	Journal Officiel de la Société des Nations
JZ	Juristenzeitung. Herausgegeben von Bader u. a., Tübingen
KPD	Kommunistische Partei Deutschland
KRABl	Amtsblatt des Kontrollrats in Deutschland
LKO	Landkriegsordnung
lit.	Buchstabe
NATO	North Atlantic Treaty Organization
NJ	Neue Justiz. Zeitschrift für Recht und Rechtswissenschaft. Herausgegeben vom Ministerium der Justiz u. a., Berlin (Ost)
NJW	Neue Juristische Wochenschrift, München und Berlin

OG	Oberstes Gericht der DDR
OGZ	Entscheidungen des OG in Zivilsachen
OLG	Oberlandesgericht
Rec.	Recueil des Cours. Académie de Droit International de la Haye
RDIP	Revue générale de Droit international public
RGBl. I bzw. II	Reichsgesetzblatt Teil I bzw. Teil II (ab 1922)
s.	siehe
S.	Seite
SJZ	Süddeutsche Juristen Zeitung
sog.	sogenannt
StIG	Ständiger Internationaler Gerichtshof
StuR	Staat und Recht. Herausgegeben von der Deutschen Akademie für Staats- und Rechtswissenschaft „Walter Ulbricht", Potsdam—Babelsberg
SZ	Süddeutsche Zeitung
UdSSR	Union der Sozialistischen Sowjetrepubliken
UN	Vereinte Nationen
UNTS	United Nations Treaty Series
u. U.	unter Umständen
Veröff. d. Vgg. d. dt. StRL	Veröffentlichungen der Vereinigung deutscher Staatsrechtslehrer, Berlin
Vgl.	vergleiche
VOBl. BZ	Verordnungsblatt für die Britische Zone
Vol.	Volume
ZaöRVR	Zeitschrift für ausländisches öffentliches Recht und Völkerrecht. Herausgegeben von Mosler, Heidelberg
ZGB	Zivilgesetzbuch (Schweiz)
ZPO	Zivilprozeßordnung (Deutschland)

Die Problemstellung

Aufgabe dieser Arbeit soll es sein, die völkerrechtlichen Grundlagen eines Friedensvertrags mit Deutschland näher zu behandeln. Ausgehend von der Interdependenz von Macht und Recht, gilt es vornehmlich, eine Konzeption zu finden, die Völkerrecht und internationale Wirklichkeit verbindet. Leider lassen sich viele Autoren, die sich in letzter Zeit mit dem Deutschlandproblem befaßt haben, entweder nur von sogenannten juristischen Gesichtspunkten leiten und weisen politische Fragen so weit wie möglich von sich oder aber treten nur in eine politische Erörterung ein und meinen, völkerrechtliche Erwägungen anbetrachts der gegenwärtigen Lage völlig außer Acht lassen zu können. Beide Versuche, die zwischenstaatlichen Fragen zu lösen, sind einseitig und deshalb wenig fruchtbar:

Die erste Methode läuft Gefahr, in einen juristischen Illusionismus einzumünden; die großartig konstruierten und im System der selbstgesetzten Prämissen logisch unanfechtbaren Gedankengebäude erweisen sich als Luftschlösser und Traumburgen, die der scharfe Wind der politischen Wirklichkeit hinwegfegt.

Die zweite Methode führt zur Leugnung einer rechtlichen Bindung in den zwischenstaatlichen Beziehungen; sie leistet damit dem internationalen Leben nicht nur keinen Dienst, sondern ist selbst von ihrer Sicht — nämlich von einer rein machtpolitischen Betrachtungsweise aus — wenig realistisch, verzichtet man so doch auf die potentielle politische Macht, die einem Rechtsargument — ja selbst noch einem Scheinargument — zukommt.

Um die großen Zusammenhänge zu erfassen, müssen zunächst der Grund der gegenwärtigen Friedlosigkeit und die Aspekte einer allgemeinen Friedensordnung erörtert werden. Hierbei soll ein besonderes Augenmerk der gemeinsamen völkerrechtlichen Grundlage zwischen Sieger und Besiegten, Ost und West geschenkt werden (1. Kapitel).

Anschließend wird auf die speziellen völkerrechtlichen Probleme eingegangen, die sich beim Abschluß eines Friedensvertrages mit Deutschland aus der komplizierten Rechtslage im geteilten Deutschland ergeben. In diesem Zusammenhang treten — neben einer Überprüfung der Lehre vom Völkerrechtssubjekt — die zwischen den westlichen Siegermächten und der Bundesrepublik einerseits und der UdSSR und der DDR andererseits getroffenen Vereinbarungen in den Mittelpunkt (2. Kapitel).

Der letzte Abschnitt greift dann die konkreten Fragen des Friedensschlusses und der inhaltlichen Gestaltung des Friedensvertrages auf (3. Kapitel).

Die Erörterung der *Grundlagen* eines Friedensvertrages macht es erforderlich, weniger alle etwa auftauchenden Einzelfragen für sich minutiös zu behandeln, sondern mehr eine Zusammenschau der Probleme in ihrer Wechselbezüglichkeit zu bieten; viel Material, das den Fluß der Gedankenführung gestört hätte, mußte so in die Fußnoten verbannt werden, ohne daß es dadurch als nur zweitrangig zu erachten wäre.

Mit der vorliegenden Arbeit habe ich mich bemüht, die angesprochenen Probleme von den großen Entwicklungslinien unserer Zeit her zu verstehen und bescheiden das Völkerrecht als eine Äußerung dieses rätselhaften Lebens zu begreifen, um aus diesem Begreifen wiederum Rückschlüsse auf die zwischenstaatlichen Beziehungen zu ziehen. Bei diesem Versuch verdanke ich viel der programmatischen Schrift „Sicherheit und Gerechtigkeit"[1], mit der vor nunmehr einer Generation mein verehrter Lehrer, Professor Dr. F. J. *Berber*, die beiden Zentralbegriffe einer dauerhaften, menschenwürdigen Friedensordnung herausgearbeitet hat, die heute nach Krieg und Besetzung nichts an ihrer Aktualität eingebüßt haben.

---

[1] *Berber*, Sicherheit und Gerechtigkeit. Eine gemeinverständliche Einführung in die Hauptprobleme des Völkerrechts, Berlin 1934.

Erstes Kapitel

Die allgemeinen politischen und völkerrechtlichen Grundlagen einer Friedensordnung

Der Frage nach dem Friedensvertrag mit Deutschland muß — in Anbetracht der gegenwärtigen Friedlosigkeit und allgemeinen Rechtsnot — die Suche nach dem Friedensbegriff und der Friedensordnung vorangestellt werden, da nur so die völkerrechtliche Problematik richtig „lokalisiert“ werden kann[1].

§ 1 Der Friedensbegriff und seine Entwicklung

I. Die Verknüpfung des Friedensbegriffs mit der gesamten Lebensordnung

Eine vergleichende kulturphänomenologische Betrachtung zeigt, daß der Begriff „Frieden“ zunächst — wie alle Rechtsbegriffe[2] — eng mit der Gesamtheit der Lebensordnung verwoben ist.

1. So bedeutet im Alten Testament das Wort *„šālôm“* (= „Friede“) Ganzheit, Harmonie, gesundes Gedeihen, eine Ordnung, wie sie in der menschlichen Gemeinschaft unter dem Segen Gottes möglich wird[3]. Der Friede kommt von Jahwe; um Frieden für das Volk, die Hauptstadt, den König betet man zu Jahwe[4].

2. Ebenso ist der altnordisch-germanische *„fridr“* fast unausscheidbar mit Umwelt und Religiosität verbunden[5]. Nach Schilling[6] handelt es sich beim

---

[1] Insoweit kann der Methodik der Arbeit *Schusters* — Deutschlands staatliche Existenz im Widerstreit politischer und rechtlicher Gesichtspunkte 1945 bis 1963, München 1963 (im folgenden zit. Schuster), Einleitung S. 1 ff. — zugestimmt werden, der zunächst die Frage stellt, „ob rechtliche Aussagen von allgemein verbindlichem Wert überhaupt — noch oder schon wieder — möglich sind“ (S. 21).

[2] Vgl. *Berber*, Sicherheit und Gerechtigkeit, Berlin 1954, S. 12.

[3] Vgl. *Søe*, in: Kirchlich-theologisches Handwörterbuch, Göttingen 1956.

[4] Vgl. z. B. 1 Kg 2,33; Ps 122,6.

[5] So wird „til ars ok fridar“ — um Ernteglück und Frieden — geopfert, vgl. *Schilling*, Religion und Recht 1957 (zit. Schilling), S. 109 mit zahlreichen weiteren Beispielen.

[6] aaO, S. 109.

„fridr“ neben dem äußeren Frieden auch um den unter dem besonderen Schutz der Götter stehenden heiligen Sippenfrieden, den Frieden nach innen, um eine von den Göttern stammende, nicht selbst geschaffene unverrückbare Ordnung zwischen den Stammesgenossen. Ein weitgehender Zusammenklang rechtlichen, religiösen und sozialen Denkens wird dokumentiert[7].

Ein ähnlicher Befund zeigt sich bei den heute als „völkerrechtlich“ zu qualifizierenden Handlungen, die den äußeren Frieden herstellten oder brachen.

3. In völkerrechtlichen Verträgen — insbesondere im *Friedensvertrag* — liegt eine geheimnisvoll-numinose Kraft, deren Hüter die Gottheit ist. Bei den ersten bekannt gewordenen Friedensverträgen wurden sämtliche Gottheiten namentlich als Zeugen aufgeführt[8].

Ebenso wird beim actus contrarius, der Kriegserklärung, die Gottheit angerufen[9], die auch über Krieg und Versöhnung waltet[10]; der Krieg wird als Strafe des Himmels vollzogen[11] und erscheint als solcher als Gottesurteil; der Sieger hat das Recht deshalb auf seiner Seite, der Unterworfene ist zur Leistung des Tributs — ursprünglich als Sakralbuße konzipiert[12] — verpflichtet.

II. Die Emanzipation des Friedensbegriffs

Das Völkerrecht hat sich nur langsam und auch nur teilweise von seiner Urverwurzelung mit der soziologisch-metaphysisch bestimmten Gesamtlebensordnung losgelöst — was ihm die oft mißverstandene Charakterisierung als „primitives Recht“ eingebracht hat. Die von einem religiös-existenziellen Urerlebnis[13] vorgeformte Bilderschau hat sich

---

[7] Vgl. *Maurer,* Vorlesungen zur altnordischen Rechtsgeschichte, 5 Bde., 1905; ferner *Baetke,* Der Begriff der Unheiligkeit im altnordischen Recht, in: Beiträge zur Geschichte der deutschen Sprache und Literatur, Bd. 66, 1942, 1 ff.

[8] Vgl. Vertrag zwischen dem hethitischen Großkönig und dem König von Mitanui im 14. vorchristlichen Jahrhundert: „Bei diesen Worten des Vertrages mögen sie (die Gottheiten) zugegen sein, mögen es hören und Zeugen sein. Wenn du, Mittiwaza, der Königssohn, und ihr, Charri-Leute, die Worte dieses Vertrages nicht innehaltet, so sollen (euch) die Götter, die Herren des Eidschwurs, vernichten“, zit. nach *Landsberger,* Keilschrifttexte aus Boghazköi, im Textbuch S. 322/333.

Nach Livius I, 24, 7—9, wacht Jupiter über den Friedensvertrag zwischen den Römern und Albanern und straft den, der diesen nicht einhält.

[9] Vgl. Kriegserklärung bei Livius I, 32, 6 ff.

[10] Vgl. Religionsgeschichtliches Lesebuch, herausgegeben von *Berthold,* 1. Aufl., Tübingen 1900, S. 84.

[11] Vgl. Religionsgeschichtliches Lesebuch aaO, S. 16.

[12] Vgl. Thuk. V, 31, 2 nach *Schilling,* aaO, S. 36.

[13] Es handelt sich hierbei nicht nur um eine „numinose Gefühlsbestimmtheit“ i. S. von *Otto,* Das Heilige, 23.—25. Aufl. 1936, um ein „nur durch sich selbst bestimmbares Grunddatum im Seelischen“ (vgl. aaO, S. 10), sondern um „Gefühlsmomente und -reflexe“, die in ihrer Gesamtheit und Synopsis das existenzielle Erlebnis ausmachen, mit a. W. um den Versuch, der inneren Notwendigkeit gerecht zu werden, äußere Erscheinungen zu erkennen und ihre lebendige Intention in objektiven und statischen Formen zu erfassen; so in Anlehnung an *Schilling,* aaO, III, 1, Religiöses Urerlebnis und Rechtsbewußtsein, S. 68 ff. (70) und *Mensching,* Allgemeine Religionswissenschaft 2. Aufl. 1949, S. 80.

über Moral, Sitte, Sittlichkeit zu einem eigenständigen Rechtsbewußtsein fortentwickelt und konkretisiert[14]. War am Anfang die Gottheit Wächter, Ordner, Stifter, Grund und Urquell allen Rechts[15], so können in den folgenden Entwicklungsstadien durch eigenes, unabhängiges Denken Methoden der Erkenntnis entwickelt werden, um nach rationaler Durchdringung der Zusammenhänge autark Recht zu schöpfen. Während im innerstaatlichen Rechtsbereich dieser Emanzipations-[16] und Konkretisierungsprozeß sehr weit fortgeschritten ist[17], Recht im Rahmen einer institutionell gesicherten allgemeinen Friedensordnung durch Richter oder im Gesetzgebungsverfahren bewußt geschaffen wird, ist der Entwicklungsprozeß im zwischenstaatlichen Bereich nicht nur nicht abgeschlossen, sondern gerade durch das Erstarken der innerstaatlichen Rechtsordnungen gehemmt und durch reaktionäre Bewegungen (aber auch durch progressiven Illusionismus, der die wahren Zusammenhänge verdunkelte und verwischte) unterbrochen worden.

1. Die Entwicklung eines universellen Friedensbegriffs

Was den Friedensbegriff im Hinblick auf eine zwischenstaatliche Friedensordnung anbelangt, so ist dieser von seinem Verhältnis zum Krieg her mit Beginn des klassischen Völkerrechts zunächst in dem Satz „finis bellis pax est“[18] rational erfaßt worden. Grotius geht bei der Konzeption seines Werkes davon aus, daß man vom Begriff des Krieges kraft innerer

---

[14] Religionsgeschichtlich ging dieser Prozeß Hand in Hand mit der Emanzipation aus dem volksreligiösen Kollektivismus zu einer auf dem Individuum aufbauenden Weltreligion — Einzelheiten, vgl. *Mensching*, Volksreligion und Weltreligion, Leipzig, 1938 —; die volksreligiösen Lebensformen werden profanisiert, die Religion wird aus einer res publica zur Gewissenssache des Einzelnen; als Weltreligion erfährt die Religiosität eine übernationale Tiefendimension, eine Verinnerlichung, die die völkische Integration durch den Missionsgedanken, die diesseitige, vitale Daseinsbewältigung durch eine Eschatologie überhöht und die Gestaltung der staatlichen Ordnung dem weltlichen Schwert überläßt. Die Verschiebung der Akzente zeigt sich schon deutlich am Unterschied des Friedensbegriffs des Alten und Neuen Testaments, (vgl. u. a. Hebr. 7,2; Joh. 14,27; Eph. 6,15).

[15] Vgl. *Otto* aaO, S. 135.

[16] Hierbei wird nicht verkannt, daß der Emanzipationsprozeß letztlich im Wesen des Rechts selber seine Grenzen hat; es kann in diesem Sinne nur von einer Emanzipation vom numinosen Stammeskult, von einer Wendung vom Kultus zum Ethos gesprochen werden.

[17] Nicht erfaßt wird im innerstaatlichen Bereich das sog. „politische Recht als Recht der letzten Spitze“ — vgl. *Berber*, Sicherheit und Gerechtigkeit, aaO, S. 26.

[18] Vgl. *de Vitoria*, De Indis recenter inventis et de jure belli Hispanorum in barbaros, Ausgabe Tübingen 1952, S. 122: „. . . qui a finis belli est pax et securitas rei publicae“ zit. nach *Krüger*, „Finis belli pax est“, in: Jahrbuch für Internationales Recht, 11. Bd. 1962, S. 201 (zit. Krüger), der auch auf die Quellen bei den folgenden Autoren hinweist: *Gentilis*, De Jure Belli Libri Tres, Hanau 1612. *Bellarmin*, De Officio Principis Christiani Libri Tres (1619) u. a.

Gesetzlichkeit zu dessen Ende, dem Frieden, gelangen werde[19]. Die Parömie „finis belli pax est" erscheint dabei vor dem Hintergrund der Auseinandersetzung zwischen Christen und Heiden im Mittelalter[20], einem Krieg ohne sittliche und tatsächliche Möglichkeit des Friedens, nicht als Selbstverständlichkeit. Ziel und Zweck des Krieges soll es sein, mit der durch den Sieg über den Feind erlangten Macht mit dem Gegner Frieden zu schließen; der Feind wird anerkannt[21]; der Friede ist nicht nur Ausdruck der gänzlichen Vernichtung des Feindes oder Zustand bloßer Gewaltlosigkeit[22], sondern „normatives Institut des Rechts, das ihn ebenso voraussetzt wie hervorbringt"[23]. Die als Friede gekennzeichnete Ordnung stellt demnach die „Verwirklichung und Aufrechterhaltung eines nach Rechtsmaßstäben gestalteten Zustands dar"[24]; Frieden kann nur eine Ordnung des Miteinanderlebens — also nicht des Einander-Ausschließens und Einander-Vernichtens sein[25] —, eine Ordnung, in deren Rahmen die Existenz des anderen unangetastet bleibt.

2. Die Begrenzung des Krieges

Hand in Hand mit der Emanzipation des Friedensbegriffs und der Entwicklung eines universellen Friedensbegriffs ging eine Begrenzung des Krieges durch ein formales und ein materielles Kriterium.

Bereits im Anschluß an die Lehren von Thomas von Aquin war die kriegerische Gewaltanwendung öffentliches Institut geworden, das nur mehr den Staaten bzw. deren Repräsentanten, den Fürsten, zustand[26]. Daneben verliert das das ius ad bellum einschränkende Kriterium des „gerechten Kriegs"[27] den mittelalterlichen Brandgeruch, primär Rechtfertigungsgrund des Kreuzzugsgedankens zu sein. So sieht Vitoria in

---

[19] „Ut finem suum" (De Jure Belli ac Pacis Libri Tres, Lib I, Cap I), vgl. *Krüger*, aaO.

[20] Aber auch von der Sicht der gegenwärtigen politischen Lage zwischen Ost und West; vgl. oben Fn. 1; ferner *Freund*, Der unauffindbare Friede, in: Der Staat, 1964 S. 169.

[21] *Vitoria* erkennt so den Heiden bereits einen gewissen Rechtsstatus zu (Recht auf Eigentum und Staatlichkeit, vgl. aaO); überträgt damit den Gedanken des allgemeinen Landfriedens auf den zwischenstaatlichen Bereich und eröffnet — unter gewissen Einschränkungen (vgl. aaO III, 11 zit. bei *Berber* II S. 30 Fn. 4) — den Weg zu einer umfassenden Friedensordnung.

[22] So z. B. der sog. „Kalte Krieg"; an die Stelle eines Friedensvertrages tritt der unbefristete Waffenstillstand.

[23] Vgl. *Krüger*, aaO, S. 202

[24] Vgl. *Krüger*, aaO, S. 203.

[25] Vgl. *v. d. Heydte*, Die Geburtsstunde des souveränen Staates, 1952, S. 44.

[26] Für *Thomas von Aquin* ist eine der drei Voraussetzungen des „gerechten" Kriegs: „auctoritas principis, cuius mandato bellum est gerendum". (Zit. nach *Reibstein*, Völkerrecht I S. 139).

[27] Einzelheiten über die Entwicklungen dieses Prinzips von der Stoa an vgl. z. B. *Berber* II S. 27 ff., *Reibstein*, aaO, S. 125 ff.

der Verschiedenheit der Religion keinen Grund mehr zur Führung eines „gerechten" Kriegs[28]; für Grotius kann gerechter Grund zum Kriegsführen nur im erlittenen Unrecht bestehen[29], das von nun an von der klassischen Völkerrechtslehre realistisch erfaßt und zu völkerrechtlichen Regeln verdichtet wird[30] (Die Lehre vom „materiell" gerechten Krieg[31]).

3. Die grundlegenden Probleme der gegenwärtigen Friedensordnung

Der „emanzipierte" Friede des Völkerrechts ist Bestandteil der äußeren Ordnung, ein „weltlich Ding", nicht Ausdrucksform oder Ziel einer Erlösungsordnung, nicht das goldene Zeitalter. Friede bedeutet nicht notwendig Ausschaltung aller Konflikte — wie auch die innerstaatliche Friedensordnung sie nicht mit sich bringt — sondern weitgehendst nur die Elimination einer bestimmten Art der Austragung der Konflikte[32] unter Anerkennung des Miteinanders bei Achtung der spezifischen Eigenheiten.

Konnte der Begriff „Frieden" von seinem soziologisch-metaphysischen Untergrund abgeschichtet, einer rationalen Erkenntnis und rechtlichen Durchdringung zugeführt werden, so war es bislang doch nicht möglich, eine allgemeine, formelle Befriedung, verbunden mit einer materiellen Friedensordnung zu institutionalisieren bzw. konkretisieren; dies hätte auch den Rahmen einer zwischenstaatlichen Ordnung mit all ihren Besonderheiten[33] gesprengt[34].

Der Friede wird nicht durch einen mit Sanktionen verbundenen Subsumtionsautomatismus hergestellt und garantiert, sondern lebt und wird wirksam aus einer allgemeinen Friedensordnung, die nicht gleich einer

---

[28] Einen gerechten Kriegsgrund sah Vitoria aber allerdings dann für gegeben an, wenn Spanier an der Verkündung des Christentums gehindert wurden; insoweit war Vitoria noch im mittelalterlichen Denken verwurzelt; vgl. *Berber* II S.30.

[29] Lib II Cap I § 1: „Causa justa belli suscipiendi nulla esse alia potest, nisi iniuria" (zit. nach *Berber* II S.30).

[30] Vgl. *Berber* II, S. 31 unter Hinweis auf *Zouche, Bynkershoek, Rachel* und Jakob *Moser*.

[31] Vgl. *Krüger*, aaO, S. 202.

[32] Vgl. *Weizäcker*, Die Bedingungen des Friedens (Rede anläßlich der Verleihung des „Friedenspreises des deutschen Buchhandels") abgedruckt in: Süddeutsche Zeitung, 1963, Nr. 248, S. 16.

[33] Vgl. *Berber*, Sicherheit und Gerechtigkeit, S. 12ff., *Berber* I S. 17ff.

[34] Vgl. etwa die Forderung *Weizäckers* aaO, nach einem Weltstaat und einer Umwandlung der einzelstaatlichen Außenpolitik in eine Weltinnenpolitik, da der Friede nicht nur durch friedfertige Absichten, „sondern durch feste, übernationale Institutionen" gesichert werden müsse. Ohne in diesem Zusammenhang auf die z. T. höchst aktuellen Fragen abschließend eingehen zu können, muß vor einer bedenkenlosen Juridifizierung, Formalisierung, Technisierung dynamisch-politischer Zusammenhänge, einer „Priorität des Friedens vor der Gerechtigkeit" (der dann immer nur ein oberflächlicher Zwangsfrieden sein kann!) gewarnt werden.

logischen Kategorie fertig und unabänderlich dasteht. Es bedarf damit in jeder geschichtlich-politischen Situation einmal einer rationalen Erfassung der Gründe der Friedlosigkeit[35], zum andern einer Besinnung auf eine Friedensordnung[36], die Grundlage eines dauerhaften Friedensschlusses sein kann; und soll dieser Friede menschenwürdig und gerecht sein, so bedarf es darüber hinaus noch einer moralischen Anstrengung[37].

§ 2 Die Gründe der Friedlosigkeit

I. Die Friedlosigkeit

Der 2. Weltkrieg konnte nur teilweise durch Friedensverträge abgeschlossen werden. Ein von allen verbündeten Hauptmächten unterzeichneter Friedensvertrag konnte nur mit Bulgarien, Finnland, Italien, Rumänien und Ungarn unterzeichnet werden[1]; mit Österreich wurde ein Staatsvertrag[2] abgeschlossen. Mit dem Hauptkriegsbeteiligten Japan wurde in Anschluß an die Friedenskonferenz von San Francisco, der die Sowjetunion aber fernblieb, ein Friedensvertrag abgeschlossen[3]. Der Sowjetunion[4] und anderen Staaten war in den Schlußbestimmungen des Vertrages (Art. 22—27) der Beitritt bzw. der Abschluß inhaltlich mit dem Vertrag von San Francisco grundsätzlich übereinstimmender (Art. 26) zweiseitiger Friedensverträge vorbehalten worden[5].

Mit dem zweiten Hauptbeteiligten auf der unterlegenen Seite, mit Deutschland, konnte bislang weder in Friedensverhandlungen getreten noch ein Friedensvertrag abgeschlossen werden. Abgesehen von dem

---

[35] Vgl. darüber § 2.

[36] Vgl. darüber § 3.

[37] Vgl. insbes. § 3, III, 1 c.

[1] Die am 10. 2. 1947 in Paris von den Alliierten als „Vereinte Nationen" abgeschlossenen Verträge (Texte: *Bulgarien* — UNTS Bd. 41, S. 21 ff., *Finnland* — UNTS Bd. 48, S. 203 ff., *Italien* — UNTS Bd. 49, S. 3 ff., *Rumänien* — UNTS Bd. 42, S. 3 ff., *Ungarn* — UNTS Bd. 41, S. 135 ff.) sind seit 15. 9. 1947 in Kraft.

[2] Staatsvertrag vom 15. 5. 1955 Text bei *Ermacora,* Österreichs Staatsvertrag und Neutralität, Dokumente hrsg. v. der Forschungsstelle für Völkerrecht, Hamburg.

[3] Der am 8. 9. 1951 von 48 Staaten unterzeichnete Vertrag ist am 24. 4. 1952 zunächst für *Japan* und zehn weitere Staaten (darunter neben den USA, Frankreich und Großbritannien) in Kraft getreten (Text: UNTS Bd. 136, S. 45, Deutsche Übersetzung EA 7. Jg. (1952) S. 267).

[4] Die Beendigung des Kriegszustandes zwischen *Japan* und der Sowjetunion erfolgte durch eine am 19. 10. 1956 in Moskau unterzeichnete Erklärung über die Aufnahme diplomatischer Beziehungen, die aber bis heute noch nicht zu erfolgreichen Friedensverhandlungen geführt haben.

[5] So unterzeichnete z. B. Japan am 28. 4. 1952 mit der Regierung in *Formosa (China)* einen entsprechenden Friedensvertrag, da sich Großbritannien und die USA über die Präsenz Chinas auf der Friedenskonferenz nicht einigen konnten.

durch die bedingungslose Kapitulation erfolgten Ende des „shooting war", sind durch die willkürlichen Vorgriffe auf einen ausstehenden Friedensvertrag nur Provisorien, einseitig faktische Maßnahmen und zwielichtig-schillernde Verhältnisse geschaffen worden. Die Lage im Nachkriegsdeutschland, die nicht zuletzt von dem Umstand charakterisiert wird, daß nicht einmal die Beendigung des Kriegszustandes frei von Widersprüchen geblieben ist[6], ferner die Kampfhandlungen seitens der Siegermächte rechtlich jederzeit wieder aufgenommen werden können[7], muß nach der bisherigen völkerrechtlichen Übung als ungewöhnlich[8] gelten und kann nicht als Frieden im Sinne des oben dargelegten Begriffs[9] bezeichnet werden.

II. Die Gründe der Friedlosigkeit

Die Ursache für das Ausbleiben einer allgemeinen friedensvertraglichen Regelung ist in der erbitterten Auseinandersetzung zu suchen, mit der der 2. Weltkrieg geführt wurde und die es den Siegermächten, auch nach Einstellung der Gewaltanwendungen, nicht ratsam erscheinen ließ, zu völkerrechtlichen Gepflogenheiten zurückzukehren. Hinzu tritt das Auseinanderbrechen der Siegermächte in zwei feindliche ideologische Lager, die Verlagerung des politischen Schwergewichts aus Europa nach Ost und West, sowie der revolutionäre Umbruch im afroasiatischen Raum[10] — Ereignisse, die die Völkerrechtsgemeinschaft einer so schweren Belastungsprobe aussetzen, daß es zunächst für die nahe

---

[6] Vgl. etwa den von den übrigen Siegermächten abweichenden Rechtsstandpunkt der französischen Regierung in ihrem Dekret Nr. 51—883 vom 9. 7. 1951, wonach der Kriegszustand wegen Wegfalls des durch debellatio untergegangenen Gegners bereits am 8. 5. 1945 endete. Vgl. unten § 7 I 2 b (1) (b).

[7] Vgl. Art. 53, 107 der Charter der UN. Art. 107 lautet: „Nothing in the present Charter shall invalidate or preclude action, in relation to any state which during the Second World War has been an enemy of any signatory to the present Charter, taken or authorised as a result of that war by the Governments having responsibility for such action." Vgl. auch *Kelsen*, The Law of the United Nations, 1949, S. 805 ff.

[8] Vgl. u. a. *Scheuner*, Der fehlende Frieden, in: Festschrift für Herbert Kraus, 1954, S. 198 ff., der darauf hinweist, daß die beiden großen Kriege der neueren Zeit, die mit dem vollständigen Waffenerfolg der einen Partei beendet wurden, in Wien 1814/15 und in Paris 1919/20 — trotz innerer Differenzen der siegreichen Mächte — wenigstens zu einem förmlichen Abschluß geführt werden konnten. Vgl. *Scheuner*, Der sowjetische Friedensvertragsentwurf vom 10. 1. 1959, Sonderdruck für das Bundesministerium für gesamtdeutsche Fragen (1959) S. 3. Vgl. *Bindschedler*, Gegenwart und Zukunft des Völkerrechts, in: Jahrbuch für Internationales Recht 8/59, der als Grund für das Ausbleiben eines Friedensvertrages die „allgemeine völkerrechtliche Unsicherheit" anführt.

[9] Vgl. § 1.

[10] Vgl. *v. d. Heydte*, Die politische Ausgangslage eines modernen Völkerrechts, in: Internationales Jahrbuch für Politik, 1956, S. 8, 9 ff.; ferner: Atlantische und europäische Gemeinschaft, in: Politische Studien, Heft 117, 11. Jahrgang, Januar 1960, S. 5 f.

Zukunft zweifelhaft erscheinen muß, ob jenseits der Inflation polemischer Friedenswünsche und Friedensbeteuerungen die Grundlage vorhanden ist für eine Befriedung der Welt und insbesondere für eine umfassende rechtliche Regelung der Kriegsfolgen.

1. Das Verhältnis Sieger — Aggressor und seine ideologisch-moralistische Ausgestaltung

Während das Verhältnis Ost—West innerhalb der Siegermächte im Schrifttum weitgehende Beachtung gefunden hat[11], ist den Beziehungen Sieger—Besiegte nur wenig völkerrechtliches Interesse gezollt worden[12]. Dies ist insofern verständlich, als der Konflikt Sieger—Besiegte alsbald gegenüber dem ost-westlichen Konflikt an Bedeutung verlor; trotzdem ist es angebracht, bei der Erarbeitung der Grundlagen eines Friedensvertrages mit Deutschland auf das Verhältnis siegreicher Angegriffener-besiegter Angreifer einzugehen, das an so bedeutender Stelle wie Art. 107 der Charter der UN juristisch fixiert wurde, zumal auch letztlich die gegenwärtige Auseinandersetzung zwischen der freiheitlichen westlichen und der kommunistischen Auffassung in der dieser Zeitepoche eigenen „ideologisch-moralisierenden Betrachtungsweise"[13] begründet ist.

Der Satz „finis belli pax est", der an den Anfang der Betrachtung gestellt wurde, läßt vermuten, daß in der zwischenstaatlichen Ordnung eine Interdependenz zwischen dem Kriegsbegriff und dem „ob" und „wie" des

---

[11] Vgl. *v. d. Heydte*, Deutschlands Rechtslage, FW 1950, S. 323 ff.; — *v. d. Heydte-Dürig*, Der deutsche Staat im Jahre 1945 und seither, erster Beratungsgegenstand in den Verhandlungen der Tagung der deutschen Staatsrechtslehrer zu Tübingen am 14. und 15. 10. 1954 (Berichterstatter: Frhr. v. d. Heydte, Mitberichterstatter: G. Dürig), Veröff. d. Vgg. d. dt. StRL, Heft 13, S. 6—87 (30). Vgl. von den neueren Untersuchungen zum Thema vor allem *Meissner*, Außenpolitische Theorie und Völkerrechtsdoktrin der Sowjetunion, in: Internationales Recht und Diplomatie, Heft 3/4, 1960, S. I—XVIII, mit weiteren Hinweisen.

[12] Die Völkerrechtslehre begnügt sich i. A. mit einem Hinweis auf eine angebliche „occupatio sui generis" (vgl. *Guggenheim*, Lehrbuch des Völkerrechts, Bd. II, 1950, S. 390 f.); vgl. Einzelheiten im 2. Kap.

[13] Unter einer „ideologisch-moralisierenden Betrachtungsweise" (vgl. auch *Krüger*, aaO, S. 203 f.) soll hier ein politischer Verhaltensstil i. S. Riesmans (vgl. *Riesman*, The lonely crowd, S. 177 ff.) verstanden werden, der nicht von empirisch-realistischen Gesichtspunkten ausgeht, sondern

a) ein ideologisches Moment in den Vordergrund schiebt — d. h. jedem Geschehen eine Gesetzlichkeit unterstellt und die Geschichte eschatologisch in einem letzten Gegensatz gipfeln läßt (Gut — Böse, Demokratie — Faschismus, Freiheit — Sklaverei)

b) es auf moralisierende Erwägungen abstellt (vgl. *Riesman*, Moralizers, aaO, S. 190) und polarisierend das menschliche Verhalten nur in den Kontrasten „gut" und „böse" erkennt, ohne dem, für das menschliche Dasein so typischen Wechsel von Licht und Schatten gerecht zu werden.

Eine gewisse Scheinheiligkeit (die als sog. victorianische Scheinheiligkeit — „sie sagen Christus und meinen Kattun" — in die Geschichte eingegangen ist) vertieft noch den Graben zur empirisch-realen Wirklichkeit.

Friedensschlusses besteht, daß das Verständnis des Kriegs kausal für die Gestaltung des Friedens ist[14], daß zu jeder Vorstellung vom Krieg eine adäquate Vorstellung vom Frieden gehört[15].

a) Der materiell-gerechte Krieg und sein Frieden

Ist die „causa justa belli" nach der Lehre vom materiell-gerechten Krieg eine Rechtsstörung — ein erlittenes Unrecht („iniuria") —, so ist Kriegsziel vornehmlich die Wiederherstellung der Rechtsordnung, ist beim Friedensschluß lediglich die Rechtsstörung — eine gewisse „Tat" — ins Auge zu fassen.

Die Lehre vom materiell-gerechten Krieg hält sich damit strikt an die Souveränitätstheorie, die es ausschließt, einen anderen Staat als solchen sittlich zu verurteilen oder über ihn Gericht zu sitzen[16].

Die Einheit der Völkerfamilie wird durch einen solchen Krieg weder in ihrer Existenz, noch in ihrer Substanz berührt.

Gegenstand des Friedensbeschlusses sind somit nur:

(1) die Wiedergutmachung der Rechtsverletzung, die causa des Krieges war;

(2) Ersatz der durch die Selbsthilfe entstandenen Kosten;

(3) Sicherung vor Wiederholung von Rechtsverletzungen, wobei aber die Souveränität des unterlegenen Staates beachtet wird[17].

Sieger und Besiegter stehen sich wenigstens prinzipiell auf der Ebene der Gleichordnung gegenüber.

Riesman stellt in seinem grundlegenden Werk den ideologisch gebundenen, innengeleiteten Moralisten als den Prototyp des Menschen der Gesellschaft des ausgehenden 19. und beginnenden 20. Jahrhunderts dar. Mit dem Übergang von einer liberal-repräsentativen, vom Elitegedanken geprägten Form der Demokratie zur parteienstaatlichen, vom Grundsatz der egalitären Gleichheit getragenen Massendemokratie (vgl. *Leibholz,* Repräsentative Demokratie, aaO), wurden diese „meta"-politischen Gesichtspunkte auch in die Außenpolitik eingeführt und haben in völkerrechtlichen Instrumenten ihren Niederschlag gefunden. Besonders in Krisensituationen (vgl. *Riesman,* Moralizer -in-Retreat, aaO; ferner *Ranulf,* Moral Indignation and Middle Class Psychology, Kopenhagen, 1938) hat sich die „ideologisch-moralisierende" Methode für die demokratische und diktatoriale Staatsführung als unentbehrlich und für viele Staatsbürger als materiell und sittlich nützlich erwiesen. Anbetrachts dieses Hintergrunds wird auch verständlich, daß die Charter der UN z. B. von friedliebenden und von Angreifernationen spricht (vgl. Art. 4, 107) und somit wertend in gute (= friedliebende) und böse (= aggressive) Nationen einteilt, verbunden mit der moralischen Notwendigkeit, daß das angeblich unverbesserlich Böse vernichtet werden muß (vgl. Art. 107, 53, 39 ff.; ferner die kritischen Anmerkungen zum „Recht zum Kriege" nach der UN-Satzung bei: *Berber,* Lehrbuch des Völkerrechts, Bd. II, Kriegsrecht, § 11, S. 40 ff.).

[14] Vgl. *Krüger,* aaO.

[15] Vgl. *Berber,* Probleme des neuen Waffenstillstandsrechts, 1943, S. 7 ff.

[16] Vgl. *Wolff,* Chr., Jus Gentium Methodo . . . (1764), 888.

[17] Über die geschichtliche Entwicklung dieser Prinzipien des klassischen Völkerrechts vgl. *Krüger,* aaO, S. 208, 209.

b) Der formell gerechte Krieg und seine Friedlosigkeit

In der Zeit nach dem 1. Weltkrieg setzt sich in Theorie und Praxis die Lehre vom formell gerechten Krieg durch, d. h. allgemeines Kriterium für den gerechten bzw. ungerechten Krieg sind nicht materiell gerechte oder ungerechte Forderungen, sondern ist allein die Tatsache, ob angegriffen oder verteidigt wird.

Man kann der Theorie vom formell gerechten Krieg an sich nicht absprechen, daß mit dem Verbot des Angriffskrieges das Faustrecht der Staaten eingeschränkt, ihnen nur mehr ein Notwehrrecht belassen werden sollte, um die Völkergemeinschaft — ähnlich der innerstaatlichen Ordnung mit ihrem stark beschränkten Selbsthilferecht — weiter zu befrieden.

Es ist auch dem zuzustimmen, daß die schrankenlose Anwendung von Gewalt zur Durchsetzung einzelstaatlichen Interesses mit den Prinzipien einer Völkerrechtsgemeinschaft unvereinbar sind. Andererseits wird aber dadurch der status quo zum obersten Leitsatz erhoben[18], wogegen der materiellen Gerechtigkeit nur eine untergeordnete Rolle zukommt. Ohne die ständige Bereitschaft, im gegenseitigen Nachgeben der dynamischen Fortentwicklung der zwischenstaatlichen Beziehungen Rechnung zu tragen und ohne die gleichzeitige Anerkennung einer materiellen Völkerrechtsordnung, muß das Vertrauen auf dieses nur formale Ordnungsprinzip, das in der Vergangenheit begangenes Unrecht verewigt und dem Rechtsbruch in der Zukunft materiell nur unzureichend entgegenwirkt, als wenig realistisch bezeichnet werden.

In der Staatenpraxis hat sich so auch dieser fromme Wunsch nicht mit Erfolg verwirklichen lassen. Im Gegenteil: das alleinige Abstellen auf den formalen Gesichtspunkt des Angreifens hat den Staaten die Möglichkeit gegeben, immer einen gerechten Krieg mit der Behauptung zu führen, der andere habe angegriffen; darüberhinaus wird die Friedenslage noch dadurch bedroht, daß es keine gültige Definition des Angriffs gibt[19], vielmehr laut Staatenpraxis die eigenen Gewaltmaßnahmen immer als Verteidigung, die eines Gegners immer als Angriff hingestellt werden[20].

---

[18] Ein Grund mehr, daß die Lehre vor allem bei den Siegermächten des 1. Weltkrieges schnell Aufnahme fand, da so die erworbenen Besitzstände auch juristisch unantastbar wurden (vgl. *Krüger*, aaO, S. 204).

[19] Vgl. Einzelheiten — insbes. die verschiedenen Definitionsversuche — bei: *Berber*, Kriegsrecht S. 7 ff.

[20] So erwiderte, nach den Ausführungen Hitlers, das Deutsche Reich 1939 lediglich den polnischen Angriff auf den Sender Gleiwitz; so blieb auch seit dem Verbot des Angriffskrieges durch die Charter der UN keine Gewaltanwendung frei von Widersprüchen hinsichtlich des Umstandes, ob Angriff oder Verteidigung vorlag; verdunkelt wurde die Lage vor allem dadurch, daß — bei voller Anerkennung des formellen Verbotes — über die materielle

Weit schlimmer ist aber m. E., daß durch das Außerachtlassen von materiell-rechtlichen Gesichtspunkten ein gefährliches Vakuum entstanden ist, in das — ähnlich wie im Mittelalter — moralistisch-ideologische Prinzipien der jeweiligen in Streit befangenen Parteien einströmen können, was im weiteren Verlauf zu einer Totalisierung des Kriegs[21] und zu einer Gefährdung der gemeinsamen Völkerrechtsbasis führt.

Folge hiervon ist, daß dem Angriffstatbestand nicht nur eine erweitterte Haftung folgt[22], sondern daß im Rahmen der moralistisch-ideologischen Betrachtungsweise von der Angriffshandlung sofort auf die verderbte Gesamtpersönlichkeit des Angreifers geschlossen wird. Nunmehr handelt es sich nicht mehr um ein schädigendes Ereignis, für das die sich auf der Ebene der Gleichordnung begegnenden Staaten zum Schadensersatz verpflichtet wären, sondern um eine „Lebensführungsschuld", die beim Volke naturgemäß die Schuld der Generation und Generationen ist[23]. Die Beziehung Sieger—Besiegter läßt sich unter diesen Aspekten — wie der Begriff der Lebensführungsschuld schon zeigte — nur mit der Terminologie des innerstaatlichen Strafrechts veranschaulichen; die souveräne Gleichheit, auf der das Völkerrecht mit seinem genossenschaftlichen Charakter aufbaut, wird dadurch empfindlich gestört, daß gewisse Völkerrechtssubjekte einem Strafanspruch anderer Völkerrechtssubjekte unterworfen sind.

Die jüngste Vergangenheit hat die letzte verhängnisvolle Konsequenz der heute herrschenden Theorie gebracht, die lediglich den Angriff bzw. die Verteidigung zum Kriterium des gerechten bzw. ungerechten Kriegs erhebt: Von der Lebensführungsschuld eines Volkes wird auf die Unzulänglichkeit und Verderbtheit seiner inneren Verfassung geschlossen, die ausgemerzt und im Sinne der Siegermächte neu gestaltet werden muß. Damit ist — es bleibt wiederum nur das innerstaatliche Recht als Vergleichsmaßstab — der Boden des reinen Schuldstrafrechts verlassen,

---

Rechtslage (den Verlauf einer Grenze, die Anwendung des Selbstbestimmungsrechts, das Ersuchen einer rechtmäßigen Regierung um Hilfe der befreundeten Großmacht u. a.) diametral entgegengesetzte Ansichten bestanden.

[21] Da materiell-rechtliche Gesichtspunkte unbeachtlich bleiben, ist das Band der Erforderlichkeit und der Verhältnismäßigkeit zwischen Anlaß des Krieges und Ausmaß der Gewaltanwendung zerrissen; unbedeutende Anlässe weiten sich zu weltumfassenden Konflikten aus.

[22] Diese Haftung hätte zu einem der innerstaatlichen Gefährdungshaftung entsprechenden Institut ausgestaltet werden können, mit der Folge, daß der Angreifer ohne Rücksicht auf die sonstigen rechtlichen und tatsächlichen Verhältnisse — allein auf Grund seiner Gewaltanwendung — für den entstandenen Schaden einzustehen hätte.

[23] Ebenso wie eine pseudowissenschaftliche Literatur in Deutschland Nachweise für eine Lebensführungsschuld des jüdischen Volkes zu erbringen suchte, haben sich im Ausland Autoren bemüht, mit Anspruch auf Wissenschaftlichkeit z. B. von Luthers „. . . das Reich muß uns doch bleiben" (aus „Ein feste Burg ist unser Gott") eine direkte Linie zu dem nationalsozialistischen „ein Volk, ein Reich, ein Führer" zu konstruieren.

und wir befinden uns im Bereich der auch im innerstaatlichen Über- und Unterordnungsverhältnis umstrittenen Maßnahmen der Besserung und Sicherung, die sich nicht mehr an einen Verbrecher als „vernünftiges Wesen" (Kant) richten und erhabener Anlaß zur autonomen Sühne und Entsühnung sein sollen, sondern den Menschen in seiner existentiellen Werthaftigkeit angreifen, ihn von einem autonomen Subjekt zu einem Objekt sozialnützlicher Maßnahmen degradieren.

Im zwischenstaatlichen Bereich zeigen sich diese „Maßnahmen der Besserung und Sicherung" als Versuch, den unterlegenen Aggressor zu einem, im Sinne der östlichen oder westlichen Auffassung nützlichen Mitglied der Staatengemeinschaft zu machen. Es soll und kann hier nicht darauf eingegangen werden, ob diese „Resozialisierungsmaßnahmen" dem Wunsch oder dem Interesse der betreffenden Bevölkerungsteile des besiegten Staates entsprochen haben, es muß aber festgestellt werden, daß es sich bei diesen Maßnahmen — ganz gleich ob sie positiv oder negativ zu werten sind — um einen eklatanten Bruch der Haager LKO[24] handelt, der auch im Interesse der weiteren Entwicklung des Völkerrechts nicht als „occupatio sui generis"[25] vertuscht werden darf, sondern klar erkannt werden muß. Die nach Kriegsende von den Siegermächten geübte Praxis bedeutet demnach einen Rückfall in eine Zeit, in der das Verhältnis Sieger—Besiegter noch nicht vom Völkerrecht erfaßt wurde, der Sieger mit dem Besiegten beliebig verfahren durfte, und die Versklavung — da auch Tötung erlaubt war — als Gnadenerweis gelten mußte[26]; das argumentum a majori ad minus, wenn man schon annektieren dürfe, dann könne man erst recht Maßnahmen ergreifen, die über die Haager LKO hinausgehen, ist in mehreren Punkten angreifbar[27].

Ein von dieser Warte aus betrachtetes Sieger—Besiegtenverhältnis kann auch nicht zu einer Befriedigung führen, zu einer Wiederherstellung der gestörten Ordnung nach dem Grundsatz „finis belli pax est". Es werden keine Friedensbedingungen ausgearbeitet, sondern es werden bestenfalls einseitige Modalitäten einer „gewaltlosen Feindseligkeit" (Krüger)[28] aufgestellt, die der Besiegte erdulden muß.

Da sich der angegriffene Sieger gegenüber dem ehemals angreifenden Unterlegenen volle Handlungsfreiheit[29] wahren muß, erscheint ein Frie-

---

[24] Über die einzelnen Völkerrechtsquellen vgl. *Berber*, Kriegsrecht, S. 122 ff.

[25] Vgl. *Guggenheim*, aaO, (vgl. oben Fn. 12).

[26] Ob dieser Rückfall durch die Härte der vorangegangenen Kriegsführung verständlich oder entschuldbar ist, ist eine andere Frage, die das Völkerrecht nicht beurteilen kann; völkerrechtlich „gerechtfertigt" ist er jedoch nicht.

[27] Vgl. im Einzelnen *Berber*, Kriegsrecht, S. 125 ff. und unter § 7, Fn. 45.

[28] Konnte diese „gewaltlose Feindseligkeit" nach dem 1. Weltkrieg noch durch ein Friedensdiktat cachiert werden, so trat sie doch in den Art. 107, 53 Charter der UN und in den Besatzungsstatuten nach 1945 offen zu Tage.

[29] Von dieser Perspektive wird auch die Abfassung und der besondere

densvertrag untunlich, zumal dieser einen Verzicht auf die causa der Gewaltanwendung gegenüber dem Angreifer — einem „konstitutionellen“ zumindest aber „habituellen Verbrecher“ im Jargon der moralistischen, ideologischen Betrachtungsweise — enthalten würde. Gegenüber einem derart deklassierten Völkerrechtssubjekt kann auch nicht von dem an sich erloschenen Recht auf Gewaltanwendung abgesehen werden — selbst wenn das Prinzip der Gewaltlosigkeit gleichzeitig zur erklärten Maxime der Völkerrechtsgemeinschaft erhoben wird. Es ergibt sich somit das — von der Sicht des klassischen Völkerrechts aus — groteske Bild, daß es den ehemaligen Angriffsstaaten verboten ist, Gewalt im internationalen Bereich anzuwenden (gem. Art. 2, Ziff. 6 gilt das Gewaltverbot der Satzung auch für Nichtmitglieder der UN); die Sieger sind hingegen von diesem Verbot ausgenommen — nicht etwa, um sich gegen neuerliche Angriffe der ehemaligen Angreifer verteidigen zu können (dies wäre nach Art. 51 der Charter der UN sowieso statthaft), sondern um auch über die Art. 39 ff. der Charter hinausgehende Gewaltmaßnahmen treffen zu können, ohne daß den Unterlegenen des 2. Weltkrieges Art. 51 zur Seite stünde (vgl. Art. 53, 107 der Charter).

Entsprechend dieser Auffassung, die sich in einer moralistischen Schwarz-Weiß-Malerei so weit versteigt, die Welt in „Angreifer“ und „Friedliebende Nationen“ aufzuteilen, muß letzteren auch die Aufgabe zufallen, die — ihrer Ansicht nach — potentiellen Angreifer in Schach zu halten. Im Rahmen einer „Logik der selbstgesetzten Prämissen“[30] werden moralische Zensuren ausgeteilt und schlecht zensierte Völker als mutmaßliche Verbrecher angesprochen, entsprechend den eigenen innerstaatlichen Gepflogenheiten, zum Objekt generalpräventierter Maßnahmen degradiert.

2. Das Verhältnis der Siegermächte untereinander

Die Gefährdung der friedlichen Beziehungen durch den Konflikt zwischen Sieger und Aggressor wird noch überhöht durch das Auseinanderbrechen der Koalition der Siegermächte. Hierbei ist der Gegensatz zwischen Ost und West in einem ähnlichen politischen Verhaltensstil verwurzelt, unterliegt der nämlichen Gesetzmäßigkeit wie der Konflikt Sieger—Aggressor und erscheint als seine logische Folge: Im Rahmen der ideologisch-moralistischen Betrachtungsweise ist der böse Teufel „Faschismus“ nur durch den noch verdammungswürdigeren Beelzebub kapitalistischer oder kommunistischer Imperialismus — je nachdem, ob

---

Charakter des Potsdamer „Abkommens“ mit seiner Mehrdeutigkeit, Unbestimmtheit und Vorläufigkeit verständlich, die den Siegermächten Bewegungs- und Handlungsfreiheit garantieren sollten. Vgl. *v. d. Heydte*, in: Strupp-Schlochauer, Wörterbuch des Völkerrechts, aaO.

[30] Vgl. *Krüger*, aaO, S. 210.

man das Weltgeschehen auf östlicher oder westlicher Seite verfolgt — ersetzt worden[31].

Die Auseinandersetzung wird aber mit wesentlich verfeinerten Mitteln und mit größerer Schärfe bis zu den letzten Fragen menschlicher Existenz geführt[32]. Die ins Unermeßliche gesteigerte potentielle Machtfülle der sich gegenseitig diskriminierenden, streitenden Parteien droht die generalpräventive Abschreckung in ein jede Entwicklung lähmendes Gleichgewicht des Schreckens zu verwandeln.

§ 3 Die Möglichkeit einer Friedensordnung

Anbetrachts des Auseinanderbrechens der Völkerrechtsgemeinschaft in Ost und West, in Sieger und Besiegte, erscheint es notwendig, nach der noch verbliebenen gemeinsamen Völkerrechtsordnung zu fragen, die für alle Staaten Geltung beanspruchen kann.

Diese Frage[1] wird in der Praxis[2], aber auch in der Wissenschaft zu wenig erörtert und hat gerade hier bei der Behandlung der deutschen Frage zu Leerläufen geführt[3].

---

[31] Hierbei mußte sich an der massenpsychologischen Grundkonzeption nichts ändern; die „moral indignation" richtet sich nur auf ein anderes Objekt.

[32] Dies ergibt schon der Vergleich zwischen den pseudo-wissenschaftlich absurden Grundkonzeptionen des Chauvinismus, Faschismus und insbesondere Nationalsozialismus einerseits, und der wissenschaftlich durchdachten Ideologie des dialektischen Materialismus andererseits, der wie nie zuvor die Fundamente abendländisch-christlicher Kultur in Frage zu stellen scheint.

[1] *v. d. Heydte*, in: Veröff. d. Vegg. d. dt. StKL, Heft 13, S. 7 ff. stellt die Frage, ob es noch einen „objektiven und absoluten Rechtswert" gebe, der zur Grundlage eines allgemeinen Völkerrechts gemacht werden kann.

[2] Der allgemeine politische Grund hierfür dürfte in der moralistischen Konzeption zu suchen sein, die überhaupt leugnet, mit den deklassierten Kontrahenten irgendetwas Gemeinsames zu haben.

[3] Vgl. *Lewald*, Deutschlands Rechtslage, NJW 1951, S. 344, der ausführt, daß die Deutschlandfrage „auf juristischem Feld nicht lösbar" sei, da sie „metajuristischer Natur" sei und sich in polemischer Weise gegen die „sich wissenschaftlich gebärdenden" Traktate wendet. Die Auffassung, daß die Frage nach der Rechtslage Deutschlands „rechtlich unlösbar" geworden sein, wird auch von *Maunz*, aaO, S. 17 f. vertreten; M. v. *Bieberstein*, aaO, kann sich im Grunde auch nicht von einer rechtlichen „Mehrlösbarkeit" des Deutschlandproblems freimachen. Sowohl „rechtliche Unlösbarkeit", wie auch rechtliche „Mehrlösbarkeit" bedeuten im Grunde eine „Justizverweigerung" (vgl. *Mangoldt-Klein*, aaO, S. 30). Es kann nicht Aufgabe des Völkerrechtlers sein, nur theoretische Rechtsfolgen aufzuzeigen, sondern er muß versuchen, die beiden feindlichen Thesen in einer neuen Synthesis als gemeinsamer Grundlage zu verbinden. Diese Synthesis kann aber nicht durch eine einseitige Betonung westlicher Wunschträume (z. B. das Prinzip der „demokratischen" Legitimation; vgl. dazu unten 2. Kap.) erreicht werden, sondern im weiteren Verlauf nur durch einen echten „scholastischen" Prozeß erzielt werden. Vgl. auch unten Fn. 63 und 67 ff.

I. Die theoretische Inkompatibilität

1. Der Sieger - Aggressor - Konflikt

Daß ein auf den Grundsätzen der souveränen Gleichheit aufbauender Friede mit dem Aggressor theoretisch nicht möglich ist, ergibt sich unschwer aus den Ausführungen zum formell gerechten Krieg, der auf ideologisch moralistischer Basis[4] geführt wurde; ein Friedensschluß mit dem diskriminierten Unterlegenen muß von dieser Sicht aus sogar als moralisch unzulässig gelten.

Um so erstaunlicher muß es deshalb auf den ersten Blick erscheinen, daß faktisch zwischen Siegern und Besiegten Beziehungen unterhalten werden, die z. T. als besonders herzlich und freundschaftlich bezeichnet werden müssen[5]. — Die Überbrückung der Kluft und die moralische Aufwertung der Besiegten geschah aber nur soweit und in dem Umfang, wie sich der Graben zwischen den ehemals verbündeten Siegermächten wiederum zu einem theoretisch unüberbrückbaren Gegensatz vertiefte. Die wichtigsten Nachkriegsfragen wurden durch diese Entwicklung keineswegs gelöst, sondern auf die Ebene des Interessengegensatzes der Siegermächte untereinander transponiert, mit deren Interessen auf eine höchst eigenartige Weise verknüpft und damit von der Lösung des Ost-West-Konfliktes abhängig gemacht.

2. Der Ost - West - Konflikt

Eine wohl als herrschend zu bezeichnende Auffassung[6] geht von einem unversöhnlichen Gegensatz von abendländischem und marxistischem Rechtsbegriff aus und muß so ein gemeinsames Bindeglied zwischen Ost und West auf diesem Gebiet leugnen[7].

---

[4] Vgl. oben § 2, II, 1 b.

[5] Vgl. näheres unten § 4, I.

[6] Vgl. M. v. *Bieberstein*, aaO, S. 82 f. (mit weiteren Nachweisen in Anm. 57) vgl. *Schuster*, aaO, Einleitung; die völkerrechtlichen Vertreter dieser Ansicht sägen jedoch m. E. am Ast, auf dem sie selbst sitzen, da damit jede völkerrechtliche Erörterung illusorisch wird. A. M. *v. d. Heydte*, aaO, S. 8 ff.

[7] Es wird hier auf den Überbaucharakter des mat. Rechts verwiesen, das von den jeweiligen ökonomischen Verhältnissen abhängig ist (so auch das Akademie-Lehrbuch, aaO, S. 2 ff.) und somit nicht objektiv und absolut, sondern lediglich Funktion der jeweiligen gesellschaftlichen Ordnung und des Klassenkampfes ist. Aus dem Überbaucharakter des Rechts allein einen unversöhnlichen Gegensatz zu konstruieren, erscheint jedoch nicht zwingend; die Argumentation baut auf der allgemeinen naturrechtlichen These auf, das Naturrecht sei, wie Natur, Gott und Vernunft, allgemeingültig, allen Zeiten und Völkern gemeinsam; es sei der Vernunft eindeutig erkennbar. Da sich das Recht teils auf die „Natur des Menschen" teils auf die „Natur der Sache" gründet, kann nicht von einem absoluten Naturrecht gesprochen werden; möglich ist nur ein „Naturrecht mit wechselndem Inhalt" (Stammler); vgl. *Radbruch*, Die Natur der Sache als juristische Denkform, Festschr. f. Laun, 1948, S. 157 ff.

In der Tat ist für den Theoretiker, der sich um den Nachweis einer gemeinsamen Rechtsgrundlage bemüht, das Ergebnis nicht ermutigend[8]. Die sowjetische Völkerrechtslehre ist an sich ideologisch bedingt und geht von einem universellen Sendungsbewußtsein aus, das mit dem russischen Nationalismus eine Symbiose eingegangen ist[9]. Da der historische Materialismus uns sich zugleich als Geschichtsphilosophie, Gesellschaftswissenschaft — aber auch als Eschatologie[10] — zeigt, ergibt sich ein dem ausgehenden Mittelalter ähnliches Bild: zwischenstaatliche Koexistenz ist ebensowenig etwas Selbstverständliches[11], wie das Miteinander von Gläubigen und Ungläubigen, von Christen und Heiden in Anbetracht des Dschihad und des „heiligen" Kriegs.

Garanin und die offizielle sowjetische Völkerrechtslehre sieht demgemäß im Völkerrecht ein Recht, in dem sich die sozialistischen Prinzipien mehr und mehr ausbreiten und das in Zukunft sozialistischen Charakter annehmen wird. Insoweit wäre auch bei der Darstellung und Auslegung des Völkerrechts nicht von einem tolerierenden, objektiven Standpunkt, sondern vom Grundsatz der „Parteilichkeit"[12] auszugehen.

II. Die Praxis und neuere Entwicklungstendenzen

Ein anderes Bild zeigt jedoch die Entwicklung der sowjetischen Völkerrechtspraxis, die besonders auch im monographischen Schrifttum ihren Niederschlag gefunden hat[13].

1. Ansätze zu einer Entideologisierung bzw. Politisierung

Es ist zwar meines Erachtens verfehlt oder zumindest verfrüht, von einer Entideologisierung oder von einem grundlegenden Wandel des

---

[8] Vgl. von den neueren Untersuchungen vor allem *Meissner*, aaO, S. I—XVIII und *Bracht*, Ideologische Grundlagen der sowjetischen Völkerrechtslehre, 1964.

[9] Vgl. *Wetter*, Der dialektische Materialismus, Freiburg 1952, S. 282 ff.; ferner *Schuster* aaO, S. 213 f., mit zahlreichen Hinweisen auf Quellen in der sowjetischen Rechtsliteratur.

[10] Vgl. *Landshut*, aaO, Sp. 1265, „. . . so nimmt diese klassenlose Gesellschaft, obwohl sie als eine durch revolutionäre Gewalt herzustellende Gesellschaftsordnung gedacht wird, alle Züge der chiliastischen Heilserwartung an".

[11] Vgl. *Kordt*, Koexistenz als politisches Phänomen, in: Moderne Welt, 1. Jahrgang (1959), S. 30 ff.

[12] Vgl. *Garanin* (zit. bei Meissner, aaO): „Nur auf der Grundlage des Marxismus-Leninismus kann man das Völkerrecht richtig begreifen. Die Völkerrechtswissenschaft steht auf dem festen Fundament des dialektischen und historischen Materialismus. Von besonders wichtiger Bedeutung für das Völkerrecht ist die materialistische Geschichtsauffassung, der historische Materialismus, die marxistisch-leninistische Lehre von den Gesetzen der Entwicklung der Gesellschaft.

[13] Vgl. *Tunkin*, Co-Existence and International Law, in: Receuil des Cours de l'Académie de Droit International, Bd. 95, 1959, S. 5 ff. Vgl. *Tunkin*, The Role of International Law, in: Völkerrecht und rechtliches Weltbild, Festschrift für Alfred Verdroß, 1960, S. 293 ff. Ferner tritt der Koexistenzgedanke

sowjetischen Völkerrechts zu sprechen[14], da die alte ideologische Untermauerung keineswegs weggefallen ist, sondern mit den neuen Konzeptionen ein eigenartiges, im Innern sich widersprechendes Konglomerat bildet. Es dürfte sich vielmehr um eine „Politisierung" des Völkerrechtsdenkens handeln, d. h. um eine realistischere Einschätzung der tatsächlichen Gegebenheiten[15]; man versucht nicht mehr, die politische Wirklichkeit unter die entsprechenden ideologischen Obersätze zu subsummieren, sondern zeigt sich im „Außenverhältnis" ungebunden, beweglich und empirisch aufgeschlossen[16]. Diese Haltung hat in der Konzeption des Völkerrechts als Recht der friedlichen Koexistenz[17] souveräner Staaten ihren Ausdruck gefunden. Die noch von Korowin[18] vertretene Ablehnung eines universellen Völkerrechts ist überwunden. Freilich kann im Prinzip der friedlichen Koexistenz nicht — wie zum Teil angenommen wird[19] — irgend ein deus ex machina erblickt werden, in dessen Zeichen sich der ost-westliche Konflikt löst, da dem empirisch, aus der politischen Notwendigkeit heraus gewonnenen Koexistenzbegriff noch nachträglich ein ideologisches Fundament untergeschoben wurde[20].

2. Die Zweispurigkeit der sowjetischen Völkerrechtskonzeption

Man muß vielmehr von der Zweispurigkeit der sowjetischen Völkerrechtskonzeption ausgehen[21], die dadurch bedingt ist, daß die tagespolitischen Forderungen zugleich auch den ideologischen Wunschvorstellungen des historischen Materialismus entsprechen müssen. Diese Doppelgleisigkeit zeigt sich auch in der Divergenz der Völkerrechtsnormen des

besonders stark in Rechtsgebieten hervor, die Auslandsberührung haben, vgl. *Pereterski* und *Krylow*, Lehrbuch des Internationalen Privatrechts, Moskau 1959 (Deutsch: Berlin/O 1962), Kap. I, S. 1 ff.

[14] So *Menzel*, Vorwort zu der deutschen Übersetzung des von der Akademie der Wissenschaften der UdSSR 1957 herausgegebenen Lehrbuchs für Völkerrecht.

[15] Vgl. *Meissner*, aaO, S. X.

[16] Diese neuen Tatbestände sind im Westen als „Aufweichungstendenzen nach Stalins Tod" registriert worden.

[17] = sosuschtschestwowanije, ein Begriff, der von Stalin bereits in den 20iger Jahren verwendet wurde; u. a. anläßlich der Rede auf dem XIV. Parteitag der KPdSU, vgl. *Stalin*, Werke, Bd. 7, 1949—51 (russ.), S. 249.

[18] *Korowin*, Das Völkerrecht der Übergangszeit, 2. Aufl., übertragen von Robinson, Berlin 1929, an mehreren Stellen — insbes. S. 230 —, geht wie *Lenin*, Werke, Bd. XXIV, S. 122 ff., nicht von einem Nebeneinander i. e. S., sondern vom Sieg des einen Systems über das andere aus. (= „Parallel"-Existenz i. S. von *Grottian*, Ist Koexistenz mit der Sowjetunion möglich?, in: Moderne Welt, 1961/62, S. 115 ff.).

[19] Vgl. *Kunzmann*, Die friedliche Koexistenz, in: EA, 10. Nov. 61, S. 741 ff.

[20] „Die friedliche Koexistenz zweier entgegengesetzter sozialer Ordnungen, welche den Eckstein der Außenpolitik der sozialistischen Staaten bildet, bedeutet nicht eine einfache Parallelentwicklung von Kapitalismus und Sozialismus, sondern eine solche Entwicklung, die in ihrem Endresultat den Kräften des Sozialismus ein radikales Übergewicht verleiht . . .": (so der sowjetische Ideologe *Kowalew*, zit. bei Meissner, aaO, S. XIV).

innerkommunistischen Bereichs und den Rechtssätzen, die gegenüber dritten, nichtkommunistischen Staaten Anwendung finden sollen. Menzel hat auf dieses Phänomen hingewiesen: „Für den Versuch, sowjetische Ordnungsvorstellungen im zwischenstaatlichen Bereich zu verwirklichen und um eine entsprechende Umgestaltung der bisherigen Ordnung zu erreichen, finden die Formeln des sowjetischen Völkerrechts Anwendung. Zur Abwehr gegenüber Einwirkungsmöglichkeiten anderer Mächte bedient man sich der Regelung des klassischen Völkerrechts[22].

3. Berührungspunkte zwischen Ost und West

An dieser Doppelgleisigkeit braucht aber ein völkerrechtlicher Verkehr nicht zu scheitern. Bei einer kritischen Betrachtung ergibt sich auch für den Rechtskreis der christlich-abendländischen Kulturen eine derartige Divergenz zwischen ideologisch-religiösem Gebot und aktuell geltender Norm. Die im Westen geltenden Rechtsvorschriften verwirklichen ebensowenig die Prinzipien der Bergpredigt[23], wie der von der UdSSR gegenüber den kapitalistischen Staaten vertretene Koexistenzbegriff den Prinzipien des klassischen Marxismus entspricht.

Es ist ferner auch auch eine im Westen geübte Praxis, für die eigene Expansion gewisse „Völkerrechts"normen zu bemühen, die aber nicht zur Anwendung gelangen dürfen, falls das eigene Staatsgebiet oder die eigene Interessensphäre Objekt der Expansion einer feindlichen Ordnung ist. Die Zweigleisigkeit der Völkerrechtskonzeption tritt hier nur nicht so deutlich hervor, wie in einem sowjetischen Völkerrechtslehrbuch, da die ideologische Grundlage des Westens nicht ähnlich klar herausgearbeitet ist und sich unzählige Möglichkeiten von Beschönigungen, Bemäntelungen und scheinheiligen Argumenten bieten.

Die oben geschilderte Doppelgleisigkeit dürfte vielmehr jedem System eigen sein, das sich um die Realisierung einer Idee bemüht; sie ist im Verhältnis von abstrakter Wertvorstellung und konkreter Wirklichkeit,

---

[21] So steht z. B. im krassen Widerspruch zu den von der Sowjetunion im Außenverhältnis zu nichtkommunistischen Staaten vertretenen sog. „Fünf Prinzipien der friedlichen Koexistenz" die ideologische Verkehrung der Begriffe in der Auseinandersetzung zwischen Moskau und Peking; die friedliche Koexistenz erscheint hier „als höchste Form des Klassenkampfes" (vgl. *Meissner*, Der ideologische Konflikt zwischen Moskau und Peking, S. 152 ff.).

[22] Vgl. *Menzel*, aaO, S. XXII; So wird im allgemeinen Völkerrechtsverkehr am Souveränitätsdogma festgehalten, obwohl der Staat nach marxistischer Auffassung im Absterben begriffen ist; trotz der weltrevolutionären Zielsetzung wird strikte Nichteinmischung verlangt. Vgl. *Meissner*, aaO, S. X.

[23] Die Divergenz zwischen äußerem Verhalten und innerer Einstellung führt zwar zu schizophrenen Schädigungen, denen aber mit einem gewissen Maß an Scheinheiligkeit, durch die Statuierung von Ausnahmen, durch angeblich unbedeutende Korrekturen der Obersätze erfolgreich begegnet wird.

im Gegensatz von Sollen und Sein[24] begründet und ist Ausgangspunkt jeder Eschatologie[25].

Nach der aktuellen sowjetischen Auffassung ist es Aufgabe des modernen Völkerrechts, die Beziehungen zwischen Staaten mit „diametral-entgegengesetzten Wirtschaftssystemen“ zu regeln. Der Wert des Völkerrechts soll sich allein von dieser Zielsetzung her bestimmen[26].

Ist diese friedliche Koexistenz aber ausreichende Grundlage für einen Frieden, der ja — wie oben festgestellt[27] — mehr ist, als der Zustand der Kriegs- und Gewaltlosigkeit? Man muß sich darüber im Klaren sein, daß das sowjetische Völkerrecht nicht nur den Krieg als Rechtsverhältnis abschaffen will, sondern auch an die Stelle des Status „Frieden“ den Status „friedliche Koexistenz“ rückt. Bemerkenswert ist auf der anderen Seite, daß sich die friedliche Koexistenz gegen den Kalten Krieg wendet als einem Zwischenstatus zwischen Krieg und Frieden, der nichts anderes bedeutet, als die Fortsetzung des Kriegs mit anderen Mitteln und jede echte Befriedung ausschließt. Die friedliche Koexistenz als Statusverhältnis kommt somit dem im europäischen Völkerrecht entwickelten Friedensbegriff ziemlich nahe — mit der Besonderheit allerdings, daß es sich um einen Frieden zwischen „diametral-entgegengesetzten“ Systemen handelt.

---

[24] Auch die Rechtsphilosophie ist gezwungen, zwischen dem reinen Sollen und dem gewollten Sollen — dem Idealgesetz und dem Kulturgesetz — zu unterscheiden, denn was von der Idee der Gerechtigkeit, die frei ohne jede Stütze über der Welt der Tatsachen schwebt (vgl. *Radbruch*, Vorschule der Rechtsphilosophie, 2. Aufl. 1959), in das menschliche Wollen, Wissen und Fühlen aufgenommen wird, ist der Ausdruck menschlicher Kultur, jenem „Zwischenbereich zwischen Staub und Sternen“, ist „Menschenwerk, teilhaft der Erdenschwere, teilhaft aber auch des Auftriebs zur Höhe“ (vgl. *Radbruch*, Idealgesetze und Kulturgesetze, in: Einführung in die Rechtswissenschaften, 10. Aufl., besorgt von Zweigert, S. 15; *Radbruch*, Vorschule der Rechtsphilosophie, S. 36; *Radbruch*, gesetzliches Unrecht und übergesetzliches Recht, in: Südd. JZ 1946, S. 105).

[25] Über die Eschatologie im Weltkommunismus, vgl. *Landshut*, aaO, Sp. 1265.

[26] Vgl. *Kunzmann*, aaO, S. 74 ff. Die innerstaatliche, philosophisch-ideologische Rechtfertigung und Auslegung des Koexistenzgedankens (vgl. oben Fn. 12) ist im Außenverhältnis von geringer Bedeutung, da im Völkerrecht nicht die ideologische Untermauerung, sondern die tatsächliche Übung interessiert; mit anderen Worten: es ist primär das Tun oder Unterlassen (z. B. das Abstandnehmen von Angriffshandlungen, die Ausübung des diplomatischen Verkehrs, das Gebunden-Fühlen an Verträge) und nicht die Gesinnung und Motive, die diesem Handeln zu Grunde liegen, entscheidend; nur die Moral verlangt neben dem äußeren Verhalten noch eine bestimmte Gesinnung (vgl. *Radbruch*, Recht und Moral, aaO, S. 17); das Völkerrecht verlangt hier weniger als die Völkermoral. Mit einer gewissen Schärfe hat sich der Begriff der friedlichen Koexistenz neuerdings auch im ideologischen Streit zwischen Moskau und Peking herauskristallisiert (vgl. Einzelheiten in „Ost-Probleme“, aaO, 8. 2. 1963, S. 66 ff.).

[27] Vgl. § 1, II, 1.

III. Die gemeinsame Völkerrechtsbasis

Mit der Betonung der diametral-entgegengesetzten Weltanschauungen hat die heutige Völkerrechtsordnung zweifellos den Glanz eines „jus publicum europaeum" verloren, da eine Unterordnung unter gemeinsame weltanschauliche Oberbegriffe nicht möglich scheint. Daran brauchen aber nicht notwendigerweise völkerrechtliche Beziehungen in der außenpolitischen Situation einer Epoche zu scheitern. Aufgabe des Rechts ist es gerade, Ordnungsfaktor in einem pluralistisch strukturierten Raum zu sein; generelle Ideen- und Interesseneinheit machen eine Rechtsordnung weitgehendst überflüssig[28], sind nicht Grundlage eines Rechts, das sich aus seiner numinosen Umklammerung gelöst hat[29]. Zunächst erscheint es auch anbetrachts der jedem eschatologischen System immanenten Zweigleisigkeit[30] wenig realistisch, bei der Regelung konkreter Fragen des gemeinsamen Diesseits auf das sich ausschließende Jenseits zu verweisen. Seit Beginn des klassischen Völkerrechts erweist es seine Praktikabilität gerade darin, daß von der Staatenpraxis nicht so heiß gegessen wird, wie es von den Chefideologen gekocht wird[31].

1. Die Existenz von Völkerrecht zwischen Ost und West

Verbindliches Völkerrecht besteht in dem Maße als

(1) die Mitglieder der Völkerfamilie sich als völkerrechtsfähig anerkennen;

(2) eine Bindung der Völkerrechtssubjekte möglich ist, die eine über schöpferische Einzelakte hinausreichende Kontinuität und Stabilität gewährleistet;

(3) diese Bindung letztlich eine moralische ist[32].

a) Die gegenseitige Anerkennung

Die Gefahr der gegenseitigen Vernichtung[33] bildet gegenwärtig ein nicht zu unterschätzendes Bindeglied, das wechselseitige Anerkennung fordert. Soll es nicht zu einer von beiden Seiten unerwünschten Hypnose kommen, bedarf es einer Vertrauensbasis, die eben nur ein völkerrechtlicher Verkehr schaffen und fördern kann; die Verpflichtung zur Beach-

---

[28] Vgl. *Bornkamm*, aaO, Exkurs.

[29] Vgl. oben § 1.

[30] Vgl. oben II, 3.

[31] Als sehr frühes Beispiel kann in diesem Zusammenhang das Bündnis Franz I. von Frankreich mit den Türken gegen eine christliche Macht genannt werden, obwohl ewiger Krieg gegen den Glaubensfeind eigentlich ideologisches Gebot der Stunde gewesen wäre.

[32] Vgl. *Berber*, Von den Grenzen des Völkerrechts, aaO, S. 213 ff., (S. 214 f.).

[33] Vgl. *Wohlstätter*, The Delicate Balance of Terror, Foreign Affairs, Vol. 37, No. 2 (Jan. 1959).

tung der Völkerrechtsnorm gebietet dann nicht primär eine gemeinsam empfundene Sollensnorm, sondern eine empirische Erwägung, der gemeinsame Wunsch, zu überleben[34].

Ähnlich wie weitgehend im innerstaatlichen Recht, ist damit in den völkerrechtlichen Beziehungen zwischen Ost und West an die Stelle der gemeinsamen ethischen Fundierung eine Art Zwangsmechanismus getreten: die Furcht vor dem „atomaren Gegenschlag"[35].

b) Die Bindung und Bestandsgarantie

Schuster[36] — um nur eine repräsentative Stimme herauszugreifen — spricht den Beziehungen zwischen den Blöcken den Rechtscharakter völlig ab, da die Entscheidungen nicht aus einer „longa consuetudine opinio iuris", sondern aus dem Gesichtspunkt opportunen politischen Verhaltens erfolgen, übersieht aber dabei — gerade als Politologe —, daß zumindest die Beachtung eines völkerrechtlichen Minimums das einzig „opportune" Verhalten darstellt; ein anderes Verhalten wird in einer politischen Situation, in der sich zwei Kontrahenten gegenüberstehen,

---

[34] Jenseits der sog. Inkompatibilität der Legitimitätsgrundlagen, die nach der Ansicht so vieler Autoren der Anerkennung als gleichberechtigtes Völkerrechtssubjekt entgegenstehen soll, stellt es die Staatenpraxis auf die Möglichkeit der tatsächlichen Machtentfaltung ab. Die Großmacht aus dem feindlichen Lager — nicht der kleine Bündnispartner ohne nukleare Waffen — wird als ebenbürtiger Kontrahent anerkannt. Das Prinzip der souveränen Gleichheit bleibt vom Ost-West-Konflikt unberührt; Ausgangspunkt der Problematik sind vielmehr die — auch durch den Besitz von Kernwaffen begründeten — Vorrechte der Großmächte in Ost *und* West.

[35] Damit wird nicht bestritten, daß Recht und sittliche Sollensordnung interdependent sind (vgl. statt vieler *Radbruch*, Rechtsphilosophie, 4. Aufl. 1950, S. 138; *Berber* I, S. 32) und dies weitgehendst auch für das Völkerrecht gilt, dessen dynamische Weiterentwicklung vor allem durch seine Übereinstimmung mit sittlichen Grundnormen garantiert wird (vgl. z. B. Max Huber, zit. bei *Berber* I, aaO); es soll auch nicht der Versuch gemacht werden, die atomare Bedrohung als Geltungsgrund des Völkerrechts zu proklamieren oder in der Sinnlosigkeit der gegenseitigen Vernichtung eine Grundnorm im Sinne *Kelsens* (vgl. Reine Rechtslehre, 2. Aufl., S. 200 ff. (207 f.) zu erblicken, die als Voraussetzung gedacht wird und von der sich Völkerrechtssätze ableiten lassen, die gelten, weil sie gelten sollen. Es gibt in diesem Zusammenhang keine „chemisch" reine Rechtslehre, die auf jede außerrechtliche Begründung verzichten kann; die vom Gleichgewicht des Schreckens diktierte „zwischenstaatliche Zwangsordnung" beruht auf der Überlegung, daß der Kontrahent ein „vernünftiges Wesen" ist, auf dem „Vertrauen", daß die andere Partei nicht zuerst den roten Druckknopf bedient und geht letztlich von einer — optimistischen — prästabilisierten Harmonie aus, daß den miteinander ringenden Kräften ein allgemeines regulatives Prinzip zugrunde liegt (vgl. *Berber*, Sicherheit und Gerechtigkeit, S. 14, wo weiter darauf hingewiesen wird, daß selbst die „reine Rechtslehre" Kelsens durch die Einschaltung der Grundnorm „pacta sunt servanda" den moralischen Begriff der Treue einführt). Vgl. im übrigen unten c.

[36] Vgl. aaO, S. 227.

die die Macht besitzen, sich jederzeit auszulöschen, „ad absurdum" geführt. Zu der von *Machiavelli*[37] geschilderten Lage, daß ein Kluger aus Nützlichkeitserwägungen sein Wort nicht hält, kann es zwischen Ost und West nicht kommen, da durch den Wort- oder Vertragsbruch, durch die Verletzung des völkerrechtlichen Minimums das gegenseitige Vertrauen und damit die beiderseitige Existenzgrundlage zerstört würde. Das Recht kann nur so lange gebrochen werden, wie sein im Laufe der Rechtsentwicklung gesammelter und ihm innewohnender „good will" nicht verbraucht ist. Dieser „good will" ist zwischen befreundeten Staaten auf Grund einer gewissen Ideengleichheit, der Bereitschaft zu entschuldigen usw. weit größer, als zwischen verfeindeten Staaten; d. h. der Rechtsbruch innerhalb des Bündnisses tätigt nicht die verheerenden Folgen wie der Rechtsbruch zwischen den verfeindeten Blöcken.

Man gelangt so zu dem — nur aus der Sicht der „Neorealisten" grotesken Bild, daß Völkerrecht zwischen Blöcken eher eingehalten werden wird, als bei der Gestaltung der blockinternen Beziehungen.

c) Die moralische Bindung der Beziehungen

Die koordinationsrechtliche Gestaltung der Völkergemeinschaft verlangt grundsätzlich nach gemeinsamer Unterordnung unter ethische Prinzipien; wie schon angedeutet[38], kann auch eine dem innerstaatlichen Sanktionssystem entsprechende Zwangsordnung der gegenseitigen atomaren Bedrohung niemals gänzlich auf eine ethische Begründung verzichten, um funktionsfähig zu bleiben[39].

Auch der noch so perfekte Zwangsmechanismus schaltet die Frage nach der ethischen Begründetheit nur bei Einzelproblemen aus, die zu scheinbar wertindifferenten Routineakten werden; die existenzielle Grundentscheidung wird aber dadurch nicht überflüssig gemacht, sondern um so dringlicher gefordert. Auf lange Sicht müssen Nützlichkeitserwägungen — auch wenn sie einer letzten existenziellen Notwendigkeit entspringen — durch ethische Werte, durch Ausrichtung an der Idee der Gerechtigkeit vertieft werden[40]. Die Probleme, die hierbei angesprochen

---

[37] Vgl. Der Fürst, 18. Kap.

[38] Vgl. oben Fn. 35.

[39] Die atomare Bedrohung gewährt zwar in Fragen der gegenseitigen Existenzgrundlage eine gewisse „Prädisposition" zu übereinstimmenden Entscheidungen — vgl. oben § 3, III, 1 — *Berber* I, S. 38, weist aber zu Recht darauf hin, daß es „eine optimistische Verkennung der immanenten Dämonie und potentiellen Tragik allen menschlichen Daseins ist, eine prästabilisierte Harmonie und Balance unter den zur Durchsetzung drängenden vitalen Kräften anzunehmen."

[40] Vgl. *Berber*, Sicherheit und Gerechtigkeit, S. 163 ff.

werden, sind sehr vielschichtig[41] und ein wenig begangenes Gebiet[42]. Es kann im Folgenden nur auf das Grundsätzliche eingegangen werden:

Wie Max *Huber*[43] darlegt, ist Ethos im internationalen Bereich in den folgenden Erscheinungsformen denkbar:

(1) *Ethos der tatsächlichen historischen Erscheinung;* dieses tritt als Resultat voraussetzungsloser Beobachtungen des zwischenmenschlichen und zwischenstaatlichen Verhaltens und der dieses bestimmenden Faktoren zu Tage.

Ein Ethos i. e. S. liegt hier nicht vor, da nicht von einem transzendenten oder in der autonomen Vernunft des Menschen begründeten Sollen ausgegangen wird, sondern nur von einer statistisch erfaßbaren Wirklichkeit (die aber durch ethische Forderungen geprägt und gestaltet werden kann).

(2) *Postulatorisches Ethos;* dieses kann sich auf menschliche Postulate gründen, die dieser aus geschichtlicher Erfahrung, aus Ergebnissen der Wissenschaft — namentlich ihrer psychologischen und soziologischen Zweige — als Voraussetzung für ein sinnvolles, harmonisches Zusammenleben aufstellt,

(3) kann sich aber auch als *geoffenbartes Ethos* auf die Postulate einer Religion gründen.

Die drei Erscheinungsformen entsprechen den drei Dimensionen menschlichen Daseins: aktuelles soziales Leben (Unterbau), Bereich menschlicher Normen (Mittelbau), Bereich der geoffenbarten Werte (Oberbau)[44]; diese Bereiche sind interdependent miteinander verknüpft: das „geoffenbarte Ethos" beeinflußt die menschlichen Postulate (Sollens-

---

[41] Die besondere Schwierigkeit ist darin zu erblicken, daß die Völkerrechtsordnung zwar mangels einer institutionalisierten Zwangsordnung wie keine andere Rechtsordnung einer ethischen Substanz bedarf, sich aber gleichzeitig — um ihre koordinierende Funktion zu erfüllen — von der Umklammerung der mit dem Anspruch auf Absolutität geltend gemachten *partikulären* ethischen Forderungen frei machen muß (vgl. oben § 1, II, 1). Hat im Bereich des innerstaatlichen Rechts im Laufe der Entwicklung das Pendel zu stark auf die Seite Befreiung von ethischen Prinzipien zugunsten eines mechanischen Positivismus ausgeschlagen, so scheint die zwischenstaatliche Ordnung vorerst noch weniger von der bloßen Automatik eines Rechtsmechanismus, als von einer „manipulierten" Ethik bedroht zu sein, die in Form von ideologischer Propaganda den Rest an ethischer Substanz gefährdet (vgl. auch oben § 2, II, 1, b).

[42] Derartige Erörterungen werden gerne als „weltfremd" hingestellt; es sei deshalb auf den großen Völkerrechtspraktiker Max Huber verwiesen, der ausführt, daß „der entmutigende Verzicht auf die Geltung ethischer Werte, selbst im Bereich der Völkerrechtbeziehungen, verheerender (ist), als die immer wieder zu betrachtenden Siege der Willkür und Gewalt über Recht, Gerechtigkeit und Ethos in der Welt"; vgl. Max *Huber,* aaO, S. 402.

[43] Vgl. Prolegomena und Probleme eines Internationalen Ethos, aaO.

[44] Vgl. *Sauer* (Juristische Methodenlehre, §§ 40 ff.; ders., Juristische Elementarlehre; ders., Völkerrecht und Weltfrieden, 1948, 2. Kap.), nach dem sich der Rechtsbegriff „nach unten und nach oben" erweitert, „so daß er sich durch drei Reiche bewegt".

ordnung)[45], die sich wiederum in den aktuellen gesellschaftlichen Gegebenheiten (Istordnung) spiegeln[46].

Bei der Frage nach der der gegenwärtigen Völkerordnung zugrunde zu legenden internationalen Ethik ist anbetrachts der pluralistischen Staatenordnung zunächst vom aktuellen sozialen Leben, vom Unterbau, auszugehen, um das Ethos als tatsächliche historische Erscheinung, als Resultat voraussetzungsloser Beobachtungen ohne Bindung an eine philosophische Anschauung, eine politische oder wirtschaftliche Ideologie oder an ein geoffenbartes Ethos zu ermitteln. Die großen Gegensätzlichkeiten der Anschauungen zwingen hierbei, bei Erkenntnissen zu beginnen, „die jedem Menschen erkennbar und verständlich sind“[47].

Diese gemeinsamen Erkenntnisse aufzuzeigen, wäre Aufgabe eines „Naturrechts des 20. Jahrhunderts“, das noch nicht systematisch erarbeitet ist[48]. Prima facie kann jedenfalls davon ausgegangen werden, daß die wechselseitige Anerkennung der Existenzberechtigung eingeräumt wird und der Grundsatz von Treu und Glauben zumindest in dem Maße anerkannt wird, als es zur Aufrechterhaltung der wechselseitigen Beziehungen notwendig ist[49]. Daß Leben überhaupt noch existiert, ist letztlich einer moralischen Anstrengung zu verdanken, dem gegenseitigen Vertrauen, daß keiner der Kontrahenten den roten Druckknopf zuerst betätigt[50].

Soweit unter Hinweis auf ideologische Argumente von einer mangelnden „intellektuellen Einheit“ oder keiner echten Bereitschaft zur Koexistenz ausgegangen wird[51], braucht das den auf den genannten Prin-

---

[45] Eine Beeinflussung erfolgt überall da, wo Religion wirksam wird als eine „erlebnishafte Begegnung mit heiligen Mächten“ und als ein daraus resultierendes „antwortendes Handeln des vom Heiligen bestimmten Menschen“ (vgl. *Mensching,* Allgemeine Religionswissenschaft, aaO, S. 80; vgl. auch oben § 1, II Fn. 13). Zuzugeben ist allerdings, daß diese Zusammenhänge rein erkenntniswissenschaftlich nicht voll faßbar sind, da die religiösen Erscheinungen nicht nur historisch zu registrieren, sondern zu „verstehen“ sind; „verstehen“ aber heißt nach *Mensching* (aaO, S. 29) „die historischen Fakten einschalten in das eigene Leben, um ihr inneres Leben, d. h. das von ihnen Gemeinte zu erfassen und durch Vermittlung des Begriffs zu Gefühl und Bewußtsein zu bringen“.

[46] Vgl. *Sauer,* Völkerrecht und Weltfrieden, 1948, insbes. S. 12 f.

[47] Vgl. Max *Huber,* aaO, S. 378, der auch darauf hinweist, daß diese Grundlage — zumindest für den Bereich des hier interessierenden kollektiven Ethos — auch von demjenigen zu akzeptieren ist, der davon ausgeht, daß auf der alleinigen Grundlage der Vernunft und wissenschaftlichen Erfahrung „weder die ganze Wirklichkeit und noch weniger die tiefste Wahrheit“ erkannt werden könne.

[48] Vgl. auch unten § 3, III, 2.

[49] Von Autoren, die ihr Hauptaugenmerk auf ideologische Unterschiede richten, wird meist verkannt, daß in einem nicht unbedeutenden Umfange völkerrechtliche Beziehungen zwischen den Blöcken bestehen.

[50] Vgl. auch oben Fn. 35.

[51] Vgl. *Schuster,* aaO, S. 231.

zipien aufbauenden Restbestand einer internationalen Ethik nicht zu berühren. Ethos ist nicht etwas, was durch Ideologen und Demagogen ohne weiteres abgeschafft oder neu gemacht werden könnte[52]. Diese können zwar die Atmosphäre vergiften und die Erkenntnis trüben; ihre Anstrengungen bleiben aber immer Propaganda, ein „lebensunfähiger homunculus". Ethos muß durch den Menschen, wie Max *Huber*[53] ausführt, „als eine Realität empfunden" und nicht nur als intellektuelle Konstruktion verstanden werden. Von dieser Sicht wird auch eine in der völkerrechtlichen Praxis zu Tage tretende gewisse Übereinstimmung, eine — wenn auch nicht (anbetrachts des verschiedenen Interpretationen unterliegenden „Über"- und „Mittelbaus") Konkordanz — doch wenigstens Konvergenz der Ansichten verständlich.

Die Frage nach dem Sinn und dem letzten Geltungsgrund dieser Völkerrechtsordnung braucht in diesem Zusammenhang nicht beantwortet zu werden; wie alles, kann auch die zwischenstaatliche Ordnung Sinn und Zweck nur von einer „übergreifenden, höheren Sphäre"[54] erhalten. Die Perspektive einer im Transzendenten, im geoffenbarten Ethos begründeten Ordnung entzieht sich einer hier geforderten rein wissenschaftlichen Erörterung. Jeder Einzelne kann und muß berufen sein, diesen Schritt nach seinem Gewissen zu vollziehen[55].

In diesem Sinne ist auch *Sauer*[56] zuzustimmen, wenn er darauf hinweist, daß das Völkerrecht wie keine andere Rechtsmaterie aufgeschlossen ist „für die grundlegendsten Rechtsfragen" und kein anderes Rechtsgebiet so viele „Eingangspforten zum Allerheiligsten des Rechts" besitzt.

2. Der materielle Inhalt des zwischen Ost und West geltenden Völkerrechts[57])

Entgegengesetzte Weltanschauungen machen den Völkerrechtsverkehr nicht unmöglich, beeinflussen aber Art und Umfang der völkerrecht-

---

[52] Vgl. Max *Huber*, aaO, S. 380: „Ein Ethos ist oder entsteht, oder es kann allenfalls als latent und unbewußt vorhanden aufgedeckt und ins Bewußtsein gehoben werden." Vgl. auch unten Fn. 64.

[53] Vgl. Max *Huber*, aaO, S. 380.

[54] Vgl. *Sauer*, Völkerrecht und Weltfrieden, aaO, S. 15 f.

[55] Max *Huber*, aaO, S. 491 spricht so anbetrachts „der Dunkelheit und Gefahren der Zeit" das Bekenntnis aus: „Wir dürfen nicht verzweifeln und wir müssen nicht verzweifeln, weil wir aus dem Glauben eine Hoffnung schöpfen, eine Hoffnung aus dem Blick über den Horizont der Zeit und Geschichte hinaus in eine Welt, wo Gott sein wird alles in allem." Ein derartiges Zitat — auch eines hochgeschätzten Völkerrechtspraktikers — mag säkularisiertem Denken Überraschung und vielleicht Ärgernis zugleich bedeuten. Es drückt sich aber darin nichts weiteres aus als die nüchterne, sachgemäße Erkenntnis der Urverwurzelung von Recht und Religion (vgl. *Schilling*, Religion und Recht; vgl. oben § 1, I), der Unmöglichkeit einer restlosen Emanzipation des Rechts von numinosem Gedankengut (vgl. oben § 1, II), der Notwendigkeit einer metaphysischen Neubesinnung, die allein bei Versagen aller rechtstechnischen Mittel die Rechtsnot zu beheben vermag.

[56] Vgl. *Sauer*, Völkerrecht und Weltfrieden, aaO, S. 114 f.

lichen Beziehungen. Eine derart begründete Völkerrechtsordnung hat vornehmlich nüchternen, konkreten Charakter. Dieser zeigt sich in der generellen Bereitschaft zum Abschluß „technischer" Abkommen, in der Pflege völkerrechtlicher Kontakte, nicht zuletzt auch in der Abwertung des Gewohnheitsrechts als primäre Völkerrechtsquelle zugunsten des Vertragsrechts[58]. Vor allem aber verliert die Völkerrechtsgemeinschaft die ihr innewohnende schöpferische Kraft; nur durch eine gemeinsame Gerechtigkeitsvorstellung kann eine unfruchtbar gewordene Rechtsform gesprengt und den sich ständig ändernden Gegebenheiten angepaßt werden; nur durch eine „Willensintegration"[59] kann neues Recht von der Völkergemeinschaft geschaffen werden.

Inwieweit — auf dem Fundament wechselseitiger Anerkennung und bona fide aufbauend — Ansätze zu einer gemeinsamen Gerechtigkeitsvorstellung jenseits der weltanschaulichen Differenzen vorhanden sind, ist noch nicht genügend untersucht[60]. Das Problem liegt hierbei nicht allein in der gegenwärtigen Verfassung der Welt, sondern auch in der Natur ethischer Postulate. Max *Huber*[61] weist so darauf hin, daß, je tiefer ein Ethos verwurzelt ist, desto weniger Bereitschaft zu Konzessionen zu erwarten ist: „Recht läßt sich schmieden wie Eisen, soweit es selber nicht Ethos ist. Ethos ist aber wie Kristall." Andererseits zeigt sich, daß noch so inkompatible Legitimitätsideen sich abschleifen und ein gemeinsamer modus vivendi gefunden werden kann[62]. Gemeinsam empfundene Sollensnormen könnten sich so in einem „scholastischen Prozeß" herausbilden[63].

---

[57] Zur Darstellung gelangen können in diesem Zusammenhang nur allgemeine Grundsätze; dem besonderen Teil (vgl. 2. Kap.) muß die Prüfung vorbehalten bleiben, inwieweit das jeweils in Frage stehende Völkerrechtsinstitut als partikuläres (nur im Osten oder im Westen) oder universelles (sowohl im Osten als auch im Westen) Völkerrecht anzusprechen ist.

[58] *Tunkin*, The Role of International Law in International Relations, in: Festschrift für Verdroß, S. 302.

[59] Vgl. *Berber*, Sicherheit und Gerechtigkeit, S. 11.

[60] Vgl. auch oben § 3, III, 1, c.

[61] aaO, S. 402 ff.

[62] Vgl. *Rothfels*, Gesellschaftsordnung und Koexistenz, in: zeitgeschichtliche Betrachtungen, Göttingen 1959, S. 202 ff., vgl. auch oben § 3, II, 3.

[63] Wie weit ein derartiger Prozeß des gegenseitigen Verstehens und Angleichens fortgeschritten ist, läßt sich juristisch noch nicht erfassen; gewisse Ansätze bieten sich u. a. bei *Sarkisyanz*, Rußland und der Messianismus des Orients, 1955; *Djilas*, Die neue Klasse, 1957; *Sorokin*, Soziologische und kulturelle Annäherung zwischen den Vereinigten Staaten und der Sowjetunion, in: Zeitschrift für Politik, Bd. 7 (1960), 341 ff.; *Hensel*, Strukturgegensätze oder Angleichungstendenzen der Wirtschafts- und Gesellschaftssysteme von Ost und West?, in: Ordo Bd. XII, 1961, S. 305 ff. Einen ausführlichen Überblick über den Stand der Diskussion bis zum Jahre 1960/61 bringt *Ludz*, Offene Fragen der Totalitarismus-Forschung, in: Politische Vierteljahresschrift (1961), S. 319 ff.; für die folgenden Jahre

Die Hauptschwierigkeit dürfte dabei darin bestehen, daß sich die beiden feindlichen Lager derselben Begriffe und Tautologien bedienen, in diese aber die eigenen Ziele und Forderungen als die letzte Wahrheit und Weltordnung hineinlegen[64]. Es muß somit Aufgabe des Völkerrechts sein, derartige Manipulationen bloßzustellen und einen ideologischen Reinigungsprozeß durchzuführen[65]. Es muß insbesondere geprüft werden, ob — und gegebenenfalls inwieweit — die vom Zweckillusionismus geprägten Formulierungen[66] überhaupt einen echten Normgehalt, d. h. ein bestimmtes Tun oder Unterlassen anordnen, oder — völlig bar eines normativen Aussagegehalts — in Dienste sich ausschließender Ansprüche gestellt werden können. Diese von Fall zu Fall entscheidende Methode erscheint anbetrachts der politischen Situation realistischer und für die Lösung konkreter Fragen nutzbringender[67] als a priori von einem „ab-

---

(a) auf dem Gebiet der Völkerrechtslehre: *Bracht*, Ideologische Grundlagen der sowjetischen Völkerrechtslehre, 1964;

(b) auf geisteswissenschaftlichem Gebiet:

Weizäcker, aaO, sieht eine Annäherung von der Gesellschaftsstruktur und der technischen Notwendigkeit her: „Moderne Industriegesellschaften wie einerseits die atlantischen Nationen, andererseits die der Sowjetunion werden einander immer ähnlicher; dies geschieht unter der Decke widerstreitender Ideologien und echter Gegensätze politischer Gewohnheiten und politischen Gefühls. Die technischen Notwendigkeiten erzwingen ein weitgehend geplantes Leben, und mit oft kaum erkennbarem Zwang, mit ökonomischem Druck und der Verlockung des Lebensstandes werden die Menschen dem Plan eingefügt." *Lange*, Rechtsidee und Rechtsideologie in West und Ost (Verhandlungen des 42. Deutschen Juristentages Bd. II C 1958, S. 620), stellt fest, es gebe „Ansätze zu einer gültigen philosophischen Anthropologie von beiden Seiten her. Auf der einen, der philosophischen Seite, die Entdeckung einer materialen Wertlehre und die Neubegründung einer Lehre vom geistigen Sein, auf der anderen Seite die Entdeckung, daß man auch dann, wenn man vom somatischen und psychologischen Befund des Menschen ausgeht, auf seine Freiheit und Verantwortlichkeit stößt".

[64] Hierbei wird — wie *Topitsch*, Die Menschenrechte, ein Beitrag zur Ideologiekritik, in: JZ 1963, 1 ff. nachweist — in der Regel die Struktur der kosmischen Ordnung oder des menschlichen Wesens dazu benützt, um daraus absolute Normen für die Gestaltung des Gemeinschaftslebens abzuleiten, wobei es sich aber meist um einen Zirkelschluß handelt, da man die jeweils erwünschten Werte in das Universum oder das Individuum hineinlegt, um sie dann mit einem Absolutheitsanspruch armiert, wieder abzuleiten.

[65] Dieser „ideologiekritische Reinigungsprozeß" wird vor allem die Angriffe derer zur Folge haben, deren Prestige davon abhängt, ob die von ihnen gehandhabten Scheinargumente durch die Allgemeinheit als echte Beweisgründe hingenommen werden oder nicht; vgl. *Topitsch*, aaO, der aber darauf hinweist, daß es sich nicht um eine zersetzende, nihilistische oder szientistisch-postivistische Methode zu handeln braucht, da in Wahrheit die „Dignität der ja stets schon vorausgesetzten Werte, Ziele, Forderungen durch die Kritik an ihren Scheinbegründungen" nicht in Frage gestellt wird.

[66] Vgl. *Ross*, in: Proceedings of the American Society of International Law, 1956, S. 208 f.

[67] Vgl. *Berber*, Sicherheit und Gerechtigkeit, S. 163: „Die Rolle des Völkerrechts kann für jede nüchterne Betrachtung auf dem Feld der internationalen Politik nur eine bescheidene Rolle sein; werden diese Grenzen aber ein-

soluten Rechtswert[68], von der Gültigkeit eines „Legitimitätsprinzips"[69] oder auf der anderen Seite von „zweierlei Völkerrecht"[70] von der „metajuristischen Natur" der Dinge[71], von dem Standpunkt „Macht geht vor Recht" auszugehen.

War festzustellen, daß echte Rechtsneuschöpfung in der gegenwärtigen Verfassung der Völkergemeinschaft nur in ganz beschränktem Umfange möglich scheint[72], so ist die Folge, daß man sich einmal an die Strohhalme der fortbestehenden alten Völkerrechtsordnung klammert (obgleich diese oftmals der veränderten politischen Lage nicht mehr gerecht werden kann[73]), zum anderen erlangt das Faktische eine gewisse normative Kraft. Diese Akzentverschiebung von der rechtlichen Fiktion zum Faktischen bedeutet aber nicht, daß der Satz „ex factis ius oritur" nicht durch das Prinzip „ex iniuria ius non oritur" eingeschränkt werden könnte[74], nur wird sich beim gegenwärtigen Stand der Völkerrechtsordnung zwischen Ost und West über das, was den Tatbestand einer iniuria erfüllt, namentlich im politischen Bereich des Völkerrechts, in wenigen Punkten Übereinstimmung erreichen lassen, so daß Einschränkungen hier relativ selten bleiben werden.

---

mal gesehen und eingehalten, so ergibt sich ein unendliches Programm sachlich dienender Aufgaben in der Arbeit an den materialen Verwirklichungsmöglichkeiten der Gerechtigkeit in der Konkretheit der politischen Wirklichkeit."

[68] Vgl. *v. d. Heydte*, Veröff. d. Vgg. d. dt. StRL, Heft 13, S. 7 ff. und oben § 3, III, 1, c; es muß aber darauf hingewiesen werden, daß dieser Rechtswert viel zu abstrakt ist, um für irgendeine zwischen Ost und West schwebende Frage fruchtbar gemacht werden zu können; bei dem Versuch einer näheren Konkretisierung wird unweigerlich die ganze menschliche Unvollkommenheit in das beliebig große Vakuum dieses Begriffs ohne „Aussagegehalt" einströmen und ihn unfruchtbar machen. Ein „absoluter" Rechtswert wird sich niemals fixieren lassen (vgl. etwa *Stammlers* Begriff vom „Naturrecht mit wechselndem Inhalt" und *Larenz*, Methodenlehre der Rechtswissenschaft, 1960, S. 123 ff. (127) über eine „Art von relativem Naturrecht"). Praktikabler erscheint demgegenüber der von *Sauer* eingeführte „erweiterte Rechtsbegriff" (vgl. oben Fn. 44).

[69] Vgl. *v. Bieberstein*, aaO, S. 167, der nachzuweisen sich bemüht — wenn auch nur mit Hinweisen auf westliche Quellen —, daß sich dieses Prinzip in den letzten vier Jahrzehnten trotz einiger Rückschläge auf dem Gebiet der Anerkennung von Staaten durchzusetzen beginnt.

[70] Vgl. *Laun*, Zweierlei Völkerrecht, Jahrbuch für internationales und ausländisches Recht, Bd. I (1948/49), S. 652.

[71] So *Lewald*, NJW 1951, 344, der zumindest im Hinblick auf die deutsche Frage die Ansicht vertritt, daß eine Lösung auf juristischem Gebiet nicht möglich ist.

[72] Namentlich bei Fragen, die die beiderseitige Existenzgrundlage berühren (z. B. Atomstopmoratorium).

[73] So etwa die Beibehaltung der klassischen Souveränitätslehre.

[74] Vgl. *v. Bieberstein*, Zum Problem der völkerrechtlichen Anerkennung der beiden deutschen Regierungen, 1959, S. 165 ff.

§ 4 Die sich für Deutschland im Hinblick auf den Abschluß eines Friedensvertrages ergebende allgemeine völkerrechtliche und politische Lage

I. Der faktische Frieden

Auf das allgemeine Phänomen der Nachkriegszeit, faktischer Friedenszustand mit dem Besiegten, — meist gefördert und getragen von den Differenzen der Siegermächte untereinander — wurde oben[1] schon hingewiesen. Auch im Falle Deutschlands wurde so eine Reihe Abkommen geschlossen, die völkerrechtlich als Beendigung des Kriegszustandes erscheinen und weitgehendst Vorgriffe auf einen Friedensvertrag darstellen.

1. Abkommen der Staaten des Westens

a) Kriegsbeendigung

Entsprechend der Übung der Vereinigten Staaten nach dem ersten Weltkrieg gegenüber dem Deutschen Reich[2] und der gegenüber Österreich 1947[3] haben die Westmächte, einem Beschluß der Außenministerkonferenz vom 19. Sept. 1950 folgend, im Laufe des Jahres 1951 förmliche Erklärungen über die Beendigung des Kriegszustandes abgegeben, von denen die Bundesrepublik unterrichtet wurde[4]. Diese Erklärungen können nur innerstaatlich[5] konstitutive Wirkung tätigen; für das Völkerrecht kann ihnen nur deklaratorische Bedeutung beigemessen werden[6]. Der Kriegszustand dürfte zu einem früheren Zeitpunkt durch die

---

[1] Vgl. oben § 3, I, 1.

[2] Vgl. die Kriegsbeendigung durch einseitige Erklärung — Joint Resolution des amerikanischen Kongresses vom 2. 7. 1921, vgl. *Hyde*, International Law, Bd. III, 1951, S. 2387 — der nur deklaratorische Bedeutung beigemessen wurde.

[3] Vgl. AÖR 77, S. 319; vgl. zum Begriff des de-facto-Friedens; *Phillipson*, Termination of War and Treaties of Peace, 1915, S. 4; *Scheuner*, Der fehlende Friede, aaO, S. 196; *Guggenheim*, Receuil de Cours, 1952, S. 173.

[4] Vgl. z. B. Notifikation des *Vereinigten Königreiches* vom 9. 7. 1951, Londongazette Nr. 39 279 gleichen Datums; demgegenüber hat *Brasilien* schon am 16. 11. 1945 seine einseitige Kriegsbeendigung kundgegeben; *Uruguay* folgte erst im Sept. 1953, vgl. Neue Zürcher Zeitung Nr. 267 vom 29. 9. 1953. Vgl. Einzelheiten in: Studie des Max-Planck-Instituts für ausländisches öffentliches Recht und Völkerrecht, in: Beiträge zum ausländ. öffentl. Recht und Völkerrecht, Band 37, (1963).

[5] Etwa im Hinblick auf die von den einzelnen Staaten ausgesprochenen innerstaatlichen Kriegsmaßnahmen und Kriegsgesetze.

[6] Selbst nur deklaratorische Wirkung muß dann entfallen, wenn vom Untergang des deutschen Staatswesens 1945 durch debellatio ausgegangen wird, da von diesem Zeitpunkt an kein Gegner mehr vorhanden war; so etwa der Rechtsstandpunkt der *französischen Regierung* in ihrem Dekret vom 3. 7. 1951.

Aufnahme friedlicher Beziehungen zu den Staaten der westlichen Welt[7] beendet worden sein[8].

b) Status

Durch die sogenannten Pariser Verträge vom 23. 10. 1954 bzw. 5. 5. 1955[9] wurde versucht, den Status der Bundesrepublik rechtlich zu fixieren; weiter wurde ihre Eingliederung in das westliche Bündnissystem (Nato) vorgenommen.

c) Wirtschaftliche und finanzielle Kriegsfolge

Durch die Überleitungsverträge[10] wurde die Rückgabe des alliierten Eigentums, Reparationen, Fragen des deutschen Auslandsvermögens, Verzicht auf Ansprüche deutscher Staatsangehöriger, Rückgabe von Kunstgut u. a. geregelt, nachdem bereits durch das Londoner Schuldenabkommen vom 27. 2. 1953 eine Regelung über die Wiederaufnahme der Zahlungen auf private Vorkriegsschulden erzielt werden konnte[11].

d) Territoriale Fragen (Westgrenze)

Durch die Sechsmächteerklärung vom 26. 3. 1949[12] wurden — ähnlich wie schon im Falle des Saargebietes — durch einseitige Erklärung Grenzdistrikte an Luxemburg, Belgien und die Niederlande zugewiesen[13], allerdings vorbehaltlich einer friedensvertraglichen Regelung[14]. Diese

---

[7] Die Bundesrepublik trat seit 1949 wieder in Handels- und Wirtschaftsbeziehung mit anderen Staaten ein, vgl. in diesem Zusammenhang auch BVerfGE 1, S. 362 f. zum Petersberger Abkommen vom 22. Nov. 1949, das noch keinen völkerrechtlichen Vertrag darstellte; weiter BVerfGE 1, S. 373 zum Abkommen der Bundesrepublik mit den USA über die wirtschaftliche Zusammenarbeit im Rahmen der Organisation für Europäische Zusammenarbeit (OEEC), das einen völkerrechtlichen Vertrag darstellt, der seiner ganzen Zielsetzung nach freundschaftliche Beziehungen voraussetzt.

[8] Vgl. *Berber* II, S. 101 ff.; vgl. *Scheuner,* aaO, S. 196. Über die diesbezügliche US-amerikanische Rechtsprechung vgl. u. a. Madsen v. Kinsella, AmJ 1951, S. 375; über die in England: High Court of Justice vom 2. 3. 1955; JLR (International Law Reports), 1955, S. 940.

[9] Text BGBl. 1955 II, S. 305.

[10] Text BGBl. 1955 II, S. 405.

[11] Vgl. weiter etwa die Verträge mit der *Schweiz* v. 28. 8. 1952 (BGBl. 1953, II S. 15), *Schweden* v. 22. 3. 1956 (BGBl. 1957, II S. 811), *Portugal* v. 3. 4. 1958 (BGBl. 1959, II S. 264) und *Spanien* v. 8. 4. 1958 (BGBl. 1959, II S. 245).

[12] Text: *Ruhm v. Oppen,* Documents on Germany under Occupation 1945—54, Oxford 1955, S. 368.

[13] Vgl. dazu *Menzel,* Die vertraglichen Regelungen über deutsche Gebietsabtretungen 1945—1949, EA 1949 S. 2223 ff., ders., Die deutsche Westgrenze nach dem zweiten Weltkrieg, EA 1949, S. 2499 ff.

[14] So auch hinsichtlich des Saargebietes das Communiqué vom 26. 3. 1949.

Grenzänderungen sind später teils rückgängig gemacht[15], teils vertraglich bestätigt worden[16].

2. Abkommen der Staaten des Ostens

a) Kriegsbeendigung

Diese erfolgte am 25. 1. 1955 durch eine Erklärung des Präsidiums des Obersten Sowjets über die Beendigung des Kriegszustandes zwischen der Sowjetunion und Deutschland[17].

b) Status

In der Erklärung der Regierung der Sowjetunion vom 26. 3. 1954[18] wurde die Souveränität der DDR — ausgenommen der Fragen gesamtdeutschen Charakters — anerkannt. Die Beziehungen wurden weiter durch den Vertrag vom 20. 9. 1955[19] fixiert[20]. Durch den nämlichen Vertrag wurde die DDR in den Warschauer Pakt einbezogen[21].

c) Wirtschaftliche und finanzielle Kriegsfolgen

Mit der Deklaration über die Beendigung der Reparationen wurde ein quasi friedensvertraglicher Abschluß der schwebenden Probleme erreicht[22].

d) Territoriale Fragen

Nach der Auffassung der Ostblockstaaten sind die territorialen Kriegsfolgen bereits im Potsdamer Abkommen endgültig geregelt worden[23].

---

[15] Vgl. Vertrag mit der franz. Republik zur Regelung der Saarfrage vom 27. 10. 1956 — BGBl. 1956 II S. 1587.

[16] z. B. die Verträge der Bundesrepublik mit Belgien vom 24. 9. 1954 über eine Berichtigung der deutsch-belgischen Grenze (BR Drucksache NE 191/1957) i. S. eines unbedeutenden Gebietsaustausches (seit 28. 8. 1958 in Kraft — BGBl. II, S. 262).

[17] Text: Neues Deutschland v. 26. 1. 1955. Der Ansicht *Scheuners*, Der sowjetische Friedensvertragsentwurf, aaO, S. 4, daß diese Erklärung „wohl wie entsprechende westliche Vorgänge richtigerweise als innersowjetische Regelung für die Aufhebung der Wirkung des Kriegszustandes angesehen werden kann", kann nicht uneingeschränkt beigepflichtet werden; freundschaftliche Beziehungen bestanden zu diesem Zeitpunkt nur mit der Regierung in Pankow.

[18] Text liegt in drei leicht voneinander abweichenden Fassungen vor: TASS: AÖR S. 503 f., ADN: EA 1954, S. 6534 f. und in Dokumente der DDR I S. 303 f.; ferner Neues Deutschland v. 26. 3. 1954.

[19] GBl. d. DDR 1955 I 917.

[20] Vgl. Einzelheiten im besonderen Teil unten 2. Kap.

[21] Text bei Meissner, Das Ostpaktsystem, Dokumente, Heft 18, 1955, S. 78.

[22] Vgl. Einzelheiten bei *Faust*, Das Potsdamer Abkommen, 3. Aufl. 1964, S. 119 ff.

[23] Im Abkommen zwischen *Polen* und *DDR* über die Staatsgrenze vom 6. 7. 1950 (Text GBl. DDR 1950, Nr. 143) wurde deshalb die gemeinsame Grenze nur bestätigt; ähnlich auch der Entwurf der Regierung der UdSSR für einen Friedensvertrag mit Deutschland vom 10. Jan. 1959 (Art. 9).

II. Die Notwendigkeit einer allgemeinen abschließenden friedensvertraglichen Regelung

Für den Kriegsgegner Deutschland hat sich durch die Flut von Einzelabkommen und Erklärungen die Lage weder rechtlich geklärt, noch konnte diese Entwicklung zu einer Stabilisierung der Verhältnisse führen.

Soweit überhaupt völkerrechtlich relevante Akte vorliegen[24], ist ihre Wirksamkeit auf den Kreis der an ihnen beteiligten Staaten — auf der einen Seite die Westmächte, auf der anderen Seite der Ostblock (wobei die Kluft mitten durch das deutsche Territorium führt) — begrenzt[25].

Die quasi-friedensvertraglichen Regelungen sind eher dazu bestimmt, als Waffen im Kalten Krieg zu dienen, als einer generellen Befriedung förderlich zu sein[26], da die Befriedungsmaßnahmen der einen Seite von der anderen Seite als Vorbereitung eines Angriffskriegs bzw. als Perpetuierung des Unfriedens aufgefaßt werden. Die Einzelabkommen haben im Hinblick auf Deutschland als Ganzes ungemein schwierige Rechtsfragen aufgeworfen, ohne aber die Klärung territorialer und politischer Fragen zu bringen, die eben nur ein allgemeiner Friedensvertrag mit Gesamtdeutschland herbeiführen kann.

III. Die Möglichkeit einer rechtlichen Lösung

Bei der Diskussion der Deutschlandfrage wird oftmals das Recht-Macht-Problem sehr einseitig gesehen; es wird in der Form einer „simplification terrible" auf einen „Entweder-oder-Standpunkt" abgestellt, um entweder das Prinzip „Macht geht vor Recht" (= „Effektivitätsprinzip"[27]) oder einen Legitimitätsgrundsatz[28] zu vertreten[29].

Man muß sich aber bei der völkerrechtlichen Lösung der zwischen West und Ost schwebenden Fragen — wie überhaupt im Recht — einer

---

[24] Vgl. Einzelheiten im 2. Kapitel.

[25] Es erhob sich so z. B. schon im Hinblick auf die Kriegsbeendigung die Frage, ob die Beendigung für ganz Deutschland gelten solle; vgl. über die gegensätzlichen Auffassungen — selbst im westlichen Lager — *Kunz*, AmJ 1952, S. 117 und *Wright*, AmJ 1952, S. 306.

[26] So wurden die von der Gegenseite jeweils vollzogenen territorialen Veränderungen nicht anerkannt; vgl. etwa die Rede des US Secretary of State *Byrnes* vom 6. 9. 1946 (*Ruhm v. Oppen*, aaO, S. 152) und den Standpunkt *Molotows* auf der 5. Außenministerkonferenz 1947 bzgl. des Saarlandes (*Marshall*, A Decade of American Foreign Policy, S. 107).

[27] Vgl. M. v. *Bieberstein*, aaO, S. 22, 105 ff. mit Hinweisen.

[28] Vgl. M. v. *Bieberstein*, aaO, S. 41 ff. u. 161 ff.

[29] Dieser „Entweder-oder-Standpunkt" führt auch letztlich zu der oben kritisierten „Unlösbarkeit" oder „Mehrlösbarkeit" der deutschen Frage; vgl. § 3, Fn. 3.

synoptischen Methode bedienen, sowohl Effektivität als auch völkerrechtliche Legalität im Auge behalten, die sich nicht gegenseitig ausschließen, man muß von der Interdependenz von Macht und Recht ausgehen. Je nach Stand und Lage wird sich in der Völkerrechtsgemeinschaft der Akzent zugunsten von Macht oder Recht verschieben[30]. Es ist auch keinesfalls so, daß sich die UdSSR — trotz aller Drohungen mit dem im Grunde zweischneidigen Schwert der Superwaffen — ausschließlich auf den Standpunkt der Macht stellt. Auch die Sowjetunion fühlt — wie die westlichen Siegermächte —, daß die nach dem Kriege geschaffenen faktischen Verhältnisse nicht ausreichend sind, sondern daß nur das Recht Tatbestände für die Zukunft fixieren kann. (Auch hier zeigt sich wieder die Interdependenz von Macht und Recht: der faktisch erlangte Besitz kann nur mittels Rechtsinstituten konsolidiert werden). Von dieser Sicht wird auch das Bemühen der Sowjetunion um einen Friedensvertrag[31] verständlich, in dem gewisse faktische Verhältnisse „anerkannt" werden sollen[32].

Das Recht gibt so dem faktisch in einer Auseinandersetzung Unterlegenen eine zusätzliche Waffe; genauso wie Recht ohne Macht im weiteren Sinn[33] nicht praktiziert werden kann, ist auch das Recht wiederum Macht und politischer Faktor[34].

---

[30] Vgl. oben § 3, III, 2.

[31] Man könnte im russischen Verlangen nach einem Friedensvertrag mit Deutschland geradezu ein Bekenntnis zum klassischen Völkerrecht sehen, wenn nicht diese Bereitschaft auch einen allzu deutlich erkennbaren egoistischen Zweck durchschimmern ließe; aber auch ein scheinheiliges Bekenntnis ist nicht völlig irrelevant; die Heuchelei ist bekanntlich der Tribut des Lasters an die Tugend und als solcher nicht wertlos, „. . . denn es ist die Art der Geister, daß, wer sie ruft, sie nicht auch nach Belieben heimschicken kann" (vgl. *Radbruch*, Rechtsnatur des Völkerrechts, in der von *Zweigert* besorgten Einführung in die Rechtswissenschaft). Vgl. auch *Berber*, Sicherheit und Gerechtigkeit, aaO, S. 164: „. . . man kann nicht die Gerechtigkeit herbeirufen wie eine Magd, wenn man sie gerade gebrauchen zu können glaubt; sie ist eine Herrin, und wie jede Herrin ist sie nur für den vorhanden, der ihr in strengem und unablässigem Dienst untertan ist." Dem Recht wohnt eine gewisse Eigengesetzlichkeit inne und ist der freien Disposition dessen, der sich einmal auf es bezogen hat, entzogen.

[32] Vgl. den sowj. Friedensvertragsentwurf v. 10. 1. 1959, aaO, Art. 9 ff. „Die Anerkennung ist die Willenserklärung, derzufolge eine gegebene Sachlage, ein bestimmter Anspruch usw. als *rechtmäßig* anerkannt werden soll" (*Anzilotti*, aaO, S. 294; vgl. auch *Dahm*, aaO, S. 122, Anm. 3; *Verdroß*, aaO, S. 133).

[33] Worunter nicht die Möglichkeit einer Zwangsexekution in einem Über- und Unterordnungsverhältnis zu verstehen ist (so vor allem *Austin*, Lectures on Jurisprudence, und ihm folgend eine in England weit verbreitete Auffassung), sondern jede Rechtssanktion — so im Bereich des Völkerrechts vornehmlich die Nichtanerkennung, die offizielle Feststellung und sittliche Garantien, an deren Stelle momentan z. T. das „Gleichgewicht des Schreckens" getreten ist. Vgl. *Berber*, Friedensrecht, aaO, § 2, S. 9 ff.; ferner die spezielle Aufführung der Rechtssanktionen bei *Kaufmann*, Règles Générales de Droit de la Paix, 1936, S. 117 f.

[34] Vgl. etwa *Rousseau*, Gesellschaftsvertrag, Buch 1, Kap. 3: „Der Stärkste

Um so bedauerlicher ist es, daß diese konkrete Waffe in der Auseinandersetzung um Deutschland nicht genügend erkannt, nicht richtig geführt oder dadurch entwertet wird, daß auf der äußerst schmalen Völkerrechtsbasis, die zwischen Ost und West verblieben ist[35], mit juristisch fragwürdigen Argumenten brüchige Luftschlösser gebaut werden, bzw. der Kampf vorzeitig eingestellt werden muß, da man in einem unfruchtbaren Dogmenstreit den Boden unter den Füßen und das wahre Ziel aus den Augen verloren hat[36].

Bei der anschließenden Erörterung der speziellen rechtlichen Voraussetzungen eines Friedensvertrages mit Deutschland soll der Versuch unternommen werden, von der bescheidenen verbliebenen Völkerrechtsgrundlage aus eine klare[37] Antwort auf die Deutsche Frage zu geben.

---

ist nie stark genug, um immer Herr zu bleiben, wenn er seine Stärke nicht in Recht . . . verwandelt."

[35] Vgl. oben § 3, III, 2.

[36] Vgl. Einzelheiten im 2. Kap.

[37] Eine klare Antwort — und das ist leider von akademischer Seite viel zu wenig beachtet worden — ist für den Völkerrechtler und Politologen insbesondere von Bedeutung, da das Recht immer am wirksamsten dadurch garantiert wird, daß die Rechtsunterworfenen ihm zustimmen. Eine Billigung des Rechts ist aber nur dann zu erreichen, wenn es subjektiv klar erkennbar und als gerecht empfunden wird; nur dann kann das Recht Macht sein und seine politische Aufgabe erfüllen. Vgl. auch *Berber*, Friedensrecht, § 3, V, Der ethische Charakter des Völkerrechts, S. 31 ff.

Zweites Kapitel

Die speziellen völkerrechtlichen Probleme beim Abschluß eines Friedensvertrages mit Deutschland: Die Rechtslage im Nachkriegsdeutschland

Der normale Weg zum Abschluß eines Friedensvertrages mit Deutschland müßte über eine allgemeine Friedenskonferenz führen, zu der die Beteiligten des 2. Weltkrieges zuzuziehen und zum Abschluß des Vertrags befugt wären[1]. Dabei werden aber schon eine Reihe schwieriger völkerrechtlicher Fragen aufgeworfen. Hat der ehemalige Kriegsgegner Deutschland als Völkerrechtssubjekt und damit als möglicher Partner eines Friedensvertrages das Kriegsende überstanden? Wenn ja, wie beurteilt sich die Lage im Nachkriegsdeutschland, welches deutsche Gebilde ist legitimiert, den Friedensschluß herbeizuführen?

Da auch zum Friedensschluß nur die anerkannte Regierung eines Staates befugt ist, muß auf die komplizierte Rechtslage in Deutschland eingegangen werden.

Während die in den §§ 2—4 dargestellten Fragen typische Probleme des Völkerrechts nach den beiden Weltkriegen betreffen, ist die Frage nach dem völkerrechtlichen Status Deutschlands schon an der Wiege des klassischen Völkerrechts gestellt worden.

Deutschland war nur in wenigen Augenblicken seiner Geschichte fähig, „zweifelsfrei das Staatswesen zu bestimmen, das als rechtliche und politische Organisationsform des deutschen Volkes gelten konnte“[2].

Als eine zusätzliche Erschwernis muß die Tatsache gelten, daß die Geschichte Europas weitgehend durch die politische und rechtliche Organisation des deutschen Volkes bestimmt war[3], und so eine Lösung des

---

[1] Völkerrechtlich nicht haltbar ist die Auswahl, die der sowjetische Friedensvertragsentwurf unter der Bezeichnung „alliierte und assoziierte Mächte“ bringt; vgl. unten § 12.

[2] So *v. d. Heydte*, Die Entwicklung der deutschen Rechtslage, aaO, S. 138. *Pufendorf* kommt bei seinen Untersuchungen im Anschluß an den westfälischen Frieden (1648) zu dem Ergebnis, das Deutsche Reich sei ein Monstrum (monstro simile). Vgl. auch *Herder:* „das Reich der ungewordenen Nation“; die Frage der 40iger Jahre des letzten Jahrhunderts: „Was ist des Deutschen Vaterland?“ Vgl. *Mitteis*, Deutsche Rechtsgeschichte, 1956, S. 164 ff.

[3] Vgl. z. B.: a) Die Verbindung des deutschen Königtums mit dem universell konzipierten Reich (*Mitteis*, Deutsche Rechtsgeschichte, S. 68 ff.) b) Der

Problems durch die Deutschen allein weitgehend undurchführbar war; Fragen der deutschen Verfassung sind so nicht nur innerstaatliche Probleme gewesen, sondern waren stets eng mit der europäischen Frage verknüpft und haben sich weit in völkerrechtliche Gebiete erstreckt[4]. Aber noch nie in der abwechslungsreichen Geschichte des deutschen Volkes hat es annähernd so viele Unklarheiten und demzufolge akademische und politische Theorien bzgl. der Tatbestands- und Rechtsfragen über den Status Deutschlands wie gerade heute gegeben.

Es würde den Rahmen dieser Arbeit sprengen, die Flut aller Lehrmeinungen und politischer Ansichten zum Themenkreis darzustellen[5]; es soll nach einer Untersuchung der terminologischen Grundbegriffe[6] versucht werden, die theoretisch völkerrechtlich möglichen Statusverhältnisse einleitend klar herauszuarbeiten[7], um dann im Hinblick auf das Deutschlandproblem unternommene Lösungsversuche in den verschiedenen Nachkriegsepochen zu beleuchten[8] und zu einer eigenen Stellungnahme zu gelangen[9].

§ 5 Die Terminologische Festlegung der Grundbegriffe

Ausgehend von der im 1. Kapitel erarbeiteten völkerrechtlichen Grundkonzeption, sind beim Versuch einer rechtlichen Lösung der deutschen Frage die Prämissen und Formulierungen so zu wählen, daß mit ihrer Festlegung die Probleme nicht sogleich wieder auf ein ideologisches

---

westfälische Frieden als völkerrechtlicher Vertrag wurde zur Grundlage der Verfassung des Deutschen Reichs (Reichsabschied v. 1654; vgl. *Mitteis* aaO, S. 101, 165 und 170). c) Die Regelung der deutschen Frage in den deutschen Bundesakten auf dem Wiener Kongreß (1815); vgl. *Mitteis*, aaO, S. 179 mit weiteren Literaturnachweisen. d) Das Deutsche Reich wurde in Anschluß an eine völkerrechtliche Auseinandersetzung gegründet (1871). e) und schließlich war die Änderung der inneren verfassungsmäßigen Ordnung in Deutschland erklärtes Kriegsziel sowohl 1914/18 als auch 1939/45. Vgl. zum Thema: *Ritter*, Europa und die deutsche Frage (1948).

[4] Vgl. *v. d. Heydte*, aaO, S. 137.

[5] Eine umfassende Darstellung bringt: *v. Bieberstein*, aaO, S. 69 ff., mit weiteren Literaturnachweisen *v. d. Heydte*, Staatslexikon der Görresgesellschaft, aaO. Neben der Schrift Biebersteins wird auf das nach 1959 erschienene Schrifttum besonderen Wert gelegt (u. a. *Berber*, Völkerrecht I und II; *v. d. Heydte*, Die Entwicklung der deutschen Rechtslage, aaO; auf östlicher Seite werden besonders die neuen Veröffentlichungen von *Tunkin* und *Peck* berücksichtigt. Einen Überblick über den neuesten Stand der Diskussion vermittelt *Schuster*, aaO, S. 76 ff.; *Schulz*, Sowjetzonale Theorien zum völkerrechtlichen Status der „DDR", in Jahrbuch für Ostrecht, 1964/I, S. 7; *Bracht*, Der völkerrechtliche Status der „Deutschen Demokratischen Republik" in der allgemeinen gegenwärtigen Völkerrechtslehre, in: Jahrbuch für Ostrecht, 1964/II, S. 39.

[6] Vgl. § 5.

[7] Vgl. § 6.

[8] Vgl. § 7.

[9] Vgl. § 8.

Geleise geschoben und politisch erwünschte Resultate nicht gleichsam in den Ansatz projiziert werden.

I. Die begriffliche Festlegung der völkerrechtlich relevanten Statusverhältnisse

1. Die Notwendigkeit der Einführung eines echten Rechtsbegriffs

Als Ausgangspunkt des Theorienstreits über die völkerrechtlichen Statusverhältnisse in Deutschland erscheint eine einseitige Fixierung des Staatsbegriffes im Sinne der östlichen bzw. westlichen politischen Ziele.

a) Die nur bedingte Tauglichkeit des Begriffes „Staat" als Bezeichnung eines völkerrechtlichen Status

Die von der demokratischen und marxistischen Staatslehre entwickelten Staatsbegriffe, die sich zum Teil ausschließen[1], bieten ein vortreffliches Feld zur Austragung dogmatischer Fehden und sind in ihrer Unbestimmtheit anbetrachts der Verschiedenheit der ideellen Rechtsvoraussetzungsbegriffe als Bausteine der Völkerrechtsordnung unbrauchbar.

---

[1] Autoren, die vor der Inkompatibilität der Staatsbegriffe von vornherein kapitulieren, verkennen einmal die tatsächlich geübte Völkerrechtspraxis, zum andern wird aber auch die im Ostblock — namentlich im Anschluß an das am 30. Okt. 1961 angenommene neue Parteiprogramm der UdSSR (vgl. *Rigin,* Der Staatsbegriff in der sowjetischen juristischen Literatur, in: Osteuropa-Recht, 1964 (10) 51 ff.) — vorgenommene Anpassung der marxistisch-leninistischen Staatsauffassung an die aktuelle Wirklichkeit (vgl. oben § 3, II) verkannt. War nach *Lenin* (Staat und Revolution, Werke, 4. Aufl., Bd. XXV, S. 398) der Staat Produkt und Äußerung der Unversöhnlichkeit der Klassengegensätze und konnte nur dann und insofern entstehen, wo, wann und inwiefern die Klassengegensätze objektiv nicht versöhnt werden können (das Bestehen des Staates umgekehrt bewies, daß die Klassengegensätze unversöhnlich sind), so tritt nunmehr an die Stelle der Diktatur des Proletariats (als Ausdruck der im weiteren Geschichtsprozeß nur vorübergehenden Institution des Staates) der Volksstaat als Organ der gesamten Volksmacht; vgl. *Lepjeschkin,* A. I.: Das Programm der KPdSU und einige Fragen der Theorie des sozialistischen Sowjetstaates, in: Sowjetstaat und -recht, 1961, Nr. 12, S. 3—14 (russisch, deutsch nach Rigin aaO). Im Rahmen der Koexistenzbestrebungen bemüht sich *Burlazkij* (Über einige Fragen der Theorie des sozialistischen Volksstaates, in: Sowjetstaat und -recht 1962, Nr. 10, S. 7) um eine allgemeine Definition des Staates (deutsch nach Rigin, aaO, S. 4): „Der Staat ist eine gesellschaftliche Macht, die nicht unmittelbar mit der ein bestimmtes Territorium bewohnenden Bevölkerung zusammenfällt, eine Macht, die als Herrschafts- und Verwaltungswerkzeug der ökonomisch stärkeren Klasse (in einer Gesellschaft, in der die antagonistischen Klassen erhalten sind) oder als Werkzeug der ganzen Gesellschaft zur Führung ihrer Geschäfte (in einer Gesellschaft, in der die Klassenwidersprüche liquidiert wurden) dient." Zwar enthält diese Definition des Staates keine Synthese der verschiedenen Staatsbegriffe, sondern mehr eine ungereimte Kumulation, es wird aber zumindest ein „kapitalistisches System" als Ordnung akzeptiert. Einzelprobleme der Völkerrechtssubjektslehre werden aber weiterhin eine besonders eingehende Prüfung erforderlich machen.

In Anbetracht der pluralistischen Völkerrechtsordnung muß von einem echten Rechtsbegriff ausgegangen werden; ähnlich dem innerstaatlichen Recht, das auf dem rein normativen Begriff des Rechtssubjekts aufbaut (somit z. B. die Fragen nach Wesensbestimmung, Selbstverständnis und gesellschaftlicher Funktion des Menschen weitgehendst ausklammert und anderen Disziplinen überträgt), muß in der Staatenordnung von einem rechtlichen Substrat ausgegangen werden[2]. So hat *Scheuner*[3] schon die Notwendigkeit der Aufspaltung des Staatsbegriffes in einen sozialen und in einen juristischen Begriff erkannt; ersterer Begriff stellt es als Rechtsvoraussetzungsbegriff auf einen sozialen Tatbestand ab; letzterer erscheint als Rechtsinhaltsbegriff gegenüber dem sozialen Untergrund prägend vereinfacht, als „Chiffre und Abkürzung", als der vom Völkerrecht normativ geregelte Tatbestand des Völkerrechtssubjekts.

b) Das Verhältnis von Rechtsinhaltsbegriff („Völkerrechtssubjekt") und Rechtsvoraussetzungsbegriff („Staat")

Der Rechtsinhaltsbegriff „Völkerrechtssubjekt" und der Rechtsvoraussetzungsbegriff — der soziologisch zu erfassende Begriff „Staat" — verhalten sich nicht immer zueinander wie konzentrische Kreise, wobei der Rechtsvoraussetzungsbegriff als Wesensbegriff den weiteren und der Rechtsbegriff den engeren Kreis darstellt[4]. Kraft der jedem Recht innewohnenden Möglichkeit der Fiktion kann sich der Rechtsbegriff von den gesellschaftlichen Tatsachen und Verhältnissen loslösen[5]; der Kern des Rechtsbegriffs kann sich — um beim geometrischen Beispiel zu bleiben — aus dem Zentrum verlagern, kann — wenn auch nur vorübergehend und in Ausnahmesituationen — über die Peripherie des Wesensbegriffs hinausgreifen[6].

Max *Huber*[7] führt diesen Verselbständigungsprozeß auf die zunehmende Komplizierung der Lebensverhältnisse zurück, „welche eine volle und beständige Übereinstimmung zwischen Regel und Einzelfall immer weniger möglich macht". Dies gilt besonders für die Statusverhältnisse des modernen Völkerrechts; es kann nicht immer schlechthin vom Idealtypus des souveränen Staates ausgegangen werden, dem allein Völker-

---

[2] Vgl. *Schuster*, aaO, S. 26 ff.

[3] Das Wesen des Staates und der Begriff des Politischen in der neueren Staatslehre, in: Festgabe für Rudolf Smend, Tübingen 1962, S. 234.

[4] Vgl. *Schuster*, aaO, S. 27.

[5] Vgl. Max *Huber*, Die soziologischen Grundlagen des Völkerrechts, 1928, S. 8.

[6] Wobei grundsätzlich die Wechselbeziehung zwischen juristischem und soziologischem Element bestehen bleibt.

[7] Vgl. oben Fn. 5; auf das allgemeine Phänomen wurde schon oben, § 1, II hingewiesen.

rechtssubjektivität zukommt, sondern es muß differenzierend auf eine Vielzahl von Zwischenstadien eingegangen werden, die nicht immer unter den traditionellen Begriff Staat fallen. Der Rechtsbegriff Völkerrechtssubjekt gewinnt so gegenüber dem Staatsbegriff — namentlich in Übergangs- und Umschichtungsperioden — eine gewisse Eigenständigkeit.

2. Die nähere Bestimmung des Begriffs „Völkerrechtssubjekt"

Gemeinhin werden als Völkerrechtssubjekte die Träger völkerrechtlicher Rechte und Pflichten bezeichnet[8]. Da aber neben den Staaten i. S. des Völkerrechts[9] auch Einzelpersonen[10], Aufständische[11], der Heilige Stuhl, Internationale Organisationen u. a. Träger völkerrechtlicher Rechte und Pflichten sein können, wird durch die Völkerrechtssubjektivität der Völkerrechtsstatus noch nicht völlig definiert.

Die herrschende Völkerrechtslehre differenziert so weiter zwischen geborenen und gekorenen Völkerrechtssubjekten. Die geborenen Völkerrechtssubjekte genießen kraft ihrer faktischen Eigenschaften originären vollen Völkerrechtsstatus. Die gekorenen Völkerrechtssubjekte leiten ihre Rechtssubjektivität von den geborenen Völkerrechtssubjekten, den Staaten i. S. des Völkerrechts, ab; sie sind den juristischen Personen des innerstaatlichen Rechts vergleichbare juristische Personen des Völkerrechts[13] oder reine „Zweckgebundenheiten"[14], denen aus der Gesamtheit der möglichen völkerrechtlichen Rechte und Pflichten nur ein begrenzter Bereich zustehen kann; sie besitzen deshalb nur einen ganz beschränkten, vom vollen Völkerrechtsstatus nicht nur quantitativ, sondern qualitativ zu unterscheidenden Status.

Im Hinblick auf die deutsche Rechtslage interessiert neben den geborenen und gekorenen Völkerrechtssubjekten der völkerrechtliche Status des handlungsunfähigen Völkerrechtssubjekts. Daß ein Staat i. S. des Völkerrechts, dessen Rechte und Pflichten von anderen Völkerrechtssubjekten wahrgenommen werden, dadurch seiner Völkerrechtssubjektivität nicht verlustig geht, erscheint nach der eingangs gegebenen allgemei-

---

[8] Vgl. *Berber* I, S. 110 ff. mit zahlreichen weiteren Hinweisen.

[9] d. i. „ein auf einem bestimmten Gebiet organisierter Personenstand, dessen Verwaltungsgewalt auf diesem Gebiet unabhängig von jeder anderen ihm nicht untergeordneten oder eingeordneten Verbandsgewalt gilt" (so *Berber*, I S. 126).

[10] So etwa durch völkerrechtlichen Vertrag (vgl. Art. 296 Versailler Vertrag oder das Petitionsrecht nach § 57 der europäischen Konvention zum Schutze der Menschenrechte u. a.).

[11] Vgl. Genfer Konvention von 1949 (BGBl. 1954 II S. 783).

[13] Vgl. etwa Montanunion, Weltbank, die UN u. a.

[14] z. B. Aufständische, die für die Dauer des Bürgerkriegs als Kriegsführende anerkannt werden; ähnlich im innerstaatlichen Recht z. B. die Stellung des nicht rechtsfähigen Vereins nach § 50 Abs. II der deutschen ZPO.

nen Definition[15] nicht problematisch[16]. Gerade im Hinblick auf die Rechtslage im Nachkriegsdeutschland erscheint aber eine nähere Untersuchung angebracht.

3. Der Status des „nicht handlungsfähigen Völkerrechtssubjekts"

Die Völkerrechtssubjektivität unterstellt, erscheint zunächst einmal das nicht handlungsfähige Gemeinwesen, was seinen völkerrechtlichen Status anbelangt, eine Zwischenposition zwischen geborenem und gekorenem Völkerrechtssubjekt einzunehmen; es besitzt alle faktischen Eigenschaften des Staates i. S. des Völkerrechts (geborenes Völkerrechtssubjekt) bis auf das konstitutive Merkmal der unabhängigen Staatsgewalt[17], der Handlungsfähigkeit; anders als gekorene Völkerrechtssubjekte, ist es aber grundsätzlich in seiner Rechtsträgerschaft nicht auf einen bestimmten Zweckbereich[18] beschränkt. Handelt es sich nun aber bei der unselbständigen Lage der bevormundeten Völkerrechtsperson ohne aktive Selbstbestimmung um eine nicht vollkommene Form der rechtlichen Persönlichkeit — um ein „minus" des Vollstatus — oder um eine andere Form — nicht nur um ein „minus", sondern um ein "aliud"?

Scheidet die handlungsunfähig gewordene Völkerrechtsperson aus dem Kreis der geborenen Subjekte aus und nimmt sie dann nur mehr einen Platz als gekorenes Subjekt, als „Zweckgebundenheit" ein?

Nach der Konstruktion des Persönlichkeitsbegriffes im BGB affiziert zwar der Verlust der Handlungsfähigkeit den zivilrechtlichen Status der Person in keiner Weise. Die uneingeschränkte Übertragung dieser Konzeption auf den zwischenstaatlichen Bereich muß aber auf Bedenken stoßen. Einmal bildet die Handlungsfähigkeit, anders als im innerdeutschen Recht, ein konstitutives Merkmal der Völkerrechtspersönlichkeit, und viele Autoren betonen deshalb den aktiven Status des Rechtsträgers direkt[19] oder indirekt[20] bei ihrer Definition des Völkerrechtssubjektes;

---

[15] Vgl. oben Fn. 8.

[16] Jedenfalls soweit man sich bei der Argumentation am Rechts- und Persönlichkeitsbegriff des deutschen BGB ausrichtet; vgl. unten a (1) (a).

[17] Vgl. statt vieler *Berber* I, S. 118.

[18] Etwa die Beschränkung der lokalen de-facto-Regierung auf die Durchführung der laufenden Geschäfte; die Beschränkung der anerkannten Kriegsführenden auf die Abwicklung des Kolonialkriegs.

[19] Vgl. *Heilborn*, Völkerrechtssubjekte sind „mögliche Träger völkerrechtlicher Rechte und Verbindlichkeiten; sie *handeln* mit völkerrechtlicher Wirksamkeit" hier wird zumindest kumulativ passiver („Träger") und aktiver Status („handeln") aufgeführt. *Du Pasquier* stellt bei seiner Definition als aktives Merkmal das *„aptes à profiter"* heraus; *Waldkirch* stellt es darauf ab, „wer die Gesamtheit der möglichen Rechte *erwerben* und Pflichten auf sich *nehmen* kann . . ."; *Strupp* sieht die Rechtssubjektivität in einer potentiellen und *aktuellen* (Handlungsfähigkeit) Erscheinungsform; zit. bei *Berber* I, S. 110 f.

[20] Aber auch für die Autoren (z. B. *Nawiasky, Kelsen, Knubben*, zit. bei *Berber*, aaO), die bei der Definition der Völkerrechtsperson von der reinen

zum andern gehen die außerdeutschen Privatrechtsordnungen bei der Konstruktion ihrer Rechtsfähigkeit z. T. von einem echten „Handlungssubjekt" aus; ihnen ist die blutleere, abstrakte Konzeption des BGB, das sowohl in der unselbständigen Lage der bevormundeten Person als auch in der aktiven Selbstbestimmung der mündigen Person gleiche Formen rechtlicher Persönlichkeit erblickt, fremd[21].

Soll neben dem Begriff des geborenen und gekorenen Völkerrechtssubjekts der völkerrechtliche Status des „handlungsunfähigen" Völkerrechtssubjekts näher bestimmt und für das zwischenstaatliche Leben fruchtbar gemacht werden — wozu gerade im Hinblick auf die neuere Entwicklung im Kriegs- und Okkupationsrecht ein Bedürfnis besteht —, so kann nicht nur von den privatrechtlichen Begriffsvorstellungen nur eines Staates ausgegangen werden[22].

a) Die nähere Präzisierung durch „allgemeine Rechtsgrundsätze"

Die Bestimmungen des innerstaatlichen Rechts können als solche nicht unbesehen in das Völkerrecht übernommen werden. Nur die von innerstaatlichen Rechtssätzen abgeleiteten Prinzipien können anbetrachts des sporadischen Charakters vom völkerrechtlichen Gewohnheits- und Vertragsrecht[23] als die „allgemein von den zivilisierten Nationen anerkannten Rechtssätze"[24] zur Lückenfüllung und Präzisierung herangezogen werden[25]. Es müssen hierbei zunächst die positiven Rechtssätze und dogmatischen Konzeptionen der einzelnen Rechtsordnungen der wichtigsten Rechtskreise ermittelt und dann darauf überprüft werden, ob sie als „notwendige Grundbestandteile einer jeden kulturell höher entwickelten Rechtsordnung"[26] zu betrachten sind.

(1) Die Prinzipien der Rechtssubjektslehre der repräsentativen Rechtskreise

Im Folgenden ist auf die in den deutschen, sowjetischen, anglo-ameri-

---

Rechtsträgerschaft ausgehen, bietet sich die Möglichkeit, über einem aktivkonzipierten Rechtsbegriff (etwa Savigny'sche Willenstheorie) zum echten Handlungssubjekt zu gelangen.

[21] Vgl. Einzelheiten unten a (1).

[22] Dies übersehen die Autoren, die vor allem bei ihren Lösungsmodellen zur Deutschlandfrage bedenkenlos nur auf deutsche Rechtsvorstellungen verweisen.

[23] Vgl. *Berber* I, § 7, S. 65 ff.

[24] Vgl. Art. 38 I c des Statuts des Internationalen Gerichtshofs, das die allgemeinen Rechtsgrundsätze als eine der Quellen des Völkerrechts anerkennt.

[25] Vgl. Cour Permanente de Justice Internationale, Comité Consultatif des Juristes, 1929, S. 314 ff.

[26] Vgl. *Härle*, Die allgemeinen Rechtsgrundsätze im Völkerrecht, zit. bei *Berber* I, aaO.

kanischen und romanischen Rechtskreisen[27] entwickelten Rechtssubjektslehren kurz einzugehen[28].

(a) Deutsch-germanischer Rechtskreis

Unter Rechtsfähigkeit wird die einem Wesen verliehene Fähigkeit, Träger von Rechten und Pflichten zu sein, verstanden. Dieser sehr klar formulierte Begriff erhielt aber, indem auf die *Rechts*trägerschaft abgestellt wurde, eine besondere Tiefendimension; in die Rechtssubjektlehre wurde der mit Ausdauer geführte Streit über den Vorrang des aktiven oder passiven Elements im subjektiven Recht hereingetragen.

(aa) Die *Savigny*'sche Willenstheorie sah in der Willensmacht das entscheidende Merkmal der rechtlichen Persönlichkeit; die Rechtsfähigkeit ist auf die Vollhandlungsfähigkeit zugeschnitten. Die vom Gesetz anerkannte Stellung der Willensunfähigen läßt sich nur als eine vom Gesetzgeber ausnahmsweise zugelassene technische Fiktion erklären; die dem Willensunfähigen zugeschriebenen „Rechte" sind demnach keine Rechte, sondern lediglich diesen gleichgestellte „Zweckgebundenheiten"; der Willensunfähige *ist* in Wirklichkeit nicht rechtsfähig, sondern *gilt* nur in bestimmtem Umfange als Rechtssubjekt.

(bb) *Ihering* räumt dem passiven Element im subjektiven Recht den Vorrang ein; Rechtsinhaber ist Träger des zu schützenden Interesses, wobei es auf die Ausübung des subjektiven Rechts durch die eigene Willensmacht nicht ankommt. Rechtsfähig oder möglicher Rechtsinhaber ist deshalb jedes Wesen, dem die Rechtsordnung Interessenschutz und Pflichten einräumt, ohne daß dabei die Handlungsfähigkeit zu berücksichtigen wäre.

Von letzterer Vorstellung geht auch das *deutsche BGB* (§§ 1 ff.) und das *österreichische ABGB* (§§ 16, 18) aus[29]; Handlungsfähigkeit und Rechtsfähigkeit sind rechtsdogmatisch scharf zu trennende Institutionen; die Erlangung der Handlungsfähigkeit ist ebensowenig Voraussetzung oder Vervollkomm-

---

[27] Der chinesische, indische, islamische Rechtskreis kann außer Betracht bleiben, da — soweit ersichtlich — auf dem Gebiet der Rechtssubjektslehre keine grundsätzlich verschiedenen Konzeptionen entwickelt wurden.

[28] Hierbei muß gleich vorweg gesagt werden, daß der Begriff der Rechtsfähigkeit zu den umstrittensten Begriffen der Rechtsvergleichung zählt und daß die folgende Übersicht nur weniger sein kann als eine grobe skizzenhafte Darstellung.

Vgl. Einzelheiten: *Deutschland: Enneccerus,* Bürgerliches Recht, Allgemeiner Teil. *Österreich: Krainz-Pfaff-Ehrenzweig,* System des österreichischen allgemeinen Privatrechts, §§ 65 ff. *Schweiz: Egger,* Kommentar ZGB, I, § 11 ff. *UdSSR: Genkin,* u. a., Sowjetisches Zivilrecht. *Anglo-amerikanischer Rechtskreis: Stephens,* Commentaries on the Law of England, Bd. I, S. 240 ff. *Tiffany,* Handbook on the Law of Persons. *Frankreich: Colin-Capitant,* Cours élémentaire de droit civil français, I. *Italien: Ruggiero,* Instituzioni di diritto Civile, §§ 35 ff. *Spanien:* Enciclopedia juridica española, Stichwort „Capacidad". *Rechtsvergleichend:* Vgl. zu den einzelnen Rechtskreisen: *Schlink,* „Rechtsfähigkeit", in: Rechtsvergleichendes Handwörterbuch für das Zivil- und Handelsrecht, 1936, S. 737 ff. *v. d. Heydte,* Rechtssubjekt und Rechtsperson im Völkerrecht, in: Festschrift für Spiropoulos, 1957, S. 237 ff. bemüht sich um eine Darstellung der Begriffe von staatsphilosophischer Sicht aus, gelangt aber zu keiner für die völkerrechtliche Praxis — namentlich in Anbetracht des Ost-West-Konflikts — anwendbaren Lösung.

[29] Entspr. auch das *Schweizer ZGB,* Art. 11, Abs. II.

nung wie ihre Entziehung Wegfall oder Minderung der Rechtsfähigkeit bedingt, die den Menschen als abstrakte Eigenschaft anhaftet.

(b) Bolschewistischer Rechtskreis[30]

Der Inhalt der Rechtsfähigkeit wird hier zwar durch den sozialistischen Charakter der gesellschaftlichen Verhältnisse bestimmt, nicht aber die hier primär interessierende Institutionslehre, die im wesentlichen zu ähnlichen Ergebnissen kommt wie das deutsche BGB. So werden im Zivilgesetzbuch (GK) die Menschen als Rechtssubjekte als Bürger oder Personen bezeichnet, die Träger von Rechten und Pflichten sind (Art. 4 GK). Nach der russischen Dogmatik ist die Rechtsfähigkeit untrennbar mit dem Menschen verbunden und nicht davon abhängig, ob der Mensch die ihm zustehenden Rechte ausüben kann oder nicht[31]. Im Hinblick auf den Handlungsunfähigen findet volle Zurechnung der innerhalb der gesetzlichen Vertretungsmacht vorgenommenen Handlungen statt[32]. Die Rechtsfähigkeit wird durch den Mangel der aktiven Selbstbestimmung in keiner Weise affiziert.

(c) Anglo-amerikanischer Rechtskreis

Der Common Law-Persönlichkeitsbegriff der „legal capacity" richtet sich ähnlich wie die Savigny'sche Willenstheorie an der auf natürlicher Willensfähigkeit (physical capacity) beruhenden rechtlichen Handlungsfähigkeit aus. Rechtsfähigkeit und Handlungsfähigkeit sind eng miteinander verwoben. Der Willens- und Handlungsfähige muß zumindest dogmatisch als rechtsunfähig angesprochen werden; seine Interessen werden durch „Vertreter"[33] kraft Amtes, die nach treuhandrechtlichen Vorstellungen in eigenem Namen tätig werden, gewahrt.

Tritt auch im Common Law die reine Rechtsfähigkeit als Form der Rechtspersönlichkeit zurück, so gewinnt doch in der modernen anglo-amerikanischen Rechtslehre der Begriff der „legal personality" Raum; vom Prozeßrecht her wurde willensunfähigen Personen ein eigener Anspruch auf Rechtsschutz (remedies) und damit Rechtsfähigkeit ohne Handlungsfähigkeit eingeräumt[34]. In der neueren Dogmatik wird so in Abweichung vom Common Law Sprachgebrauch die Gegenüberstellung der Begriffe „passive capacity" (Fähigkeit „to aquire rights" entspr. Rechtsfähigkeit) und „active capacity" (Fähigkeit „to act") gebraucht.

---

[30] Hierbei ist zu bemerken, daß es eine spezifisch bolschewistische Lehre der Rechtsinstitute auf dem Gebiet der Rechtssubjektlehre nicht gibt; so wird vor allem in der UdSSR — was die allgemeinen Grundsätze der diesbezüglichen Gesetzgebung anbelangt — auf namentlich dem deutschen Rechtskreis bekannte Begriffe angeknüpft. Im Folgenden soll nur die Rechts- und Handlungsfähigkeit in der UdSSR als wichtigsten Repräsentanten kurz gestreift werden.

[31] Vgl. *Genkin, Bratus, Lunz, Nowizki,* Sowjetisches Zivilrecht, Bd. I, deutsch: Berlin (O), 1953, S. 153.

[32] Vgl. Sowjetisches Zivilrecht, aaO, S. 162.

[33] Um einen Vertreter im Sinne des BGB handelt es sich hierbei nicht, da das Common Law nicht von der rechtlichen Zurechnung, sondern von einer Identitätsfiktion („fiction of identity") ausgeht.

[34] Dies entspricht — von der Sicht des aktionenrechtlichen Denkens her beobachtet — einer Anerkennung des subjektiven Rechts (right, interest) als rechtlich geschütztes Interesse.

(d) Romanischer Rechtskreis

Der auf der römisch-rechtlichen caput aufbauende romanische Persönlichkeitsbegriff geht wie die Common Law Capacity von der Person nicht nur als passives Rechtssubjekt, sondern ebensowohl als aktives Handlungssubjekt aus.

(aa) Aber schon der *französische Code civil* statuiert eine im grundsätzlichen der BGB-Rechtsfähigkeit entsprechende generelle „capacité de jouissance“[35], die als „aptitude de devenir sujet“ empfunden wird. Folge einer Ausweitung des Rechtsbegriffes ist, daß Handlungsunfähige gleichwohl zum rechtlichen Zurechnungssubjekt der von ihrem Vertreter vorgenommenen Rechtshandlungen werden. Das französische Recht geht aber dabei von der Verschiedenartigkeit und -wertigkeit der dem Vollhandlungsfähigen und dem Handlungsunfähigen zukommenden Rechtsfähigkeit (capacité) aus, indem vor allem bei der Gegenüberstellung von „incapacités générales“ und „incapacités spéciales“ der Gedanke eines unterschiedlichen „état civil“ als „qualités constitutives“ (als Inbegriff der konstitutiven Eigenschaften der Person — ähnlich dem Common Law) wieder in Erscheinung tritt.

(bb) Der *italienische Codice civile* gewährt in Art. 1 in Anlehnung an Art. 8 C. c. allen Bürgern den Genuß der Rechtsfähigkeit, unterscheidet dann eine „capacità giuridica“ und eine diese normalerweise ergänzende „capacità di agire“. In Fällen der Handlungsunfähigkeit wird die gesetzliche Vertretung als Persönlichkeitsergänzung gewertet; Handlungszurechnung erfolgt.

(cc) Die auf dem *spanischen Recht* aufbauenden Zivilgesetzbücher gehen von der „capacidad juridica“ (Rechtsfähigkeit) und der „capacidad de obrar“ (Handlungsfähigkeit) aus, die zusammen die volle „capacidad civil“ bilden. Der capacidad stehen verschiedene Formen der persönlichen „incapacidades“ gegenüber, die in der Vertretung („representación legal“) eine fiktive Ergänzung („capacidad suplida“) erfahren.

(2) Der Untersuchungsbefund

Die in diesem Zusammenhang nur skizzenhafte Darstellung der Persönlichkeitsbegriffe der verschiedenen Rechtskreise — insbesondere die unterschiedliche Konstruktion der Rechts- und Handlungsfähigkeit zeigt kurz folgendes:

(a) *Die enge Verknüpfung von Rechtsfähigkeit und Handlungsfähigkeit in einem Persönlichkeitsbegriff hat sich im Laufe der Zivilrechtsentwicklung gelöst,* wobei hier dahingestellt bleiben kann, ob es sich hierbei um eine von der Dogmatik bewußt erfaßte Entwicklung oder um eine von der Notwendigkeit der Praxis diktierte Anpassung in Form von Ausnahmeregel oder Fiktion handelt.

(b) Die *Juridifizierung des Persönlichkeitsbegriffs* ist im deutschen BGB und in der deutschen Rechtsdogmatik am weitesten fortgeschrit-

[35] Vgl. Art. 8 C. c.: „tout Français jouira des droits civils.“

ten und hat mit der Statuierung einer von der Handlungsfähigkeit völlig unabhängigen Rechtsfähigkeit einen gewissen Abschluß gefunden, während in anderen Rechtskreisen — namentlich in dem des Common Law — die Vorstellung einer abstrakten Rechtsfähigkeit noch nicht generell nachvollziehbar ist.

(c) *Alle Rechtsordnungen räumen dem Handlungsunfähigen eine gewisse Rechtsstellung ein* — sei es volle[36], quantitativ geminderte[37] oder Rechtssubjektivität nach Billigkeitsrecht[38]. Dieser Rechtsstatus wird nicht (wie z. B. der von juristischen Personen oder Zweckgebundenheiten) aus dem Wollen der Gesellschaft, sondern aus der — wenn auch in der Handlungsfähigkeit beschränkten — menschlichen Existenz abgeleitet; der Handlungsunfähige genießt — wenn auch nicht quantitativ, so doch zumindest qualitativ — denselben Status wie das vollhandlungsfähige Subjekt.

(3) Die Anwendbarkeit der Prinzipien im zwischenstaatlichen Bereich

Das Völkerrecht, als ein durch Rechtstechnik und Abstraktion noch nicht perfektionierter Rechtsbereich[39], muß zwangsläufig von einem „primitiven", sich am Faktischen ausrichtenden Persönlichkeitsbegriff ausgehen: nur derjenige ist rechtsfähig und Rechtssubjekt, der sich behaupten, der vollhandlungsfähig von seinen Rechten Gebrauch machen kann; deshalb die Betonung des Souveränitätsgedankens an der Wiege der europäischen Staaten[40] oder die Herausstellung der Staatsgewalt als konstitutives Merkmal des Staates i. S. des Völkerrechts[41], die Identifizierung von staatlicher Exekutive mit dem Staate selbst.

Im Laufe des 20. Jahrhunderts hat sich der Akzent etwas vom „aktiven" Element des Persönlichkeitsbegriffes zum „passiven" Element verlagert, mit anderen Worten, es wurde nicht mehr lediglich auf die „aktive Ausübung" von Rechten abgestellt, sondern in gewissem Umfang auch das „passive Haben" von Rechten als für einen völkerrechtlichen Status

---

[36] So das *deutsche BGB.*

[37] So z. T. im *romanischen Rechtskreis;* der volle Rechtsstatus wird erst durch die gesetzliche Vertretung als Mittel der „Persönlichkeitsergänzung" gewonnen.

[38] So z. B. die „Trust"-Konstruktion des *anglo-amerikanischen Rechts;* so war nach strengem *Common Law* die Ehefrau handlungsunfähig und kam deshalb als Träger von Vermögensrechten (Sondergut) nicht in Frage; aber ein „trustee" konnte für sie Vermögen unter gewissen Voraussetzungen erwerben und darüber verfügen; der „trustee" hatte dann den „legal title", die Frau den „equitable title" (Eigentumsrecht nach „equity") inne.

[39] Vgl. oben § 1, II.

[40] Vgl. *v. d. Heydte,* Die Geburtsstunde des souveränen Staates; insbes. die Lehren vom „rex qui superiorem non recognoscit" oder von der „summa potestas" als der „höchsten, nach außen wie vom Inneren selbständigen, von keinem Höheren abhängige Herrschaftsgewalt" (S. 59 ff.).

[41] Vgl. oben Fn. 19/20.

ausreichend erachtet. Diese Entwicklung wird besonders deutlich erkennbar in der Stellung der Mandate[42], in einer gewissen Abwertung des Souveränitätsgedankens[43], vielleicht auch in der Behandlung der in oder vor dem Krieg durch debellatio an sich untergegangenen Staaten[44].

b) Die Bestimmung des völkerrechtlichen Personenbegriffs

(1) Die Differenzierung zwischen Völkerrechtssubjektivität und völkerrechtlicher Handlungsfähigkeit

Im Hinblick auf die angestellten Untersuchungen erscheint es möglich, in Anlehnung an die innerstaatlichen Persönlichkeitsbegriffe der verschiedenen Rechtskreise, die insoweit übereinstimmen, den völkerrechtlichen Persönlichkeitsbegriff (die Völkerrechtsfähigkeit) in einem gewissen Umfang in Völkerrechtssubjektivität und völkerrechtliche Handlungsfähigkeit aufzuspalten.

Völkerrechtssubjektivität ist die Trägerschaft von völkerrechtlichen Rechten und Pflichten[45].

Völkerrechtliche Handlungsfähigkeit ist die Fähigkeit, völkerrechtlich wirksam zu handeln[46]; sie erscheint als volle Handlungsfähigkeit, als im Äußeren wie im Inneren unabhängige Staatsgewalt (Souveränität).

(2) Die Wechselbeziehungen zwischen Völkerrechtssubjektivität und völkerrechtlicher Handlungsfähigkeit

Die Differenzierung zwischen beiden Begriffen kann aber weder vom Standpunkt der privatrechtlichen Rechtsvergleichung noch von dem eines völkerrechtlichen allgemeinen Rechtsgrundsatzes soweit vorangetrieben werden, wie dies beim Persönlichkeitsbegriff des deutschen Privatrechts der Fall ist[47].

---

[42] So geht schon das Institut de Droit International 1931 von der Völkerrechtssubjektivität der Mandatsgebiete aus, obwohl diese nur völkerrechtlich wirksam durch die Organe anderer Staaten handeln konnten, vgl. *Berber* I, S. 242, Fn. 2.

[43] Vgl. *Berber* I, S. 121.

[44] Vgl. im übrigen unten § 6 ff. Insgesamt könnte diese Entwicklung als ein Zeichen der Konsolidierung der Staatengemeinschaft gewertet werden.

[45] „Aptitude de devenir sujet ou titulaire" im *franz. Recht;* „idomeità ad essere subietto di diritto" im *ital. Recht,* die „legal person" in der *neueren anglo-amerikanischen Rechtslehre,* die „Fähigkeit Träger von Rechten und Pflichten zu sein" im *deutschen Recht.*

[46] „Capacité d'exercise de droits" im *franz. Recht,* „capacidad de obrar" im *span. Recht,* „capacità di agire" im *ital. Recht,* Handlungsfähigkeit im *deutschen Recht,* etwas abweichend der *Common Law-Begriff* der „capacity", der nicht eine beliebige Handlungsbefähigung, sondern die in ihrer lebendigen Entfaltung begriffene Rechtspersönlichkeit selbst ist.

[47] Die Rechtsfähigkeit wird hier völlig losgelöst von der Handlungsfähigkeit betrachtet; die Handlungsfähigkeit bedeutet ebensowenig eine Vervoll-

Die außerdeutschen Rechtskreise gehen mehr oder minder bei der Konstruktion ihres Persönlichkeitsbegriffs von einem „Handlungs"subjekt aus[48]; die Rechtssubjektivität ist nicht eine abstrakte farblose Eigenschaft, sondern die in ihrer lebendigen Entfaltung begriffene Rechtspersönlichkeit, so daß erst das Miteinander von Rechtssubjekt und unbeschränkter Ausübung des Rechts zum vollen rechtlichen Status führt[49].

Die Auflösung des völkerrechtlichen Personenbegriffs in völkerrechtliche Handlungsfähigkeit und Völkerrechtssubjektivität kann deshalb nur ausnahmsweise möglich sein, muß als Fiktion wenigstens in einer gleich wie gearteten Beziehung zum Regelfall, dem aktiven „Handlungs"-subjekt stehen.

Daraus ergibt sich folgendes:

(a) *Es gibt keine farblose, abstrakte Völkerrechtsfähigkeit, die den Völkern, Nationen oder Staaten (im soziologischen Sinne) als Eigenschaft von Anbeginn — etwa wie die Rechtsfähigkeit des BGB — anhaftet.*

(b) *Unabgeleitete Völkerrechtssubjektivität — ohne die Möglichkeit, die Rechte, deren Träger man ist, zu aktualisieren — ist bei quantitativ gemindertem, doch qualitativ gleichem Völkerrechtsstatus daher nur zwischenzeitlich und nur im Hinblick auf einen in Aussicht stehenden*[50] *oder wiederzuerlangenden*[51] *vollen, aktiven Völkerrechtsstatus berechtigt.* Andererseits affiziert aber unter den genannten Voraussetzungen auch die volle Handlungsunfähigkeit eines Subjekts dessen qualitativen völkerrechtlichen Status nicht[52].

Besteht eine derartige Beziehung des Völkerrechtssubjekts zu einem aktuellen Völkerrechtsstatus noch nicht oder nicht mehr, so geht der Status des „geborenen" Völkerrechtssubjekts verloren; wird es dennoch als Träger von Rechten und Pflichten angesehen, so handelt es sich um einen nicht nur quantitativ, sondern auch qualitativ minderen Völkerrechtsstatus, um ein „gekorenes" Völkerrechtssubjekt, das Status und Daseinsberechtigung nicht von sich selber, sondern von anderen, geborenen Völkerrechtssubjekten ableitet[53].

---

kommnung der Rechtsfähigkeit, wie ihr Verlust eine Minderung dieser darstellt.

[48] Vgl. oben § 5, I, 3 a, (1) (c) ff.

[49] „Etat civil" im franz. Recht, „capacidad civil" im span. Recht.

[50] So die Mandate.

[51] So etwa die Besiegten des letzten Weltkriegs nach der Ausschaltung ihrer souveränen Staatsmacht; vgl. unten § 6 ff.

[52] Aus einem unabhängigen Völkerrechtssubjekt wird dann ein abhängiges Völkerrechtssubjekt, aus einem souveränen Staat i. S. des Völkerrechts ein abhängiger Staat, der aber seinen Status als „geborenes" Völkerrechtssubjekt beibehält und insoweit nur in seiner aktiven Rechtsverwirklichung quantitativ — nicht qualitativ — beschränkt ist.

[53] Der Status „Staat i. S. des Völkerrechts" (geborenes Völkerrechtssubjekt) geht verloren. Soweit ein Staat im soziologisch-ethnologischen Sinne den Untergang des geborenen Völkerrechtssubjekts überlebt und dann etwa die Na-

(c) Genausowenig wie der konkrete Charakter des Völkerrechts eine farblos-abstrakte Völkerrechtssubjektivität zuläßt, ist eine von einem Subjekt *isolierte Handlungsfähigkeit* mit den Prinzipien der zwischenstaatlichen Gemeinschaft vereinbar[54]; der Völkerrechtsstatus wird nicht durch eine beliebige, austauschbare Handlungsfähigkeit, sondern durch die in ihrer „lebendigen Entfaltung" begriffene Rechtspersönlichkeit selber charakterisiert.

II. Die Abgrenzung und Bezeichnung der im Hinblick auf die Deutschlandfrage relevanten territorialen Gebilde

1. Das Völkerrechtssubjekt Deutsches Reich bei Kriegsausbruch

Das Problem der räumlichen Abgrenzung des deutschen Völkerrechtssubjekts wird meist durch die Arbeitshypothese „Deutschland in den Grenzen vom 31. Dezember 1937"[55] umgangen. Damit wird eine Formulierung gewählt, die in ihrem Ansatz teilweise unbesehen das Resultat eines Friedensvertrages vorwegnimmt.

Nachdem der am 13. März 1938 erfolgte volle Anschluß Österreichs ans deutsche Völkerrechtssubjekt durch den österreichischen Staatsvertrag vom 15. Mai 1955 eine quasi-friedensvertragliche Regelung gefunden hat, sind noch die folgenden zwischen dem 31. 12. 1937 und dem Kriegsausbruch erfolgten territorialen Veränderungen des deutschen Völkerrechtssubjekts näher zu überprüfen.

a) Sudetenland[56]

Die Übertragung der Gebietshoheit über das Sudetenland von der Tschechoslowakei, der dieses Gebiet nach dem ersten Weltkrieg zuge-

---

tion noch als Träger völkerrechtlicher Rechte und Pflichten angesehen wird (etwa als Träger eines Optionsrechtes, eines potentiellen Selbstbestimmungsrechtes, Anspruch auf Autonomie oder Einhaltung gewisser Zusicherungen, Verpflichtung zur Leistung von Reparationen), so ist sie — wenn überhaupt — nur gekorenes Völkerrechtssubjekt zur Erfüllung gewisser Aufgaben und Wahrnehmung begrenzter Rechte (Zweckgebundenheit). Bzgl. der Deutschlandfrage vgl. unten § 6 ff.

[54] In der US-amerikanischen Völkerrechtspraxis ist zwar wiederholt von dem Begriff „authority" ausgegangen worden (vgl. zuletzt die vorbereitenden Entwürfe zum Atomstop-Moratorium, EA 1963, S. 583); darin kann aber lediglich der Versuch erblickt werden, einmal den Rechtsträger im Dunkel zu belassen (was zwangsläufig die Durchsetzbarkeit der Verpflichtung beeinträchtigen muß), zum anderen dem Rechtsträger den vollen Völkerrechtsstatus vorzuenthalten, obwohl er im vollen Umfange Pflichten übernehmen soll (was auf ein venire contra factum proprium hinauslaufen würde).

[55] Vgl. so z. B. Ziff. 1 des Protokolls zwischen den Vereinigten Staaten, dem Vereinigten Königreich und der Sowjetunion betreffend die Besatzungszonen in Deutschland und die Verwaltung von Groß-Berlin vom 12. Sept. 1944, bei *Deuerlein,* Die Einheit Deutschlands, 2. Aufl., 1961, S. 315; diese zeitliche Fixierung hat auch im Bonner Grundgesetz in Art. 116, Abs. I ihren Niederschlag gefunden.

[56] Vgl. Einzelheiten bei *Raschhofer,* Die Sudetenfrage — ihre völkerrecht-

fallen war[57], an das Deutsche Reich hat einige völkerrechtlich-staatsrechtliche Fragen offen gelassen; am 19./21. Sept. 1938 erfolgte zwischen England und Frankreich einerseits und der Tschechoslowakei andererseits ein Notenwechsel[58], wobei sich die Tschechoslowakei bereit erklärte, das sudetendeutsche Gebiet abzutreten[59, 60]; am 29. Sept. wurde zwischen England, Frankreich, Italien und dem Deutschen Reich das sog. Münchner Abkommen[61] betreffend Räumungsfristen, -zonen und sonstigen Modalitäten abgeschlossen[62].

Diese Vereinbarungen wurden von der Tschechoslowakei formell nicht ratifiziert[63], obwohl alle an der Willensbildung des Staates beteiligten Organe ihrer Zustimmung Ausdruck verliehen[64]. Letztere Umstände deuten darauf hin, daß die völkerrechtlich verantwortlichen Stellen zumindest konkludent auf die Durchführung eines förmlichen Ratifikationsverfahrens verzichtet haben. Ähnlich wie bei Kriegs- und Waffen-

---

liche Entwicklung vom 1. Weltkrieg bis zur Gegenwart, 1953; *Rabl*, Die gegenwärtige völkerrechtliche Lage der deutschen Ostgebiete, 1958, S. 43 ff.

[57] Vgl. Art. 54 des Friedensvertrages von St. Germain.

[58] Text bei *Ripka*, Munich before and after, 1939, S. 84 f.

[59] Mit den Noten vom 25./26. und 29. Sept. 1938 hielt auch die am 22. Sept. 1938 neueingesetzte Regierung an der Regelung fest und verlangte lediglich Erleichterungen hinsichtlich des Godesberger Memorandums vom 23. Sept. 1938; vgl. Text der Urkunden in: Zeitschrift f. ausl. öff. Recht und Völkerrecht, Bd. 8, S. 775 f.

[60] *Rabl*, aaO, S. 46, Fn. 113 sieht in diesem Notenwechsel bereits das für die Gebietsabtretung rechtsbegründende Dokument, geht also anscheinend von einem völkerrechtlichen Vertrag zugunsten des Deutschen Reichs als Dritten aus, ohne aber zu prüfen, ob nach dem Willen der Vertragsparteien diesen Erklärungen schon konstitutive Wirkung beizumessen war.

[61] Text in Zeitschr. f. ausl. öff. Recht und Völkerrecht, Bd. 8, S. 782 ff.

[62] Mißt man h. M. allein den Münchner Erklärungen konstitutive Bedeutung für den Gebietswechsel zu, so taucht die Frage auf, ob es sich hierbei nicht um einen Vertrag zu Lasten der Tschechoslowakei handelte, der nicht rechtswirksam verpflichten konnte (vgl. *Berber* I, S. 338 f., *Jellinek*, H.-J., Der automatische Erwerb und Verlust der Staatsangehörigkeit durch völkerrechtliche Vorgänge — zugleich ein Beitrag zur Lehre von der Staatensukzession, 1951). Die Tschechoslowakei war aber auf der Münchner Konferenz durch eine Delegation vertreten, der — erst bei Ende der Verhandlungen zugelassen — bedeutet wurde, daß von ihr keine Antwort mehr erwartet und der „Plan als angenommen angesehen" werde (vgl. Bericht von *Masaryk* vom 30. 9. 1938 in: Europäische Politik 1933—38 im Spiegel der Prager Akten, herausgegeben von *Berber*, 1942, S. 137). Obwohl diese Vorgänge sehr nahe an einen Vertrag zu Lasten Dritter grenzen, war doch formell die Zustimmung des Berechtigten eingeholt worden. Unter Umständen könnte auch in dem Abkommen über die Neufestsetzung der Staatsgrenzen (vgl. *Rabl*, aaO, S. 52, Fn. 125) eine Genehmigung der Münchner Vorgänge erblickt werden.

[63] Ratifizierung war nach der tschechoslowakischen Verfassung nötig; die Ratifikation eines Vertrages, durch den Staatsgebiet abgetreten wurde, bedurfte einer 3/5-Mehrheit beider Häuser (vgl. § 2, Abs. 1 und § 64, Abs. I, Ziff. 1 der Verfassung).

[64] Vgl. *Rabl*, aaO, S. 48 ff.; insbesondere wurden die auf dem Münchner Abkommen aufbauenden Regelungen der Detailfragen (Vertrag v. 20. Nov. 1938 über die Staatsangehörigkeits- und Optionsfragen, RGBl. 1938 II, S. 895 — Slg. 1938, Nr. 300 —) ratifiziert.

stillstandsabkommen[65] ergibt sich aus den begleitenden Umständen des Münchner Abkommens, daß dieses auch ohne Ratifizierung verbindlich sein sollte[66].

Der durch das Abkommen erzielte gebietsrechtliche Zustand konnte durch die nur einseitigen Erklärungen eines Teils der Signatarstaaten[67] nicht geändert werden. Die als einseitige Rücktrittserklärungen vom Münchner Abkommen, das das Deutsche Reich durch die Errichtung des Protektorats Böhmen und Mähren am 15. März 1939 gebrochen hatte, völkerrechtlich zu qualifizierenden Verlautbarungen werfen das komplizierte Problem des Rücktritts von multilateralen Verträgen auf[68].

Dem gesteigerten Interesse einerseits an Rechtssicherheit, das bei Gebietsabtretungen im Rahmen multilateraler Verträge besonders hoch einzuschätzen ist, aber auch an gerechter Kompensation des durch den Vertragsbruch erlittenen Schadens andererseits, können Lösungen nicht gerecht werden, die entweder ein uneingeschränktes Rücktrittsrecht einräumen oder dieses bei multilateralen Verträgen völlig ausschalten wollen. Ein gangbarer Weg ist m. E. darin zu erblicken, daß dem durch den Vertragsbruch Geschädigten ein vorläufiges Suspensionsrecht bis zur einverständlichen Regelung durch alle beteiligten Vertragsteile zusteht[69].

Zu einer endgültigen gebietsrechtlichen Regelung ist es aber bislang mangels allseitigen Einverständnisses nicht gekommen — auch nicht durch die Einführung des terminus technicus „Deutschland in den Grenzen vom 31. Dezember 1937"[70].

---

[65] Vgl. *Berber* I, S. 424, insbesondere Fußnote 2.

[66] Einem venire contra factum proprium kommt es gleich, wenn sich die Tschechoslowakei nachträglich auf die nach ihrem Verfassungsrecht erforderliche Ratifizierung beruft, um hieraus die Nichtigkeit der erfolgten Gebietsabtretung abzuleiten (so etwa *Táborsky,* The Czechoslovak Cause — an account of the problems of international law in relation to Czechoslovakia, London 1944); ebenso kann nicht gefolgert werden, daß das Abkommen zwar für Deutschland, nicht aber für die Tschechoslowakei verbindlich geworden wäre (so *Magerstein,* Der Anspruch auf Rückstellung des von der CSR konfiszierten Vermögens, Innsbruck, ohne Jahreszahl).

[67] Erklärung der franz. Exilregierung v. 23. Sept. 1942, die davon ausgeht, daß das Abkommen „nul et non avenu" sei, Text: Holborn, War and Peace Aims of the United Nations, Bd. 1, S. 574; Erklärung der brit. Regierung vom 5. Aug. 1942, in der sie das Abkommen nicht mehr für verbindlich erachtete, da Deutschland es „deliberately destroyed" habe, Text bei *Raschhofer,* aaO, S. 248.

[68] Vgl. dazu *Berber* I, S. 156; *Guggenheim,* Lehrbuch des Völkerrechts, Bd. I, 1948, S. 107 und im Hinblick auf die Sudetenfrage *Ankenbrank,* Ist die Eingliederung des Sudetenlandes in das Deutsche Reich im Herbst 1938 rechtswirksam geworden? in: Jahrbuch für internationales und ausländisches öffentliches Recht, Bd. III, Göttingen 1950, S. 129 ff. (132).

[69] Vgl. u. a. Harvard Research, AJIL 1935, Suppl., S. 1089 f.

[70] Nach ihrem Wortlaut hat die Zusatzerklärung zur Erklärung vom 5. Juni 1945, worin es heißt, daß Deutschland *für die Zwecke der Besetzung* „innerhalb seiner Grenzen, wie sie am 31. Dez. 1937 bestanden", in Zonen aufgeteilt werde (Text bei *Hohlfeld,* Dokumente der deutschen Politik und Ge-

b) Böhmen—Mähren

Die Errichtung des „Protektorats Böhmen und Mähren" am 16. März 1939 erfolgte ohne völkerrechtliche Willenseinigung der betreffenden Staaten Deutschland und Tschechoslowakei[71]. Die völkerrechtliche Annexion wurde nicht anerkannt[72].

c) Das Memelgebiet

In Art. 99 des Vertrags von Versailles verzichtete Deutschland auf alle Ansprüche hinsichtlich des Memelgebietes, das am 15. Febr. 1920 der Verwaltung des Oberkommissars der alliierten Hauptmächte übergeben wurde[73]. Im Januar 1923 nahmen die litauischen Streitkräfte den französischen Einmarsch ins Ruhrgebiet zum Anlaß, das Memelgebiet widerrechtlich zu besetzen, am 16. Februar 1923 beschloß die Botschafterkonferenz, die Gebietshoheit an Litauen, bedingt durch die Annahme der Memelkonvention[74], zu übertragen[75].

Litauen trat durch Vertrag vom 22. März 1939[76] dieses Gebiet an Deutschland ab; das Zessionsübereinkommen wurde am 30. März von der litauischen Volksvertretung ratifiziert[77]. Gem. Art. 15 des Memelvertrages zur Memelkonvention[78] war die Übertragung von Souveränitätsrechten ohne die Zustimmung von Großbritannien, Frankreich, Italien und Japan, den Unterzeichnerstaaten der Konvention, nicht möglich.

---

schichte, Bd. 6, S. 10) keine für den deutschen Besitzstand konstitutive Wirkung; diese Erklärung hat besatzungsrechtlichen Charakter und ist rechtlich genauso unvorgreiflich für die räumliche Abgrenzung des deutschen Staatsgebietes, wie Art. 116, Abs. 1 des Bonner GG, der lediglich Staatsangehörigkeitsfragen im Hinblick auf das Flüchtlingsproblem regelte und dem als „Notstandsvorschrift" nur Ausnahmecharakter (vgl. *Rabl*, aaO, S. 94) zukommt; aA. *v. Mangoldt-Klein*, Kommentar zum GG, 1953, S. 610.

71 Vgl. „Proklamation des Führers und Reichskanzlers" v. 16. März 1939 — RGBl., S. 485, Einzelheiten über das sog. Hácha-„Abkommen" in: Nürnberger Prozeß, Bd. 10, S. 292.

72 *Vereinigte Staaten:* Erklärung des State Departments mit Noten vom 17. und 20. März 1939; *Großbritannien:* Erklärung an den britischen Botschafter in Berlin v. 17. März 1939; *Frankreich:* Note v. 17. März 1939; *Sowjetunion:* Note vom 18. März 1939; Texte bei: Toynbee, Documents on international affairs 1939—46, Bd. 1, London 1951, S. 71 ff. Vgl. aber zum Gebietserwerb kraft Annexion unten § 12, II, 1, c, (2).

73 Vgl. Einzelheiten: *Morrow*, The Peace-Settlement on the German-Polish borderlands, London 1936; *Schätzel*, Das Reich und das Memelgebiet, 1943.

74 Litauen unterwarf sich den Bedingungen der Memelkonvention am 13. März 1923 und unterzeichnete die Konvention am 8. Mai 1924; vgl. Einzelheiten bei *Rogge*, Die Verfassung des Memelgebietes, 1928, S. 35, 173 ff.

75 Ein deutscher Protest war nicht erfolgt, vgl. *Schätzel*, aaO, und wäre auch gegenstandslos gewesen, da Deutschland in Art. 99 des Versailler Vertrags auf dieses Gebiet verzichtet hatte.

76 Text: Akten des Auswärtigen Amts, Bd. 5, S. 440.

77 Vgl. Nachweise bei *Rabl*, aaO, S. 39, Fn. 82.

78 Text: 29 League of Nations Treaty Series, S. 83.

Außer im Falle Großbritanniens[79] sind die notwendigen Zustimmungen nicht ausdrücklich erklärt worden.

Den äußeren Umständen nach wäre die Annahme einer stillschweigenden Zustimmung[80] der übrigen Signatarstaaten durchaus vertretbar[81].

d) Die Freie Stadt Danzig

Das am 1. September 1939 verkündete Verfassungsgesetz über die Vereinigung Danzigs mit dem Deutschen Reich ist wegen Nichtzustimmung des Völkerbundes nach Art. 49 der Verfassungsurkunde[82] nichtig, die Rückführung in das Reich durch das Gesetz vom 1. Sept. 1939 (RGBl. I, 1547) ohne völkerrechtliche Grundlage[83].

Im Ergebnis kann dem Bundesverfassungsgericht, das im Terminus „Deutschland in den Grenzen von 1937" eine „Kompromißformel für ein nicht voll bewältigtes, nach der Lage der Dinge auch nicht zu bewäl-

---

[79] Nach der ursprünglich hinhaltenden Erklärung des Unterstaatssekr. Butler v. 3. April 1939 (vgl. *Meissner*, Die Sowjetunion, die baltischen Staaten und das Völkerrecht, 1956) soll die britische Regierung am 15. Mai 1939 die Memelregelung de jure anerkannt haben. Die betreffende Note ist weder in den Documents on British foreign policy noch in den veröffentlichten Akten zur deutschen auswärtigen Politik enthalten, soll sich jedoch nach *Rabl*, in: Deutsch-slawische Gegenwart, München 1957, S. 132 bei den Akten des Auswärtigen Amtes in Bonn befinden und die Mitteilung enthalten, daß sich Großbritannien entschlossen habe, die Annexion des Memelgebietes de jure anzuerkennen.

[80] Die Zustimmung als eine einseitige Willenserklärung, durch die ein Völkerrechtssubjekt sein Einverständnis mit dem von einem anderen Staat vorzunehmenden Akt erklärt (vgl. *Berber* I, S. 401), kann — wie jede völkerrechtliche Willenserklärung — formfrei und grundsätzlich auch stillschweigend erteilt werden. Neben der Anerkennung des federführenden Signatarstaates *Großbritannien* (vgl. oben, Fn. 79) kann die Bekundung keinen Interesses an der Angelegenheit seitens *Frankreich* als stillschweigende Zustimmung gewertet werden. *Japan* und *Italien* haben sich durch den Austritt aus dem Völkerbund der ihnen auf Grund der Memelkonvention zustehenden Rechte, die eng mit ihrer Völkerbundszugehörigkeit verbunden waren, begeben und auch kein weiteres Interesse an der Angelegenheit bekundet. Von den Nicht-Signatarstaaten hat die *Sowjetunion* expressis verbis die Zession des Memelgebietes anerkannt, vgl. Vertrag über die Staatsgrenzen des Deutschen Reichs und UdSSR vom 10. Jan. 1941; Text in: Zeitschrift für ausländisches öffentliches Recht und Völkerrecht, Bd. 10, S. 887 ff.

[81] So *Rabl*, aaO, S. 41.

[82] Art. 49 sah eine Monatsfrist zwischen erster und zweiter Lesung der Gesetze vor; Verkündung konnte nur auf Grund Zustimmung des Völkerbundes erfolgen; Einzelheiten vgl. Rép. de Pologne, Min. des aff. étr. — Les relations polono-allemandes et polono-soviétiques au cours de la période 1933—39, rec. de docs. off., 1940, S. 145.

[83] Das bedeutet nicht, daß das Gebiet der Freien Stadt Danzig nunmehr integrierender Bestandteil des Völkerrechtssubjekts Polen geworden ist. Nach Art. IX des Potsdamer Abkommens vom 2. 8. 1945 wurde das Gebiet „der ehemaligen Freien Stadt Danzig" polnischer Verwaltung unterstellt, vorbehaltlich einer endgültigen Regelung im Friedensvertrag; vgl. Einzelheiten unten, § 12.

tigendes Sachproblem" erblickte[84], nur teilweise zugestimmt werden; notwendig erscheint — trotz begreiflicher politischer Bestrebungen, diese territorialen Veränderungen am Vorabend des zweiten Weltkrieges in Bausch und Bogen abzutun — eine differenzierende Betrachtung der zwischen dem 31. 12. 1937 und dem 1. Sept. 1939 erfolgten Gebietserwerbe. Hierbei wird man in den Fällen des Protektorats Böhmen und Mähren sowie des Gebiets der Freien Stadt Danzig rechtlich zu anderen Ergebnissen gelangen müssen, wie bei der Abtretung des Sudeten- und Memelgebietes[85]. Letztere sollten nicht durch eine vorgreifliche Festlegung des deutschen Staatsgebietes einer gerechten friedensvertraglichen Regelung entzogen werden[86].

2. Die Bezeichnung der nach dem Kriege (Mai 1945) auf dem Territorium des deutschen Völkerrechtssubjekts entstandenen territorialen Gebilde[87])

a) Deutschland als Völkerrechtssubjekt

Unter dem Begriff „Deutschland" wird das deutsche Völkerrechtssubjekt verstanden, das 1871 aus dem 1867 gegründeten Norddeutschen Bund durch Beitritt der vier süddeutschen Staaten hervorgegangen ist, wie es beim Ausbruch des zweiten Weltkriegs bestand[88].

---

[84] Vgl. BVerfG Entscheidung vom 17. Aug. 1956 („KPD-Urteil"), Bd. 3, S. 582 (600 ff.).

[85] Davon ging auch der Nürnberger Internationale Militärgerichtshof aus: Die Abänderung des Zustandes, wie er auf Grund der Erfüllung der Art. 81, 83 des Versailler Vertrages bestanden hatte, wird ausschließlich hinsichtlich der Errichtung des Protektorats *Böhmen-Mähren*, nicht jedoch bzgl. der Eingliederung des *Sudetengebietes* gerügt. (Vgl. Anklage gegen Göring u. a.; Nürnberger Prozeß, Bd. 1, S. 92 f., 242; Bd. 2, S. 105 ff.). Das Gericht ging weiter davon aus, daß nur das Protektorat (unbeschadet seiner Eingliederung) als ausländisches Staatsgebiet zu behandeln war, da bzgl. Böhmens und Mährens — nicht aber hinsichtlich des Sudetengebietes — Deutschland zur Einhaltung der Haager Landkriegsordnung für verpflichtet erachtet wurde (vgl. Nürnberger Prozeß, Bd. 1, S. 260 ff., 267 ff., 272 ff., 285 und 378, zit. nach *Rabl*, aaO, S. 55, Fn. 131; *ders.*, mit weiteren Hinweisen in Fn. 133). Wegen der Annexion des Memelgebietes erhob zwar der Beauftragte Großbritanniens Anklage, jedoch sprach der Nürnberger Militärgerichtshof keine diesbezügliche Verurteilung aus (vgl. Nürnberger Prozeß, Bd. 2, S. 105 und Bd. 1, S. 242 ff., 250 ff.).

[86] Bei der von den Siegermächten in Aussicht genommenen schematischen Fixierung der Grenzen des deutschen Völkerrechtssubjekts käme übrigens auch das *deutsch-schweizerische* Abkommen über die Grenzverlegung vom 22. Sept. 1938 (RGBl. 1938 II, S. 9 ff.) in Wegfall. Vgl. Einzelheiten unten § 12, II.

[87] Um den folgenden Ausführungen nicht vorzugreifen, kann es sich hier nur um die Festlegung der Bezeichnung der in Frage stehenden politisch-rechtlichen territorialen Gebilde handeln; es ist zu berücksichtigen, daß die Bezeichnungen — wenn auch nicht rein als geographische Begriffe zu verstehen — keine konstitutiven Auswirkungen auf den völkerrechtlichen Status des angesprochenen Gebietes haben.

[88] Vgl. oben 1.

Die Bezeichnung des deutschen Völkerrechtssubjekts als *„Deutsches Reich“* ist während des zweiten Weltkriegs durch die politisch neutralere Bezeichnung *„Deutschland“* ersetzt worden[89].

Die Bezeichnung *„Deutschland als Ganzes“* wird verwandt, um Deutschland als Träger völkerrechtlicher Rechte und Pflichten von seinen Teilordnungen abzuschichten[90].

b) Die Teilordnungen

(1) Die Bundesrepublik Deutschland

Die in Westdeutschland — namentlich auf dem Gebiet der ehemaligen britischen, US-amerikanischen und französischen Besatzungszonen[91] — statuierte politisch-rechtliche Ordnung wird gemäß ihrem Selbstverständnis als *Bundesrepublik Deutschland* bezeichnet[92]; sie erstreckt sich auf den tatsächlichen Geltungsbereich des Grundgesetzes[93].

(2) Die Deutsche Demokratische Republik

Die in Mitteldeutschland statuierte Ordnung wird als *Deutsche Demokratische Republik* bezeichnet[94]. Es erscheint hierbei unnötig, die Bezeichnung Deutsche Demokratische Republik von den Bezeichnungen anderer relevanter Ordnungssysteme dadurch abzuschichten, daß die

---

[89] So schon im Dreimächtepakt vom 27. 9. 1940; zit. bei *Berber* I, S. 243. vom 7. 2. 1945; Text in For. Rel. USA. dipl. pap. 1955, S. 118 ff., 709 f.

[90] Vgl. z. B. Art. 2 des Vertrages über die Beziehungen zwischen der Bundesrepublik Deutschland und den Drei Mächten vom 26. Mai 1952 in der Fassung der Bekanntmachung vom 30. März 1955 (BGBl. 1955 II, S. 301, 305) und auch die Präambel des sowjetischen Friedensvertragsentwurfs vom 10. Jan. 1959 — allerdings — mit Einschränkungen (Art. 2); Text in: Deutsche Außenpolitik, Sonderheft I/1959.

[91] Vgl. Protokoll über die Abgrenzung der Besatzungszonen Deutschlands

[92] Vgl. Präambel zum Grundgesetz vom 23. Mai 1949.

[93] Über die Abgrenzung nach Westen vgl. oben § 4 I 1, d. Über die Abgrenzung im Hinblick auf Berlin vgl. Nr. 4 des Genehmigungsschreibens der Militärgouverneure zum Grundgesetz vom 12. Mai 1949 in der Übersetzung des parlamentarischen Rates in VOBl. B Z S. 416 und Schreibens der drei Hohen Kommissare vom 26. 5. 1952 betreffend die Auslegung des von den Drei Mächten vorbehaltenen Rechtes in bezug auf Berlin in der Fassung des Briefes X vom 23. 10. 1954 (BGBl. 1955 II, S. 500); ferner das Schreiben der Kommandatura vom 1. 9. 1950, das sich gegen die von der Berliner Verfassung vom 29. 8. 1950 vorgesehene Zugehörigkeit Berlins zur Bundesrepublik als eines deren Länder aussprach. Vgl. Einzelheiten unten § 9, I.

[94] Art. 1, Abs. I, 1. Halbsatz der Verfassung („Deutschland ist eine unteilbare Republik“) geht zwar noch von einem gesamtdeutschen Selbstverständnis der zu statuierenden Ordnung aus (ähnlich auch die Präambel und die Art. 1, Abs. IV, 25, Abs. I und II, 114, 118, Abs. I und II, S. 2); die Bezeichnung Deutsche Demokratische Republik entspricht aber dem gegenwärtigen Selbstverständnis des Ordnungssystems.

Bezeichnung in diskriminierende Anführungszeichen gesetzt[95] oder von der Formel „sog. DDR" ausgegangen wird. Die Bezeichnung, die sich ein Ordnungssystem entsprechend seines Selbstverständnisses zulegt, ist weder konstitutiv noch Indiz für seine Stellung in der Völkerrechtsgemeinschaft, genausowenig wie die Bezeichnung die staatsrechtliche Strukturierung zutreffend zu charakterisieren braucht[96].

(3) Berlin

Unter Berlin wird *„Groß-Berlin"*, wie es durch das Gesetz vom 27. April 1920 definiert wird, verstanden[97]. Als *„West-Berlin"* wird der Teil der Stadt bezeichnet, der als britische, US-amerikanische (später einschließlich französische) Besatzungszone festgelegt wurde, als *„Ost-Berlin"* der Teil der Stadt, der den Vereinbarungen gemäß der sowjetischen Besatzungsmacht zufiel[98].

c) Ostgebiete

Als *„Ostgebiete"* werden die dem deutschen Völkerrechtssubjekt zu Beginn des zweiten Weltkriegs zugehörigen, im östlichen Bereich des Deutschen Reichs gelegenen Gebiete[99] bezeichnet, die weder von der Bundesrepublik noch von der Deutschen Demokratischen Republik erfaßt werden.

§ 6 Die theoretischen Möglichkeiten, den Rechtsstatus Deutschlands zu begreifen[1])

Es ergeben sich die folgenden Möglichkeiten, den völkerrechtlichen Status des deutschen Volkes theoretisch zu begeifen[2]:

---

95 Vgl. etwa *Green*, The Legal Status of Berlin, in: Nederlands Tijdschrift voor Internat. Recht, Bd. 10 (1963), S. 125, Fn. 54 „. . . it is considered unnecessary to indulge in the political overtones which are involved in writing the name of this entity in inverted commas."

96 Bei der Festlegung eines möglichst allgemein gültigen Begriffsapparates kann nicht eine von bestimmten politischen Wünschen abgestempelte Bezeichnung Verwendung finden; eine besondere Brandmarkung des Inhalts der Bezeichnung oder ihrer Bezugnahme auf Institutionen, mit denen unsererseits irgendwie geartete konkrete Vorstellungen verbunden werden, ist nicht angebracht, da damit die eigenen Maßstäbe als die im zwischenstaatlichen Verkehr allein gültigen hingestellt werden und zudem die Bezeichnung sehr vieler Staaten und sonstiger politisch-rechtlicher Ordnungen nur in Anführungszeichen gebracht werden dürften; in politischer Hinsicht sei bemerkt, daß mit der besonderen Kennzeichnung eine — gegebenenfalls unerwünschte — Bedeutung an die Bezeichnung herangetragen wird, die ihr so oder so gar nicht zukommen kann.

97 Vgl. Protokoll vom 14. Sept. 1944; Text in: Selected Documents on Germany and the question of Berlin 1944—1961, S. 27; es handelt sich hierbei um eine Fläche von ca. 884 km².

98 Vgl. Protokoll über die Abgrenzung der Besatzungszonen, aaO, (Fn. 91).

99 Vgl. oben 1.

1 In den letzten 20 Jahren hat sich hinsichtlich der Theorien über die

I. Diskontinuitätstheorien

Das Deutsche Reich ist als Völkerrechtssubjekt untergegangen — und zwar

1. Debellationstheorie

durch debellatio im Jahre 1945 *(Debellationstheorie)*[3] — oder

2. Dismembrationstheorie

durch Konsumption des alten deutschen Völkerrechtssubjekts durch zwei oder mehrere neue Völkerrechtssubjekte[4] *(Dismembrationstheorien).*

II. Kontinuitätstheorien

Das vormals als Deutsches Reich bezeichnete Völkerrechtssubjekt besteht handlungsunfähig aber rechtsfähig fort[5]; es ergeben sich hierbei die folgenden Möglichkeiten:

1. Teilordnungslehren

Die auf dem Gebiet des überkommenen deutschen Völkerrechtssubjekts entstandenen politisch-rechtlichen Gebilde (etwa die Bundesrepublik und die Deutsche Demokratische Republik) bestehen „nebeneinander"[6] unter einem mehr oder weniger fiktiven „Reichsdach" *(Teilordnungslehren).*

---

deutsche Rechtslage noch keine einheitliche Terminologie herausgebildet; soweit möglich werden im Folgenden die termini technici der jeweiligen Autoren aufgegriffen; im übrigen wird versucht, neutrale Bezeichnungen zu benützen, die die erforderliche Genauigkeit, Handlichkeit und auch einen gewissen Aussagegehalt besitzen.

[2] Zu blutleer erscheint in diesem Zusammenhang die „mathematische Kombinatorik" von *Schuster* (vgl. aaO, S. 253 ff.); im Rahmen seiner selbstgewählten Prämissen (das sind die „drei konservierenden Elemente" Kontiuität, Einheit und Leugnung jedweder rechtlich relevanter dualistischer Gestaltung) versucht er $2^3 = 8$ theoretische Möglichkeiten der deutschen Rechtslage nachzuweisen.

[3] Als nähere Zeitpunkte werden hierbei diskutiert: 7./8. Mai 1945 (bedingungslose Waffenstreckung des Deutschen Reichs); vgl. auch unten § 7, Fn. 1; 23. Mai 1945 (Auflösung und Gefangennahme der Regierung Dönitz); vgl. auch unten § 7, Fn. 1; 5. Juni 1945 (Interalliierte Erklärung über die Niederlage Deutschlands); vgl. auch unten § 7, Fn. 16. Über die einzelnen Variationen der Debellationstheorie vgl. unten § 7, Fn. 49.

[4] Als völkerrechtlich relevante Dismembrationstatbestände ließen sich etwa die Errichtung der Bundesrepublik und der DDR, der Abbau der gemeinsam von den Alliierten ausgeübten obersten Kontrolle über das gesamte Besatzungsgebiet u. a. aufführen; vgl. Einzelheiten unten § 7.

[5] Vgl. oben § 5, I, 3, b.

[6] Wobei sich dieses „Nebeneinander" sowohl als „Miteinander" als auch als „Gegeneinander" erweisen kann, ebenso wie von der qualitativen Ebenbürtigkeit der Teilordnungen oder aber von der Privilegierung der einen und Diskriminierung der anderen ausgegangen werden kann; vgl. unten § 7.

2. Identitätstheorien

Eines der auf dem Territorium des überkommenen deutschen Völkerrechtssubjekts entstandenen politisch-rechtlichen Gebilde ist mit dem Deutschen Reich identisch *(allgemeine Identitätstheorien);* es kann also:

a) die Deutsche Demokratische Republik mit dem deutschen Völkerrechtssubjekt identisch sein;

b) die Bundesrepublik Deutschland mit dem deutschen Völkerrechtssubjekt identisch sein[7];

c) weiter besteht die Möglichkeit, auf die Abstufungen im Identitätsurteil differenzierend abzustellen; die in a) bzw. b) genannten Gebilde können mit dem deutschen Völkerrechtssubjekt

(1) völlig identisch (so etwa die in der Bundesrepublik vertretene *Kernstaatstheorie)* oder

(2) nur teilweise identisch sein (so etwa die in der DDR zu bestimmten Anlässen vertretene *„modifizierte Zweistaatentheorie"* oder die Lehre von der nur *organschaftlichen Identität* in der Bundesrepublik).

III. Separationstheorie

Das Deutsche Reich überstand hiernach als Völkerrechtssubjekt das Kriegsende, konnte aber seine territoriale Integrität nicht wahren; das überkommene Völkerrechtssubjekt besteht nur als Rumpf fort, von dem sich durch separatio nach 1945 ein politisch-rechtliches Gebilde losgelöst hat, um ein neues Völkerrechtssubjekt zu bilden; hier bestehen wiederum — wie bei oben II — die beiden Möglichkeiten.

1. die DDR ist der mit dem Deutschen Reich identische Rumpfstaat und die BRD der durch Abspaltung entstandene Neustaat;

2. die BRD ist der mit dem Deutschen Reich identische Rumpfstaat und die DDR der durch Abspaltung entstandene Neustaat.

IV. Anmerkung: Ein-, Zwei- und Mehrstaatentheorie

Die im Schrifttum oft getroffene Unterscheidung zwischen Ein-, Zwei- oder Mehrstaatentheorien ist nur numerisch deskriptiv; es wird lediglich festgestellt, ob auf dem Territorium des deutschen Völkerrechtssubjekts in den Grenzen, wie sie zu Kriegsbeginn bestanden haben[8], gegen-

---

[7] Neben der Bundesrepublik und der DDR haben andere in Frage kommende politisch-rechtliche Gebilde (wie etwa Berlin) zu keinem Zeitpunkt den Anspruch erhoben, mit dem deutschen Völkerrechtssubjekt identisch zu sein; die theoretisch mögliche Ausweitung der Identitätslehren in diese Richtung ist deshalb nicht erforderlich.

[8] Vgl. oben § 5, II.

wärtig ein, zwei oder mehrere Völkerrechtssubjekt(e) existiert (existieren); nicht Bezug genommen wird auf das dem völkerrechtlichen Tatbestand zu Grunde liegende völkerrechtlich relevante Ereignis.

1. Die *Einstaatentheorie* kann sowohl von der Diskontinuität[9] wie auch von der Kontinuität des deutschen Völkerrechtssubjekts ausgehen, obwohl sie meist dann Verwendung findet, wenn auf die Kontinuität des deutschen Völkerrechtssubjekts abgestellt werden soll; hierbei werden dann von dem Begriff sowohl Teilordnungslehren als auch Identitätstheorien umfaßt, obwohl es sich um grundverschiedene Konzeptionen handelt[10].

2. Ebenso kann die *Zweistaatentheorie* sowohl von der Diskontinuität[11] als auch von der Kontinuität[12] ausgehen.

3. Zwischen Zwei- und *Mehrstaatentheorie* ergeben sich qualitativ keine Unterschiede, die andere Denkfiguren erforderlich machen würden[13].

§ 7 Die veränderte Problemstellung in den Nachkriegsepochen

Hat auch eine Gliederung nach abstrakten Gesichtspunkten (vgl. oben § 6, I—III) oder eine numerisch deskriptive Einteilung (vgl. oben § 6, IV) scheinbar begriffliche Schärfe und Genauigkeit auf ihrer Seite, so muß doch bei der Erörterung der deutschen Rechtslage von einem, an völkerrechtlich relevanten Ereignissen ausgerichteten, historischen Aufbau ausgegangen werden, da nur dann die Probleme in ihrer organisch-dynamischen Verschränktheit erfaßt werden können; hierbei wird es nichtsdestoweniger notwendig sein, Seitenblicke auf die in § 6 dargelegten theoretischen Möglichkeiten zu werfen, zumal die Probleme meist von mehreren Seiten her eingekreist werden müssen und nur dann plastisch erscheinen.

Im Hinblick auf die Rechtslage Deutschlands nach 1945 lassen sich zwei Zeitabschnitte unterscheiden, in denen jeweils die Frage nach dem

---

[9] So wenn sich nach erfolgter debellatio auf dem Territorium des untergegangenen Völkerrechtssubjekts *ein* Neustaat mit allen Merkmalen des vollen Völkerrechtsstatus herausbildet.

[10] So geht die Teilordnungslehre von qualitativ ebenbürtigen Teilordnungen aus, während die allgemeinen Identitätslehren ein politisch-rechtliches Gebilde jeweils auf Kosten der anderen aufwerten.

[11] So die *„Dismembrations"-Zweistaatentheorie.*

[12] So die *„Separations"-Zweistaatentheorie*, die von einem mit dem überkommenen deutschen Völkerrechtssubjekt identischen „Rumpfstaat" ausgeht.

[13] Es gilt das im Hinblick auf die Zweistaatentheorie Gesagte mit dem Unterschied, daß statt von zwei Völkerrechtssubjekten von mehreren ausgegangen werden muß; diese Feststellung erlaubt es insbesondere bei der folgenden Darstellung, zunächst Berlin (als evtl. „dritten Staat") auszuklammern, um das Hauptaugenmerk auf die Bundesrepublik und die DDR zu richten.

Völkerrechtsstatus Deutschlands auf Grund außen- bzw. innenpolitischer Wandlungen neu gestellt und beantwortet werden mußte:

(1) Der Zeitabschnitt von der bedingungslosen Kapitulation der deutschen Streitkräfte bis zur Entstehung der politisch-rechtlichen Gebilde der BRD und der DDR.

(2) Der Zeitabschnitt von der Entstehung der BRD und der DDR bis heute.

Die vom Schrifttum z. T. vorgenommene weitere Zäsur bei den sog. Souveränitätserklärungen (Pariser Verträge bzw. sowjetische Deklaration vom 25. März 1954) ist — wie im § 8 nachzuweisen sein wird — überflüssig.

I. 1945: Der Zusammenbruch des „Dritten Reiches": Das Problem der Kontinuität oder Diskontinuität des deutschen Völkerrechtssubjekts

Nach der bedingungslosen Kapitulation der deutschen Streitkräfte und dem Zusammenbruch des NS-Regimes[1] waren Theoretiker und Praktiker vor die Frage gestellt, ob das Deutsche Reich als Völkerrechtssubjekt untergegangen war.

1. Diskontinuität

Eine Reihe von Autoren[2] folgerte aus den Vorgängen im Mai 1945 den Untergang des deutschen Völkerrechtssubjekts *(Debellationstheorie)*. Hierbei standen auch bei namhaften Vertretern der Völkerrechtswissenschaft politische Erwägungen im Vordergrund. Praktisch dem Beispiel Hitlers in Polen folgend, hatte Kelsen[3] bereits 1944 gefordert, die Existenz des Feindstaates auszulöschen, um die alliierten Kriegsziele ungehindert durch eine Bindung an die Haager Landkriegsordnung durchsetzen zu können[4]. Argumente, die der jeweiligen Staatslehre entlehnt

---

[1] Die Gesamtkapitulation der deutschen Streitkräfte erfolgte am 7. Mai 1945 in Reims und tags darauf in Berlin durch ordentliche Bevollmächtigte des Oberkommandos der Wehrmacht (Ratifizierung); die Proklamation wurde am 8. Mai 1945, 9 Uhr vormittags Washingtoner Zeit, herausgegeben (vgl. Situationsbericht bei *Truman*, Memoiren, Bd. I, Das Jahr der Entscheidungen, 1955). Die Regierung Dönitz blieb bei Flensburg im Amt; mit ihr führten Kommissionen der Siegermächte zunächst Verhandlungen, bis diese sie am 23. Mai 1945 für aufgelöst erklärten und ihre Mitglieder verhafteten.

[2] Von einem Untergang des Deutschen Reichs gehen vor allem aus: *Kelsen*, The legal Status of Germany . . ., in: AJ, Bd. 39, S. 518 ff.; *Nawiasky*, Die Grundgedanken des Grundgesetzes für die Bundesrepublik Deutschland, Stuttgart 1950, S. 7 ff.; *Brandweiner*, Die deutsche Demokratische Republik und das Problem der Staatennachfolge, in Deutsche Außenpolitik, 1. Jahrgang (1956), S. 496 ff.; *Peck*, Zum völkerrechtlichen Status der DDR, mit umfangreichen, aber einseitig interpretierten Nachweisen.

[3] *Kelsen*, The international legal status of Germany to be established immediately upon the termination of War, AJ 38 (1944), S. 689 ff.

[4] Vgl. *Kelsen*, The legal status of Germany according to the Declaration of Berlin, AJ 39 (1945), S. 519 f. „Germany having ceased to exist as a state, the

wurden, sollten den Untergang des deutschen Völkerrechtssubjekts untermauern[5].

2. Kontinuität

Die gewichtigeren Gründe sprechen hingegen für die Kontinuität des Völkerrechtssubjekts Deutschland (Kontinuitätstheorie)[6].

a) Staatsrechtliche Argumente

Ausgehend von den drei klassischen Staatselementen[7] wurde versucht, die deutsche Staatlichkeit über den Zusammenbruch hinweg nachzuweisen:

(1) Staatsgebiet

Es gab nach dem Zusammenbruch noch ein deutsches Staatsgebiet, da die Alliierten ausdrücklich von einer Annexion Abstand nahmen[8]. Es fehlte am animus territorium sibi habendi[9].

(2) Staatsgewalt

Da in der Kapitulation der deutschen Wehrmacht nicht eine Kapitulation des deutschen Staates erblickt werden konnte, lag eine Vernichtung der Staatsgewalt durch debellatio nicht vor. Die deutsche Staatsgewalt

---

status of War has been terminated, because such a status can exist only between belligerent states. Since Germany's surrender, at least since the abolition of the Doenitz-Government, the Hague Regulations are not applicable."

[5] *Kelsen,* aaO, und *Nawiasky* (Die Grundgedanken des Grundgesetzes für die Bundesrepublik Deutschland, 1950, S. 5 f. u. a.) identifizieren Rechtsordnung bzw. Staatsgewalt mit dem Staat, folgern so den Untergang des Völkerrechtssubjekts aus dem Untergang der Rechtsordnung bzw. der Staatsgewalt, übersehen aber, daß Völkerrechtssubjektivität ohne innere und äußere Handlungsfähigkeit zumindest denkbar und in gewissen Übergangssituationen Völkerrechtswirklichkeit ist; vgl. oben (§ 5, I, 3, b) die getroffene Differenzierung zwischen Völkerrechtssubjektivität und völkerrechtlicher Handlungsfähigkeit; ähnlich die Ausführungen *Kaufmanns,* Deutschlands Rechtslage unter der Besetzung 1948, S. 11, wo von einem „rechtsfähigen", nicht aber „handlungsfähigen" Deutschland ausgegangen wird.

[6] Die überwiegende Auffassung, nicht nur in Deutschland, sondern auch im Ausland (vgl. *Meister,* Stimmen des Auslands zur Rechtslage in Deutschland, in ZöRVR, Bd. 13, S. 173) neigte nach anfänglichem Schwanken (Kriegsverbrecherprozesse in Nürnberg) dazu, den Fortbestand Deutschlands als Staat anzunehmen; so vor allem: Entschließung der deutschen Völkerrechtslehrer v. 16./17. April 1947; Jahrbuch für Internationales Recht, Bd. I, S. 6; *Berber,* aaO, M. *v. Bieberstein,* aaO, *Friesenhahn,* Die völkerrechtliche und staatsrechtliche Lage Deutschlands, in: Recht-Staat-Wirtschaft, Bd. I, Stuttgart 1949; *Grewe,* Ein Besatzungsstatut für Deutschland, Stuttgart 1948, S. 47 ff.; *v. d. Heydte,* aaO, *Stödter,* aaO, S. 61; ferner BGHZ 13, 265 (Leitsatz, Ziff. 3).

[7] Vgl. *Jellinek,* Allgemeine Staatslehre, 3. Aufl. 1922, S. 394 ff.

[8] Vgl. Erklärung in Anbetracht der Niederlage Deutschlands, vom 5. 6. 1945, in: Amtsblatt des Kontrollrats in Deutschland, Ergänzungsheft I (EA 1947, S. 213 ff.).

[9] Vgl. u. a. *v. d. Heydte,* Deutschlands Rechtslage, in: Friedenswarte 1950, S. 324 ff.

war durch die Besatzungsmächte nur „überdeckt“ und „überhöht“[10], bestand aber auf der mittleren und unteren Verwaltungsebene fort[11].

(3) Staatsvolk

Am Fortbestand des deutschen Staatsvolkes konnte nie gezweifelt werden[12].

b) Völkerrechtliche Argumente

Neben diesen rein staatsrechtlichen Argumenten, die einmal den Unsicherheitsfaktoren der verschiedenen Lehren vom Staat unterliegen, zum andern auf Tatsachen aufbauen, deren rechtliche Bedeutung unterschiedlich interpretiert werden kann, kommt rein völkerrechtlichen Überlegungen erhöhte Bedeutung zu.

(1) Die Völkerrechtssubjektivität Deutschlands

Nach der Kapitulation gab es noch ein deutsches Völkerrechtssubjekt. Am eindrucksvollsten läßt sich dies an der Beendigung des Kriegszustands mit Deutschland nach dem zweiten Weltkrieg nachweisen. Mit dem Untergang einer Kriegspartei als Völkerrechtssubjekt — etwa durch debellatio und nachfolgender Annexion — endet der Kriegszustand automatisch ohne weiteren konstitutiven Akt seitens der Beteiligten, da jedes völkerrechtliche Rechtsverhältnis von diesem Zeitpunkt an unmöglich wird.

(a) Die weit überwiegende Anzahl der Siegerstaaten ging von einer Fortsetzung des Kriegszustandes über den 8. Mai 1945 bzw. den 5. Juni 1945 hinaus aus[13] und hat damit die deutsche Völkerrechtssubjektivität nach der Kapitulation und der Berliner Erklärung anerkannt.

---

[10] So *v. d. Heydte,* zuletzt in: Die Entwicklung der deutschen Rechtslage, aaO, S. 138.

[11] Demgegenüber führt jedoch *Gieseke* (Westdeutschlands Rechtslage, 1951, S. 7) aus, daß der Wille der Staatsführung sich von den obersten bis zu den untersten Organen durchsetzen muß, wenn es sich um Staatsgewalt handeln soll; ähnlich auch *Kunz,* The status of occupied Germany under International Law, in: Western Political Quarterly, 1950, Bd. 3, S. 559 f.

[12] Vgl. *Klein,* Neues Deutsches Verfassungsrecht, Frankfurt 1949, S. 29.

[13] Nach der Untersuchung des Max-Planck-Instituts für ausländisches öffentliches Recht und Völkerrecht, in: Beiträge zum ausländischen öffentlichen Recht und Völkerrecht, Bd. 37 (1963), haben insgesamt 41 Staaten, die sich mit dem Deutschen Reich in Kriegszustand befanden, Deutschland gegenüber in völkerrechtlich relevanter Form ausdrücklich die Beendigung des Kriegszustandes erklärt. Diese Erklärungen erfolgten meist in Anschluß an die Beschlüsse der New Yorker Dreimächtekonferenz vom 19. Sept. 1950. Aber auch die 9 Ostblockstaaten erklärten zwischen Januar 1955 und Mai 1955 den Kriegszustand mit „Deutschland“ für beendet. Lediglich 14 Siegerstaaten trafen keine speziellen Maßnahmen zur Beendigung des Kriegszustandes, gingen dabei aber — mit der Ausnahme Frankreichs — nicht vom Untergang des deutschen Völkerrechtssubjekts aus, sondern nahmen die Beendigung des Kriegszustandes als bereits zu einem früheren Zeitpunkt — etwa durch die Aufnahme freundschaftlichr Beziehungen — erfolgt an. Vgl. auch oben § 4, I.

(b) Lediglich Frankreich hat entgegen der übrigen Staatenpraxis die Auffassung vertreten, daß das deutsche Völkerrechtssubjekt 1945 untergegangen sei. In den Ausführungen zum Decret No. 51—883 vom 9. Juli 1951 „mettant fin aux conséquences de l'état de guerre en ce qui concerne le statut des ressortissants allemands en France"[14] hat Frankreich zwischen der Beendigung des völkerrechtlichen Kriegszustandes und der Aufhebung der innerstaatlichen Kriegsgesetzgebung unterschieden[15]; als maßgeblicher Zeitpunkt für die Beendigung des völkerrechtlichen Kriegszustandes wird hiernach der 5. Juni 1945[16] angesehen[17], auch hat Frankreich in der Note vom 29. Okt. 1957[18] der Bundesrepublik gegenüber den Standpunkt vertreten, daß „. . . l'ordonnance du 5 juin 1945 constatait la disparition de l'État allemand . . .".

Bei verständiger Würdigung der einzelnen Umstände könnte so gefolgert werden, daß — nach französischer Ansicht — der Kriegszustand zwischen Deutschland und Frankreich durch den Untergang des Deutschen Reichs beendet worden sei[19]. Frankreich hat aber zu der von ihm vertretenen Sach- und Rechtslage nie eindeutig Stellung genommen und vor allem nicht die notwendigen Konsequenzen gezogen.

Soweit sich Frankreich zur Begründung seines Rechtsstandpunktes auf die „ordonnance du 5 juin 1945" bezieht, kann es sich nur um die gemeinsame Deklaration der vier[20] Mächte vom 5. Juni 1945 handeln, die aber unter Ablehnung einer Annexion vom Fortbestand des deutschen Völkerrechtssubjekts ausgeht[21].

---

[14] Text in: Journal Officiel, Juli 1951, S. 7502 ff. (zit. „Rapport").

[15] Dies durchaus zu recht, vgl. oben § 4, I, 1, a.

[16] Vgl. Rapport: „Il a été, d'autrepart, reconnu que compte tenu de la déclaration de Berlin du 5 juin 1945 concernant la prise de l'autorité suprême à l'égard de l'Alemagne par les trois puissances alliées, *acte par lequel on doit considérer que l'état de guerre entre les alliés et l'Allemagne a pris fin sur le plan des rapports entre États*, il est maintenant possible de régler définitivement le problème de l'état de guerre, qui ne subsistait dès lors que sur le plan de droit interne, en éliminant de la législation interne de chaque puissance alliée les conséquences de l'état de guerre."

[17] So schon der französische Ankläger vor dem Nürnberger Gerichtshof: „Mais dans la situation actuelle, il n'y a pas d'État allemand. Depuis la déclaration de capitulation du 5 mai 1945 . . . il n'y a aura aucun organe représentant l'État allemand"; vgl. Procès de Grands Criminels de Guerre devant le Tribunal Militaire International, Bd. 5, S. 393.

[18] Vgl. Studie des Max-Planck-Instituts, aaO, Teil Frankreich; die Note bezieht sich auf die Nichtigkeit der völkerrechtlichen Vorkriegsverträge zwischen Frankreich und Deutschland, die mit Ausbruch des Krieges zunächst nur suspendiert wurden.

[19] Vgl. u. a. *Scheuner*, Anmerkungen zur Frage der Beendigung des Kriegszustandes, AöR, Bd. 77, S. 320.

[20] Soweit der „Rapport" (vgl. Fn. 16) von den „trois puissances alliées" spricht, muß es sich um ein redaktionelles Versehen handeln.

[21] Soweit die offizielle Doktrin von der „disparition de l'État allemand à la suite de la désintégration des services publics et de l'absence de toute

Die französische Völkerrechtspraxis verfährt in zahlreichen Einzelfragen nicht so, als ob das deutsche Völkerrechtssubjekt untergegangen sei[22]. In diesem Zusammenhang kann nur auf die Reihe aus der Vorkriegszeit stammenden Verträge hingewiesen werden, die weiterhin Anwendung finden[23], bei Richtigkeit des französischen Rechtsstandpunktes aber als erloschen betrachtet werden müßten[24].

Insgesamt ist der Fortbestand einer deutschen Völkerrechtssubjektivität über den „Zusammenbruch des Jahres 1945" hinaus zumindest von der weit überwiegenden Staatenpraxis niemals ernstlich in Zweifel gezogen worden[25]. Soweit in bestimmten politischen Situationen der Standpunkt vertreten wurde, Deutschland sei als Völkerrechtssubjekt untergegangen, kann diesen Argumenten der Einwand des „venire contra factum proprium" entgegengehalten werden; es ist unzulässig, Deutschland, wenn es sich um Pflichten handelt, als Völkerrechtssubjekt zu behandeln, wenn ihm aber irgendwelche Rechte zustehen — und sei es nur das Recht auf Fortexistenz — als untergegangen zu betrachten.

(2) Die völkerrechtliche Handlungsunfähigkeit Deutschlands

Das deutsche Völkerrechtssubjekt war nach dem Zusammenbruch im Jahre 1945 unfähig, völkerrechtlich relevante Rechtshandlungen vorzunehmen. Auch die Fiktion, deutsche Staatsgewalt habe fortbestanden und sei nur durch Organe der Besatzungsmächte ausgeübt worden[26], kann an der Handlungsunfähigkeit Deutschlands[27] nichts ändern.

---

armature constituelle (dargestellt bei *Rousseau*, Droit International Public, 1953, S. 591; so auch der Rechtsstandpunkt bei den Nürnberger Kriegsverbrecherprozessen, vgl. Fn. 17) ausgeht, wird unzulässig Rechtsfähigkeit und Handlungsfähigkeit gleichgeschaltet; vgl. oben § 5, I, 3, b.

[22] *Mosler* (Die Beendigung des Kriegszustandes mit Deutschland und die Entwicklung des völkerrechtlichen Kriegsbegriffs, in: Max-Planck-Institut für ausländisches öffentliches Recht und Völkerrecht, Beiträge zum ausländischen öffentlichen Recht und Völkerrecht, Bd. 37 (1963)), hat zutreffend festgestellt: „Das Verhalten Frankreichs muß, im ganzen gesehen, rückblickend als Anpassung an die Position seiner großen westlichen Alliierten gedeutet werden."

[23] Vgl. Einzelheiten bei *Schlegelberger*, Das Recht der Gegenwart, Stand 1. 9. 1962; und die Bekanntmachung vom 29. 6. 1953, Bundessteuerblatt 1953 I, S. 250.

[24] So geht auch die franz. Note vom 29. Okt. 1957 (vgl. Fn. 18) an sich zutreffend davon aus, daß „. . . la conséquence nécessaire d'une telle disparition est la caducité de tous les traités et conventions."

[25] So war Deutschland nach dem Potsdamer Abkommen Träger von Reparationspflichten und Partner eines künftigen Friedensvertrages; vgl. *Abendroth*, Die gegenwärtige völkerrechtliche Bedeutung des Potsdamer Abkommens, in: EA 1952, 4943 ff.; *Berber* I, S. 243; *Faust*, Das Potsdamer Abkommen und seine völkerrechtliche Bedeutung, 1964.

[26] Vgl. etwa zum Problem des Besatzungsrechts *Weill* und *Virally*, Du contrôle exercé par la Cour de Cassation sur l'interprétation des lois du Con-

(3) Der völkerrechtliche Status Deutschlands

Sind auch eine gewisse, über den Zusammenbruch hinaus andauernde Rechtssubjektivität und die völkerrechtliche Handlungsunfähigkeit Deutschlands allgemein anerkannte und völkerrechtlich nicht ernstlich anzuzweifelnde Tatsachen, so werden doch aus diesen feststehenden Daten sehr unterschiedliche — für den nur am deutschen BGB geschulten Juristen höchst widersprüchige — Rückschlüsse auf den Völkerrechtsstatus Deutschlands gezogen. Der Grund dafür ist darin zu erblicken, daß das Verhältnis zwischen dem handlungsunfähigen Deutschland und den an seiner Stelle nunmehr berechtigten Siegermächten nie klar fixiert wurde[28], Rückgriffe auf allgemeines Völkerrecht und allgemeine Rechtsgrundsätze sich gerade auf dem Gebiet der Rechtssubjektslehre als sehr problematisch erwiesen[29]. Steht auch fest, daß der Begriff Deutschland nach 1945 nicht nur als ethnologisch-soziologischer Begriff gewertet, sondern ihm rechtliche Bedeutung beigemessen wurde, so könnte doch Deutschland einmal den Status eines handlungsunfähigen geborenen Völkerrechtssubjekts (quantitativ geminderter Vollstatus)[30], zum andern

---

seil de contrôle en Allemagne, Revue Critique de droit internat. privé, Bd. 41 (1952), S. 253 ff. und die Entscheidung des franz. Cour de Cassation vom 20. 12. 1950.

[27] Die Ausübung der Staatsgewalt durch Organe anderer Völkerrechtssubjekte widerspricht dem Grundsatz der „autochthonen" Herrschaft (vgl. *Schuster*, aaO, S. 55 ff.). Auch wenn die von ausländischen Organen vorgenommenen Rechtshandlungen dem deutschen Völkerrechtssubjekt zugerechnet werden, handelt doch nicht das deutsche Völkerrechtssubjekt oder ein bezugloses Organ, sondern die Völkerrechtssubjekte, die hinter dem Organ stehen, die Besatzungsmächte. Vgl. oben § 5, I, 3, a (3).

[28] Die Haager Landkriegsordnung, die sonst die Beziehungen zwischen Sieger und Besiegten regelt, wurde von vornherein nicht für anwendbar erachtet; die Alliierten begnügten sich mit der Feststellung: „In the period when Germany is carrying out the basic requirements of unconditional surrender, supreme authority in Germany will be exercised on instructions from their governments, by the British, United States, Soviet and French Commanders-in-chief, each in his own zone of occupation, and also jointly, in matters affecting Germany as a whole", Feststellung der alliierten Regierungen über das Kontrollverfahren in Deutschland vom 5. Juni 1945, zit. bei *Stödter*, Deutschlands Rechtslage, S. 19. So war nicht nur sehr umstritten, ob und in welchem Umfang eine „Zurechnung" im Sinne der deutschen Rechtssubjektslehre stattfinden sollte, sondern es bestanden auch Unklarheiten, wie überhaupt die Tätigkeit der Besatzungsmächte zu qualifizieren war: occupatio bellica (so u. a. *Kaufmann*, aaO, S. 27 ff.), occupatio sui generis (*Guggenheim*, aaO), Intervention (u. a. *Arndt*, Deutschlands rechtliche Lage, Die Wandlung 1947, S. 70), Treuhänderschaft (u. a. *Menzel*, Zur völkerrechtlichen Lage Deutschlands, EA 1947, S. 1013), deutsche de-facto-Regierung (u. a. *Mosler*, Der Einfluß der Rechtsstellung Deutschlands auf die Kriegsverbrecherprozesse, aaO).

[29] Insbesondere wenn etwa auf treuhandsähnliche Rechtsinstitute des anglo-amerikanischen Rechtskreises Bezug genommen werden muß, die die eigentliche Rechtsträgerschaft verschleiern; vgl. oben § 5, I, 3, a, (1), (c).

[30] Vgl. oben § 5, I, 2.

den eines gekorenen Völkerrechtssubjekts (qualitativ geminderter Status einer bloßen „Zweckgebundenheit")[31] einnehmen.

(a) Qualitativ geminderter Status?

Wie bereits festgestellt[32], affiziert — von der Sicht des völkerrechtlichen Personenbegriffs als „Handlungssubjekt"[33] — die Handlungsunfähigkeit eines Gemeinwesens den völkerrechtlichen Vollstatus nur dann nicht, wenn eine genügend konkrete Beziehung zu einem vergangenen oder in Aussicht stehenden handlungsfähigen Vollstatus vorhanden ist. Andernfalls läge Völkerrechtssubjektivität nicht kraft originärer konstitutiver Eigenschaften des betreffenden Gemeinwesens vor, sondern nur eine von anderen geborenen Völkerrechtssubjekten abgeleitete; Deutschland wäre dann ein von den Siegermächten zur Abwicklung der Kriegsfolgen gekorenes Völkerrechtssubjekt, nicht generell, sondern zu diesem Zwecke völkerrechtsfähig (bloße Zweckgebundenheit). Das Institut des „gekorenen Völkerrechtssubjekts" ist, soweit ersichtlich, noch nicht zum Verständnis der Rechtslage im Nachkriegsdeutschland herangezogen worden, obwohl dieses Institut — wie kein anderes — der politischen Interessenlage der Siegermächte entsprochen und als Grundlage ihres widerspruchsvollen Wollens hätte aufgeführt werden können[34]. Die nur auf den ersten Blick komplizierte Konstruktion kann an Hand der z. B. dem anglo-amerikanischen Rechtskreis geläufigen Vorstellung der „hereditas iacens" verdeutlicht werden: Das Rechtssubjekt erlischt, wird aber zum Zwecke der Nachlaßabwicklung als fortbestehend fingiert. Das deutsche Völkerrechtssubjekt geht 1945 unter, gilt aber bis zur Abwicklung der Kriegsfolgen und bis zur Auseinandersetzung der Siegermächte als Träger namentlich von völkerrechtlichen Pflichten; die Verwaltung liegt in der Hand von Administratoren, die die Geschäfte als „Personen kraft Amts" erledigen.

Mag dieser Begriffsapparat in vielen Dingen der Interessenlage der Siegermächte am nächsten kommen, muß er doch auf Bedenken in tatsächlicher und rechtlicher Hinsicht stoßen.

---

[31] Vgl. oben § 5, I, 2.

[32] Vgl. oben § 5, II, 3, b, (2), (b).

[33] Vgl. oben § 5, II, 3, a, (3); § 5, II, 3, b, (2).

[34] Das Interesse der Siegermächte an der Beseitigung der deutschen Staatsgewalt in einer den Völkerrechtsstatus affizierenden Weise hat Kelsen dargelegt (vgl. oben Fn. 3); hierbei mag — entsprechend der moralistischen Grundkonzeption (vgl. oben § 2, II, 1, b) — der Gedanke eines mit der Ächtung (outlawry) verbundenen Persönlichkeitsverfalls eine Rolle gespielt haben. Durch einen gesamthänderisch verwalteten „trust" hätte man zusätzlich die Möglichkeit gehabt, durch Untergang des Völkerrechtssubjekts den Schuldner vorerst nicht zu verlieren, die unüberschaubare Entwicklung abzuwarten, um dann in aller Ruhe und in rechtlicher Hinsicht nicht gebunden die Kriegsfolgen zu regeln; dieser politischen Interessenlage entspricht auch Art. 107 der Charter der UN.

(b) Nur quantitativ geminderter Status?

In tatsächlicher Hinsicht ist darauf hinzuweisen, daß nach dem völkerrechtlich relevant erklärten Willen der Siegermächte das handlungsunfähige deutsche Völkerrechtssubjekt nicht liquidiert, sondern „ein staatliches Leben auf friedlichen und demokratischen Grundlagen wiederhergestellt" werden sollte[35]; auch geschah die Ausschaltung der selbstverantwortlichen Herrschaftsgewalt nur im Hinblick darauf, daß Deutschland „unter den friedlichen und freien Völkern der Welt"[36] einen Platz einnehmen könne.

Die Bedingungen, an die die Wiedererlangung des völkerrechtlichen Vollstatus geknüpft wurden — nämlich „demokratische" und „friedliebende" Gesinnung — waren zwar in einem äußersten Maße unbestimmt und fast ausschließlich ins Belieben der Siegermächte gestellt; jedoch waren in allen Fällen nicht Auslöschung der Existenz, sondern zeitweise „Besserung" und „Umerziehung" geplant. Insoweit ließe sich das Vorgehen der Siegermächte im Nachkriegsdeutschland eher als eine Art völkerrechtlicher „Amtsvormundschaft über Staaten"[37], als „treuhänderische Sicherungs-Annexion" verstehen.

In rechtlicher Hinsicht spricht gegen die Anwendbarkeit hochspezialisierter Begriffsvorstellungen aus dem Erbrecht gewisser Rechtskreise einmal der grundlegende Unterschied zwischen dem Untergang eines Völkerrechtssubjekts und dem physischen Tod von Menschen[38], zum andern der Umstand, daß im zwischenstaatlichen Bereich sowohl im Hinblick auf die Liquidation von Völkerrechtssubjekten, als auch im Hinblick auf treuhänderische Maßnahmen — soweit nicht die Staatengemeinschaft als ganzes eingeschaltet ist[39] — es an den nötigen Institutionen fehlt, derartige Verfahren unter Wahrung der Interessen des jeweils be-

[35] Vgl. Abschnitt III des Potsdamer Abkommens; dagegen zielen noch die Beschlüsse der Jalta-Konferenz auf die Liquidierung Deutschlands hin: „In der Ausübung der Oberhoheit in bezug auf Deutschland werden sie (die Alliierten) alle Schritte einschließlich der völligen Entwaffnung, Entmilitarisierung und *Aufteilung Deutschlands* unternehmen" (vgl. die im Communiqué nicht veröffentlichten, aber später von der US-Regierung bekannt gemachten Beschlüsse in: A Decade of American Foreign Policy, 1941—1949, Prepared at the request of the Senate Committee on Foreign Relations by the Staff of the Committee and the Department of State, Washington 1950, S. 29 ff.); diese Absicht wurde aber weder in die Kapitulationsbedingung, noch ins Potsdamer Abkommen aufgenommen.

[36] Vgl. Abschnitt III des Potsdamer Abkommens; zwar kann Deutschland aus dem Potsdamer Abkommen nicht unmittelbar Rechte für seine Rechtsposition herleiten; diese Äußerungen der Siegermächte sind aber als Indiz ihres in bezug auf Deutschland zu erforschenden Willens heranzuziehen und insofern beachtliche Willensäußerungen.

[37] Vgl. oben § 2, 1, b.

[38] Vgl. *Berber* I, S. 248.

[39] So etwa wenn ein Gebiet von der Organisation der UN nach Art. 81, S. 2 der Charter selbst regiert wird.

troffenen Völkerrechtssubjekts durchzuführen[40]. Das zwischenstaatliche Recht fordert auch seiner Grundkonzeption nach in einem weit größeren Maße als das hochentwickelte innerstaatliche Recht Offenkundigkeit und Klarheit der Rechtsverhältnisse. Solange das Völkerrecht nicht ein neues Rechtsinstitut der „Nachkriegsbesetzung" herausbildet, das dem Sieger das Recht einräumt, die Staatsfunktionen des besiegten okkupierten Gegners einzunehmen — für die Entstehung eines derartigen Rechts reicht die bisher singuläre Situation eines Teils der Besiegten des zweiten Weltkriegs nicht aus[41] —, steht der Völkerrechtler vor der klaren Alternative: Annexion oder Okkupation; eine zwielichtige „occupatio sui generis"[42] muß ausscheiden. Werden Maßnahmen von den Siegermächten ergriffen, die über die LKO hinausgehen und die nicht durch konkrete Vereinbarungen zwischen Sieger und Besiegtem gedeckt werden[43], wird aber andererseits der Tatbestand der Annexion bzw. Unterwerfung nicht erfüllt[44], so handelt es sich um eine kriegerische Besetzung verbunden mit unzulässigen[45] Interventionen — und zwar auch dann, wenn —

[40] Hierbei dokumentiert wiederum Art. 107 der Charter, daß im Falle des besiegten Deutschlands seine Interessen nicht in einem ein Treuhandsverhältnis charakterisierenden Maße eingehalten zu werden brauchten.

[41] Vgl. *Mosler*, Die Beendigung des Kriegszustands mit Deutschland und die Entwicklung des völkerrechtlichen Kriegsbegriffs, aaO, S. 481.

[42] Vgl. sehr anschaulich *Berber* II, S. 126 f., der darauf hinweist, daß die Völkerrechtstheorie ihre Aufgabe verfehle, wenn sie den Mißbräuchen der Praxis der jeweiligen Siegermächte entgegenkommt, indem sie Übergriffe und Völkerrechtsverletzungen als eine neue Kategorie der kriegerischen Besetzung hinstellt.

[43] Im Falle Deutschlands haben die Siegermächte mit ihrem Bestehen auf einer bedingungslosen Kapitulation sich selbst der Möglichkeit beraubt, etwa durch einen Waffenstillstandsvertrag sich über die LKO hinaus besondere Befugnisse einräumen zu lassen; es galt somit das allgemeine Besetzungsrecht nach LKO.

[44] Vgl. oben die Hinweise sowohl auf die Erklärung vom 5. 6. 1945 wie auf das Potsdamer Abkommen vom 2. 8. 1945; neben den faktischen Elementen der Inbesitznahme des fremden Staatsgebietes und der Verdrängung der fremden Staatsgewalt, setzt der Tatbestand sowohl der Annexion als auch der Unterwerfung als subjektives Moment den unzweideutig geäußerten Willen des in Besitz nehmenden Staates voraus, sich das Gebiet einverleiben zu wollen.

[45] Vielfach ist darauf hingewiesen worden, daß die ganzen Entnazifizierungsmaßnahmen nicht im Besatzungsrecht, sondern in der bedingungslosen Kapitulation ihre Rechtsgrundlage fänden (vgl. so z. B. *Stone*, Legal Controls, S. 628). Derartige Theorien beruhen auf der anfechtbaren Prämisse: „wenn annektiert werden kann, dann können auch alle anderen Maßnahmen getroffen werden, die die Siegermächte für opportun halten." Derartige über die occupatio bellica hinausgehende Eingriffe können aber nur vorgenommen werden, wenn *tatsächlich* das Gebiet unterworfen oder annektiert wurde, der Sieger klare Verhältnisse geschaffen hat, die ihm dann mitunter Nachteile bringen können (Verlust an Prestige in den Augen der Weltöffentlichkeit, Verlust des Schuldners im Hinblick auf einen Friedensvertrag, Gefahren bei der Einverleibung des fremden Gebietes usw.). In allen Fällen muß der Unterschied zwischen militärischer Eroberung und annexionsmäßiger Unterwerfung — und nur diese gibt dem Sieger im eroberten Gebiet freie Hand — gewahrt bleiben (vgl. *Berber* II, S. 127). Vgl. auch oben § 2, II, 1, b.

wie im Falle Deutschlands — dem äußeren Erscheinungsbild nach die von den Siegermächten rechtswidrig ausgeübten hoheitlichen Befugnisse eher von einer annektierenden Macht als einer Besatzungsmacht zu stammen scheinen.

(c) Ergebnis

Deutschland hat seinen Status als geborenes Völkerrechtssubjekt beibehalten; der völkerrechtliche Vollstatus hat insofern nur quantitativ — nicht qualitativ — Einbußen erlitten, als seine völkerrechtlichen Rechte und Pflichten nicht durch eigene Organe, sondern durch die Organe anderer Völkerrechtssubjekte wahrgenommen wurden[46]; genügend konkrete Beziehung zu einem vergangenen oder in Aussicht stehenden völkerrechtlichen Vollstatus ist solange vorhanden, als Deutschland als Träger — sei es auch nur von völkerrechtlichen Pflichten — und als Partner eines noch abzuschließenden Friedensvertrages angesehen wird[47].

[46] Es handelt sich damit um ein nicht handlungsfähiges „geborenes" Völkerrechtssubjekt (vgl. oben § 5, I, 3, b), um einen „nicht souveränen Staat" i. S. der allgemeinen Terminologie, und *nicht* um ein von den Siegermächten „gekorenes" Völkerrechtssubjekt minderer Qualität, um ein nach der Unterwerfung errichtetes Zweckvermögen oder einen „trust" zur Befriedigung der Siegermächte, dem man zur Erfüllung dieses Ziels eine eng begrenzte zweckgebundene Völkerrechtssubjektivität zugesteht; *nicht* um ein unterworfenes Gebiet, dem man nach Erfüllung gewisser Voraussetzungen das Recht der Wiedererlangung einer eigenen Rechtspersönlichkeit in Aussicht stellt.

[47] Neben Deutschland ist auch im Falle *Österreichs*, der *Tschechoslowakei*, *Polens* und *Abessiniens* durch Kriegs- und Vorkriegsereignisse die Frage des Fortbestands des überkommenen Völkerrechtssubjekts angesprochen worden; obwohl die diese Staaten betreffenden Umstände weit eher auf einen Untergang dieser Völkerrechtssubjekte schließen lassen als etwa die Kapitulation der deutschen Wehrmacht im Jahre 1945, besteht doch ex post eine gewisse Neigung, von der Kontinuität der betreffenden Völkerrechtssubjekte auszugehen (vgl. Einzelheiten bei *Marek*, Identity and Continuity of States in Public International Law, Diss. Genf 1954). Diesen Ereignissen versuchte die Staatsrechtslehre mit der Theorie vom „vierten Staatselement" (fortbestehender Wille und Bewußtsein zur Eigenstaatlichkeit, vgl. u. a. *Dürig*, Der deutsche Staat im Jahre 1945 und seither, aaO, S. 37), die Völkerrechtslehre mit einer allgemeinen Kontinuitätsvermutung gerecht zu werden; sehr anschaulich *Menzel*, Zwei deutsche Staaten? Referate des sechsten Barsighauser Gespräches vom 16.—28. Okt. 1959, 1960, S. 16 ff.: „Das Völkerrecht ist bereit, frühere Zustände als kontinuierend anzuerkennen, solange eine reale Chance der tatsächlichen Wiederherstellung besteht. Wenn diese aber entschwindet und die mit ihr verbundene Fiktion unglaubhaft wird, so wirkt sich der Effektivitätsgrundsatz aus und verlangt eine rechtliche Deutung, die mit der tatsächlichen Lage übereinstimmt." Die Lehre vom „vierten Staatselement" ist genauso komplex und rechtlich unfaßbar wie alle Theorien, die auf den Begriff Nation bzw. deren Wollen und Intentionen aufbauen. Die Kontinuitätsvermutung entspricht *im Ergebnis etwa* den oben (vgl. § 5, I, 3 a (3)) dargestellten Rechtsgrundsätzen und wird durch die Unterscheidung zwischen Völkerrechtssubjektivität und völkerrechtlicher Handlungsfähigkeit nur näher präzisiert. Unergiebig ist dagegen der Beitrag *Strebels*, Das Österreicher Gesetz vom Blickpunkt des Völkerrechts, Festgabe für Makarov, S. 500, der davon ausgeht, daß ein Staat eine vorübergehende Unterbrechung seiner Existenz ohne Identitätsverlust überstehen könne, „mag dies auch der abstrakten Logik widersprechen."

II. 1949: Die Errichtung der Bundesrepublik und der Deutschen Demokratischen Republik: Das Problem des Mit- und Nebeneinanders von BRD und DDR und ihr Verhältnis zum Gesamtstaat[48])

Aus der Kontinuität Deutschlands ergeben sich weitere rechtliche Schwierigkeiten[49]; die innerhalb des Besatzungsgebietes entstandenen rechtlich politischen Gebilde müssen zum fortbestehenden, von den vier Mächten besetzten Gesamtstaat in Beziehung gebracht und ihr Verhältnis untereinander rechtlich bestimmt werden. Stand 1945 die Frage der debellatio im Vordergrund, so tauchen nunmehr die Probleme der dismembratio bzw. separatio auf.

Von einer Konzeption der quasi-staatlichen Gebilde als gewollte Provisorien bis zu den Ansichten, die entweder nur in der BRD oder nur in der DDR oder sowohl in der BDR als auch in der DDR volle Völkerrechtssubjekte sehen wollen, werden alle Spielarten, Schattierungen und Kombinationsmöglichkeiten in Theorie und Praxis in Erwägung gezogen.[50] Am zweckmäßigsten erscheint es, die Flut der Ansichten nach den

---

[48] Am 20. Sept. 1949 wurde die Regierung Adenauer, am 12. Okt. 1949 die Regierung Grotewohl installiert.

[49] I. Geht man entgegen der herrschenden und richtigen Auffassung vom Untergang des deutschen Völkerrechtssubjekts aus *(Debellationslehren),* ist die rechtliche Bewältigung der Probleme im Nachkriegsdeutschland entsprechend einfacher; auf dem Gebiet des ehemaligen deutschen Völkerrechtssubjekts könnte es dann kein, ein oder zwei neue Völkerrechtssubjekte geben.
1. Kein Völkerrechtssubjekt: die *Lehre vom herrenlosen Gebiet;* Deutschland ist zwar als Völkerrechtssubjekt untergegangen, sein Gebiet wurde aber nicht anderen Staatsverbänden einverleibt, weder BRD noch DDR besitzen volle Völkerrechtsfähigkeit; es ist aber sehr unwahrscheinlich, daß in der Mitte des 20. Jahrhunderts ein Teil der Erdoberfläche, der lange Zeit einem Staatsverband angehörte, wieder in den Status eines herrenlosen Gebietes zurückfällt.
2. Ein neues, mit dem Deutschen Reich nicht identisches Völkerrechtssubjekt *(Debellations-Einstaatentheorie);*
a) die BRD *oder*
b) die DDR
sind voll völkerrechtsfähig, etwa da nur das betreffende Gemeinwesen die Bedingungen des Potsdamer Abkommens („friedliebend und demokratisch") erfüllt; die Schwäche dieser Theorie liegt u. a. in der Terminologie „friedliebend und demokratisch", die zum gegenwärtigen Zeitpunkt keine vom Völkerrecht festumrissenen Begriffe darstellen.
3. Zwei neue, mit dem Deutschen Reich nicht identische Völkerrechtssubjekte (*Debellations-Zweistaatentheorie*), die BRD *und* die DDR; diese Theorie wäre im Rahmen der Prämisse (Diskontinuität) vertretbar; vgl. auch unten Fn. 86.

II. Eine schwer zu qualifizierende Mittelstellung zwischen Kontinuitäts- und Diskontinuitätstheorie nimmt die von *Rumpf* (Aktuelle Rechtsfragen der Wiedervereinigung Deutschlands, in: EA, 1957, S. 9723 ff.) vertretene und von *Schuster* als *„Irredentatheorie"* bezeichnete Auffassung ein, wonach trotz „Diskontinuität des deutschen Staates im Jahre 1945" Deutschland auch über diesen Zeitpunkt hinaus „Rechtsperson" geblieben sei, wenn auch nicht mehr als „Staat", so doch als „Nation". Die BRD ist neuer Staat und Rechtsnachfolger des Deutschen Reichs; die „Sowjetzone" ist Deutschlands „Irredenta". Entkleidet man diese Lehre ihrer völkerrechtlichen Unzulänglichkeiten, so ist sie als *Debellations-Einstaatentheorie* zu qualifizieren.

[50] Vgl. Übersicht oben § 6.

Gesichtspunkten einzuteilen[51], ob es sich bei den 1949 entstandenen Gemeinwesen um geborene Völkerrechtssubjekte handelt und ob gegebenenfalls Identität mit dem Deutschen Reich besteht.

1. Keines der Gemeinwesen besitzt vollen Völkerrechtsstatus

a) Allgemeine Teilordnungslehre

Die *allgemeine Teilordnungslehre*[52] erkennt unter dem fortbestehenden gesamtdeutschen „Reichsdach" zwei faktische Teilordnungen an. Diese quasi-bundesstaatliche Ordnung kann folgerichtig nur zu einer grundsätzlichen Gleichberechtigung der beiden neu entstandenen Gemeinwesen führen; ihre Existenz berührt den völkerrechtlichen Status des überkommenen deutschen Staates nicht; durch die Errichtung der BRD und der DDR kann demnach bestenfalls ein Dismembrationsprozeß eingeleitet, keinesfalls aber abgeschlossen worden sein. BRD und DDR genießen nur soweit Völkerrechtssubjektivität, als dies der fortbestehende Gesamtstaat zuläßt[53].

b) Spezielle Teilordnungslehren

Die im weiteren Verlauf entwickelten *speziellen Teilordnungslehren*[54] versuchen, eine Teilordnung — meist die Bundesrepublik[55] — auf Kosten

---

[51] Hierbei wird nicht verkannt, daß die Abgrenzungen der einzelnen Theorien flüssig sind; das liegt z. T. an der Ungenauigkeit des verwendeten Begriffsapparates (z. B. *Arndt'sche „Kernstaats"theorie;* oder die unachtsam synonyme Verwendung der Begriffe *„Repräsentation"* und *„Identität"*), z. T. daran, daß verschiedene Theorien mehrere Erscheinungsformen haben (z. B. die *Zweistaatentheorie* als *Dismembrations-Zweistaatentheorie* und als *Debellations-Zweistaatentheorie)*; eine etwas gewaltsame Schematisierung war in diesen Fällen im Interesse einer Klärung angebracht.

[52] *Berber*, Friedensrecht, S. 243 f.; *v. d. Heydte* (mit Modifikationen, vgl. Fn. 54), Deutschlands Rechtslage, in: Friedenswarte, Bd. 50, S. 323 ff.; *v. d. Heydte*, Der deutsche Staat im Jahre 1945 und seither, aaO, S. 21 ff.; *v. Mangold-Klein*, Das Bonner Grundgesetz, 2. Aufl., Bd. I, Berlin 1957, S. 35 (Anm. VI, 5, c); *Ipsen*, Das Grundgesetz in seiner Vorläufigkeit, in: Recht-Staat-Wirtschaft, Bd. 2, aaO, S. 185; *v. Laun*, The legal Status of Germany, in: AJ Bd. 45, S. 267 ff.; *Vocke*, aaO, S. 79 ff.

[53] Sehr unscharf deshalb die Bezeichnung der Teilordnungslehre bei *Schuster* (aaO, S. 97) als „Drei-Staaten-Theorie". Das überkommene deutsche Völkerrechtssubjekt, die beiden Teilordnungen — und evtl. die Besatzungsmächte — ergänzen sich zu *einer* Einheit (nach der Teilordnungslehre niemals zu drei Einheiten); wie diese sehr komplexe Einheit strukturiert ist, ist zunächst sekundäre Frage, genauso wie die Bezeichnung der Teilordnungen als *„Staat"* (so z. B. *v. d. Heydte* und *v. Mangold-Klein)* oder als *„Staatsfragment"* (so z. B. *Schmoller-Maier-Tobler*, Handbuch des Besatzungsrechts, 1951).

[54] Vgl. etwa *v. d. Heydte*, Die Entwicklung der Deutschen Rechtslage, in: Jahrbuch für Internationales Recht (1962), S. 137 ff.; aber auch *v. Bieberstein*, aaO, S. 127 ff., dessen „Bürgerkriegstheorie" zu den speziellen Teilordnungslehren zu zählen ist, obwohl er sie selbst als „richtig verstandene Identitätstheorie" bezeichnet; vgl. unten 2, a, (4).

[55] Die DDR zeigte sich an einer Weiterentwicklung der Teilordnungslehre zu ihren Gunsten nicht interessiert, sondern hat ihre Aufwertung über die Zweistaatentheorie zu erreichen versucht.

der anderen unter Hinweis auf staats-[56] und völkerrechtliche[57] Argumente zu privilegieren. Hierbei wird aber der Boden der eigentlichen Teilordnungslehre verlassen und eine Brücke zu den Identitätslehren geschlagen. Ein Identitätsurteil erscheint im Rahmen der Teilordnungslehre nicht möglich, da die Teilordnungen auf der einen Seite und der fortbestehende Gesamtstaat auf der anderen qualitativ verschiedenen völkerrechtlichen Status besitzen, Gegenstand eines Identitätsurteils aber nur qualitativ Gleiches bei quantitativer Verschiedenheit sein kann[58, 59]. Da die bloße Kumulation[60] von BRD und DDR nicht das ganze deutsche Völkerrechtssubjekt ausmacht, kann auch nicht von einer „Teilidentität" der BRD und der DDR mit dem deutschen Gesamtstaat gesprochen werden[61].

2. Eines der Gemeinwesen besitzt vollen Völkerrechtsstatus

Die *allgemeine Identitätslehre* geht ebenso wie die allgemeine Teilordnungslehre davon aus, daß der deutsche Gesamtstaat als ungeteilte Einheit mit Völkerrechtssubjektivität fortdauert, sieht aber das deutsche Völkerrechtssubjekt nur in *einem*[62] der beiden Gemeinwesen, die im Jahre 1949 auf dem Territorium des überkommenen Völkerrechtssubjekts entstanden sind. Die speziellen Probleme der Identitätstheorien liegen — ähnlich wie schon bei den speziellen Teilordnungslehren — darin, daß das eine Gemeinwesen zum Nachteil des anderen aufgewertet wird. Die

---

[56] So etwa *v. d. Heydte*, aaO (Fn. 54), unter Hinweis auf die mangelnde demokratische Legitimation der DDR.

[57] So etwa *v. d. Heydte*, aaO, (S. 146 f.), unter Hinweis auf den Satellitenstatus der DDR.

[58] Vgl. *Schuster*, Zum Problem der völkerrechtlichen Anerkennung der beiden deutschen Regierungen (zur gleichnamigen Schrift des Freiherrn Marschall von Bieberstein), in DÖV 1960, S. 165.

[59] Auch bzgl. des „Reichsdachs" ist ein Identitätsurteil i. e. S. nicht möglich, da dieses zwei unterschiedliche Erscheinungsformen des Betrachtungsgegenstandes voraussetzt. Die Feststellung *Arndts* in der Sitzung des Bundestages vom 3. 12. 1952 (1. Bundestag Sten.Ber., Bd. 14, S. 11 201 D), „daß der deutsche Staat . . . *mit sich selbst identisch* rechtlich fortexistiert" enthält für sich keinen Aussagegehalt.

[60] Im Gegensatz zu einer staatsrechtlichen Verbindung der beiden Gemeinwesen.

[61] Anderer Ansicht ist *Krüger* (Bundesrepublik Deutschland und das Deutsche Reich, in: SJZ 1950, Sp. 113 ff.), der meint, es käme nicht auf die Frage der mathematischen Kongruenz zweier Figuren an, sondern auf eine „juristische Identifikation", die er von voluntativen Elementen abhängig macht; dieser voluntative Vorgang der Identifikation ist aber juristisch nicht faßbar; es könnte somit jedes Gemeinwesen auf Grund seiner Intention geltend machen, mit dem Deutschen Reich identisch zu sein. Der rechtlich faßbare Hintergrund der Teilidentitätslehren ist die begrenzte Rechtsnachfolge von BRD und DDR; vgl. unten 2, a, (4) und 3, b; ferner § 10, III.

[62] Anders die *Krüger'sche Teilidentitätslehre*, die aber schon bereits unter dem Aspekt formaler Logik unhaltbar ist (vgl. *von Mangoldt-Klein*, aaO, S. 34; *Schuster*, Zum Problem der völkerrechtlichen Anerkennung . . . aaO, S. 166) und wohl eher als *spezielle Teilordnungslehre* zu qualifizieren ist (vgl. oben Fn. 61).

Aufwertung geschieht, indem man sich — wiederum unter Hinweis auf staats- und völkerrechtliche Argumente — auf die Identität mit dem überkommenen deutschen Völkerrechtssubjekt beruft[63].

a) Die Aufwertung der BRD zu einem mit dem überkommenen Völkerrechtssubjekt identischen Gemeinwesen

Die Theorien, die in der BRD die spätere Erscheinungsform des überkommenen deutschen Völkerrechtssubjekts erblicken, differieren z. T. erheblich in ihrem Verständnis des Staatsgebiets der Bundesrepublik und in der Erklärung der DDR.

(1) Kongruenztheorie

Die *Kongruenztheorie*[64] geht vom Staatsgebiet des überkommenen deutschen Völkerrechtssubjekts aus[65]; dieses Staatsgebiet und das Verfassungsgebiet des mit dem deutschen Völkerrechtssubjekt identischen Gemeinwesens sind kongruent — d. h. die gesetz- und verfassungsmäßige Ordnung der BRD erstreckt sich u. a. auch auf das Territorium der DDR. Diese Lehre ist im gegenwärtigen Zeitpunkt unhaltbar und hat auch ihre Bedeutung für Theorie und Praxis verloren[66].

(2) Staatskerntheorie

Die *Staatskerntheorie* besagt, daß die Bundesrepublik mit dem deutschen Völkerrechtssubjekt, das bis 1945 den Namen „Deutsches Reich" trug, identisch ist[67], behauptet aber auf Grund der territorial stark eingeschränkten Effektivität der bundesrepublikanischen Staatsgewalt nicht die Kongruenz von Staats- und Verfassungsgebiet[68]. Dieser Zustand[69] wird als anormal[70] bezeichnet und seine Beseitigung gefordert[71].

---

63 Darin liegt der Unterschied zur *allgemeinen Zweistaatenlehre.*

64 Vgl. *Abendroth,* Die völkerrechtliche Bindung Gesamtdeutschlands durch Verträge seiner Staatsfragmente, in: Festschrift für Rudolf Laun, 1953, S. 151 f.

65 Generell wird hierbei vom Territorium nach den Grenzen vom 31. 12. 1937 ausgegangen.

66 Vgl. etwa *Schuster,* aaO, S. 114.

67 Die Bezeichnung „Deutschland" existiert für diese Theorie nicht mehr als Rechtsbegriff, sondern nur noch als „ethnographisch-geographische Bezeichnung" (vgl. *Schuster,* aaO, S. 85); die Terminologie ist aber gerade im Hinblick auf Art. 23, S. 2 GG nicht klar.

68 Vgl. etwa § 2 des Zollgesetzes der Bundesrepublik Deutschland vom 14. Juni 1961 (BGBl. 1961, S. 737) und die amtliche Begründung des diesbezüglichen Entwurfs (= 3. Bundestag, Drucksache Nr. 220, S. 34); die „Sowjetzone" und die ehemaligen deutschen Reichsgebiete nach dem Stand vom 31. 12. 1937 gehören demnach zum Zollgebiet, sollen aber — wie bis zu diesem Zeitpunkt schon nach der Rechtsprechung — „de facto als Zollausschlüsse" behandelt werden.

(3) Kernstaats-, Schrumpfstaatstheorie

Die *Kernstaatstheorie*[72] erweist sich praktisch als „Kleindeutsche Lösung“[73]; das überkommene deutsche Völkerrechtssubjekt ist bei Wahrung seiner Identität auf den aktuellen Geltungsbereich des Grundgesetzes geschrumpft. Dem Schrumpfstaat BRD steht lediglich ein gleich wie auch immer gearteter Anspruch[74] auf Rückgliederung und Reorganisation des deutschen Staates zur Seite *(Schrumpfstaatstheorie)*[75].

(4) Lehren von der funktionellen Teilidentität der BRD (Bürgerkriegstheorie)[76]

Die Kritik an der Kernstaatstheorie zeigte, daß die bedenkenlose Aufwertung der Bundesrepublik nicht über die Realität des Bestehens zweier faktischer Rechtsordnungen hinwegtäuschen kann und die Aufwertung des einen Gemeinwesens letztlich die des anderen mit sich bringt. Von Bieberstein[76] begreift deshalb die gegenwärtige Rechtslage in Deutschland als „Kalten“ Bürgerkrieg, in dem sich zwei feindliche deutsche Regierungen gegenüberstehen; hierbei besteht „nur eine Identität der organschaftlichen Stellung der Bundesregierung mit der organschaftlichen Stellung der ehemaligen Reichsregierung“[77]. Von Bieberstein erstreckt damit sein Identitätsurteil nicht auf das in diesem Zusammenhang primär interessierende Völkerrechtssubjekt, sondern nur auf eine seiner

---

[69] Das GG gilt *aktuell* nur in einem Staatsteil, kann aber potentiell als Verfassung des Gesamtstaates angesehen werden.

[70] Die Situation wird in etwa verglichen mit der Lage nach dem Versailler Frieden, wo nach Art. 49 die Saar der deutschen Reichsgewalt auf Zeit entzogen war („Deutschland verzichtet zugunsten des Völkerbundes, der insoweit als *Treuhänder* gilt, auf die *Regierung* des oben bezeichneten Gebiets“).

[71] Die Bundesrepublik hat sich hierbei aber verpflichtet, das Problem nur mit friedlichen Mitteln zu lösen; Erklärung anläßlich des Beitritts zum Nordatlantikpakt und zum Brüsseler Vertrag, Ziff. V der Schlußakte der Londoner Neunmächtekonferenz vom 3. Okt. 1954, Text: *Brandweiner,* Die Pariser Verträge, S. 336.

[72] Vgl. zur Terminologie *v. Bieberstein,* aaO, S. 131 mit Anmerkungen; irreführend der Gebrauch bei *Schuster,* aaO, S. 95; bei der Kernstaatstheorie im Schuster'schen Sinne dürfte es sich eher um eine Teilordnungslehre halten.

[73] Vgl. *v. d. Heydte,* aaO, FW, S. 335, Anm. 19.

[74] Meist werden hierbei vage Verpflichtungen der Siegermächte und das Selbstbestimmungsrecht des deutschen Volkes angeführt.

[75] Vgl. *Schuster,* aaO, S. 89; über den Status der DDR macht die Kernstaatstheorie keine Aussagen; wie aber von den Kritikern (u. a. *v. Bieberstein,* aaO, (S. 131) und *Arndt,* Der deutsche Staat als Rechtsproblem, aaO, S. 11) zutreffend ausgeführt wird, müßte das außerhalb des Verfassungsgebiets liegende Territorium des ehemaligen Deutschen Reichs als Ausland qualifiziert werden; soweit man in der DDR nicht Niemandsland oder einen integrierenden Bestandteil eines dritten Völkerrechtssubjekts erblickt, mündet die Kernstaatstheorie bzw. Schrumpfstaatstheorie in die Separationstheorie.

[76] Vgl. *v. Bieberstein,* aaO, S. 127 ff.; vgl. auch oben Fn. 54 und unten § 8, I, insbes. Fn. 4.

[77] aaO, S. 129.

Funktionen, nämlich die Ausübung der Staatsgewalt oder eines Teiles der Staatsgewalt. Wenn die Einführung des Begriffs der „organschaftlichen Stellung einer Regierung" in das Völkerrecht überhaupt möglich ist[78], so ist er doch für die Lehre von der Völkerrechtsperson zumindest unerheblich[79]. Da v. Bieberstein im übrigen der BRD und der DDR den vollen Völkerrechtsstatus abspricht[80], handelt es sich bei seiner Theorie, obwohl er sie als *„richtig verstandene Identitätstheorie"* versteht, nicht um eine Identitätslehre im üblichen Sinne, sondern um eine spezielle Teilordnungslehre, die die BRD als zumindest nur beschränkt völkerrechtsfähige Teilordnung auf Grund ihrer behaupteten demokratischen Legitimität gegenüber der mit ihr in einem Bürgerkrieg verwickelten DDR privilegiert.

b) Aufwertung der DDR zu einem mit dem überkommenen deutschen Völkerrechtssubjekt identischen Gemeinwesen

Die im Hinblick auf die Aufwertung der Bundesrepublik gebrachten Theorien lassen sich spiegelbildlich auf die DDR übertragen. Mit dem Hinweis der DDR, daß sie der „erste Bauern- und Arbeiterstaat" und das einzig „wahrhaft friedliebende und demokratische" Gemeinwesen sei, ist die Argumentation de lege lata völkerrechtlich ebenso schlüssig — oder nicht schlüssig — wie die auf westdeutschem Gebiet entstandenen Theorien, die auf der demokratischen Legitimation nur der Bundesregierung aufbauen.

In der politischen Wirklichkeit der DDR kann man allerdings schwer von Theorien über die Rechtslage Deutschlands sprechen; es handelt sich hier vielmehr um den Wandel des politischen Selbstverständnisses des Ordnungssystems; es werden hierbei drei Phasen unterschieden:

(1) Als Antwort auf die Gründung der Bundesrepublik hat die DDR eine Art Kongruenz[81] und Kernstaatstheorie[82] vertreten[83]. So wurde

---

[78] Vgl. oben § 5, I, 3, b, (2); im übrigen müßte dann wohl eher von einer „Funktionsnachfolge" gesprochen werden.

[79] Vgl. auch *Schuster*, Zum Problem der völkerrechtlichen Anerkennung . . ., DÖV 1960, S. 165. Es handelt sich hier schließlich nicht um Fragen der Identität, sondern der Rechtsnachfolge.

[80] *v. Bieberstein*, aaO, S. 129.

[81] So vor allem die Verfassung der DDR in Präambel und den Art. 1, Abs. I (Deutschland ist eine unteilbare Republik) 1 Abs. IV („Es gibt nur eine deutsche Staatsangehörigkeit") und Art. 114 („Gesamtdeutsches Recht geht dem Recht der Länder vor").

[82] Vgl. etwa Pieck: „Nicht eher werden wir ruhen, bis die widerrechtlich von Deutschland losgerissenen und dem Besatzungsstatut unterworfenen Teile Deutschlands *mit dem deutschen Kerngebiet, mit der Deutschen Demokratischen Republik,* . . . vereinigt sind" (Erklärung nach der Wahl zum Präsidenten der DDR, in: Dokumente der DDR I, S. 16.

[83] Vgl. *v. d. Heydte*, Deutschlands Rechtslage, FW 50, S. 332.

auch teilweise versucht, die Personalhoheit auf westdeutsches Gebiet auszudehnen[84].

(2) In den folgenden Phasen wurde die Aufwertung der DDR nicht mehr mit Identitätsbehauptungen im Rahmen der *Einstaaten-Identitätslehre*[85] verfochten, sondern ist mit dem Hinweis auf eine erfolgte dismembratio oder separatio behauptet worden; diese Phasen sind deshalb erst im folgenden nächsten Abschnitt zu behandeln.

3. Beide Gemeinwesen besitzen vollen Völkerrechtsstatus

Die Zweistaatentheorien gehen — im Gegensatz zu den oben geschilderten Teilordnungs- und Identitätslehren — nicht mehr einheitlich vom Fortbestand des überkommenen deutschen Völkerrechtssubjekts aus. Je nachdem, ob die Staatenneubildung als Sezession oder Dismembration aufgefaßt wird, kann Kontinuität oder Diskontinuität[86] angenommen werden. Im ersteren Fall wird das Problem der Identität, im letzteren das einer Teilidentität angesprochen.

a) Separationstheorien

Die *Sezessionstheorie* sieht im Vorgang der Staatswerdung der Gemeinwesen keine staatszerstörende Dismembration, sondern eine Abspaltung eines Teils des Staatsgebietes, das die rechtlich gleichwertige echte Stellung eines Völkerrechtssubjekts erlangt, ohne aber dadurch die Völkerrechtssubjektivität des Reststaates zu beeinflussen, der sich in der Ausübung seiner Hoheitsbefugnisse auf einen Teil seines früheren Staatsgebietes beschränken muß[87].

---

[84] Das Gesetz zum Schutze des Friedens vom 15. 12. 1950 — GBl. 1950, S. 1199 — beanspruchte in seinem § 10, Abs. III Geltung gegenüber den Bewohnern ganz Deutschlands, vgl. auch *v. Bieberstein*, aaO, S. 83, Anm. 89.

[85] Vgl. Einzelheiten *v. Bieberstein*, aaO, S. 73 f., Anm. 22.

[86] Soweit von vornherein vom Untergang des deutschen Völkerrechtssubjekts ausgegangen wird — eine Möglichkeit, die oben (§ 7, I) untersucht, aber abgelehnt werden mußte — kann mit der Errichtung der BDR und der DDR ebenfalls von der Herausbildung zweier deutscher Staaten i. S. des Völkerrechts gesprochen werden; hier wird das Identitätsproblem in keiner Weise angesprochen; es handelt sich um eine „Zwei-Neustaaten-Theorie" oder um eine Debellations-Zweistaatentheorie (vgl. oben Fn. 49 I, 3).

[87] Für einen derartigen Vorgang können aus der neueren Geschichte zahlreiche — wenn auch sehr umstrittene — Beispiele angeführt werden. So wahrte etwa das Königreich der Niederlande seine Identität, als 1830 die Hälfte des Gebiets und der Bevölkerung abgetrennt wurden und es 1839 die Unabhängigkeit Belgiens anerkennen mußte. Vgl. weitere Nachweise bei *Dahm*, Völkerrecht I, S. 97; *Guggenheim* I, S. 406 f.; *Verdroß*, Die völkerrechtliche Identität von Staaten, Festschrift für Klang, 1950, S. 18 ff.; *Berber* I, S. 246 ff., der aber im Falle der Niederlande Dismembration annimmt (vgl. aaO, S. 250, c). Nach den Friedensverträgen von St. Germain (Art. 309, 310) und Trianon (Art. 292, 293, 302) war die Auflösung der österreichisch-ungarischen Doppelmonarchie als sezessionaler Vorgang zu werten (die Tschechoslowakei ist so etwa der Neustaat). Das Rest-Österreich seinerseits weigerte sich aber, mit der alten Doppelmonarchie „von außen" identifiziert zu werden.

Die Sezessionstheorie könnte in den beiden folgenden Versionen gedacht werden:

(1) Identität der BRD mit dem deutschen Völkerrechtssubjekt

Die BRD ist der mit dem überkommenen deutschen Völkerrechtssubjekt identische Reststaat und die DDR der sezessionale Neustaat[88]; diese *spezielle Sezessionstheorie* ist dann die konsequente Fortführung der Kern- und Schrumpfstaatstheorie; aber auch die v. Bieberstein'sche Bürgerkriegstheorie würde nach Abschluß des nach der Behauptung von v. Bieberstein gegenwärtig noch andauernden Sezessionsprozesses in die genannte Lehre einmünden[89].

(2) Identität der DDR mit dem deutschen Völkerrechtssubjekt

Die DDR ist der mit dem überkommenen deutschen Völkerrechtssubjekt identische Reststaat und die BRD der sezessionale Neustaat; diese Version hat in der politischen Praxis keine Bedeutung gefunden[90] und ist auch von der Lehre nicht weiter beachtet worden[91].

b) Dismembrationstheorie

Die Dismembrationstheorie sieht im Vorgang der Staatswerdung der BRD und der DDR, die zwei neue, rechtlich gleich- und vollwertige Völkerrechtssubjekte darstellen, den Untergang des überkommenen deutschen Völkerrechtssubjekts.

Begriffliche Schwierigkeiten ergeben sich hierbei nur dann, wenn — in Modifizierung des Dismembrationsgedankens — von der BRD und der DDR „als Rechtsnachfolger des Deutschen Reichs" ausgegangen wird, die „in der Form der Universal-Sukzession alle Rechte und Pflichten des untergegangenen Gesamtstaates übernommen"[92] haben. Dieser von

[88] Vgl. etwa *Schuster*, aaO, S. 94 f.

[89] Vgl. oben § 7, II, 2, a, (3) und (4).

[90] Von der BRD ist diese Version begreiflicherweise nicht aufgegriffen worden. Aber auch die DDR hat sich in der 2. Phase der Entwicklung ihres Selbstverständnisses (vgl. oben § 7, II, 2, b) entschieden gegen eine Identifizierung mit dem überkommenen deutschen Völkerrechtssubjekt gewandt (vgl. u. a. Urteil des OLG Schwerin vom 18. Juni 1951 in NJ 1951, S. 468 ff. und des OG vom 31. Okt. 1951 in NJ 1952, S. 222 ff., in dem ausgeführt wird, „daß eine Identifizierung beider Staaten (— gemeint sind die DDR und das frühere Deutsche Reich —) mit ihren diametral entgegengesetzten Funktionen und Zielsetzungen eine unerträgliche Diffamierung" der neuen Staatsordnung darstellen würde.

[91] Auch der ostdeutsche *Beyer* (Zum gegenwärtigen völkerrechtlichen Status Deutschlands, in: NJ 1952, S. 535 ff.), der zum ersten Mal mit einer Sezessionstheorie an die Öffentlichkeit getreten ist, geht nur von der oben unter (1) genannten Version aus.

[92] Vgl. *Schuster*, aaO, S. 94.

Schuster als *„Äquivalenztheorie“*[93] bezeichneten Lehre, die auch als konsequente Fortsetzung der Krüger'schen Teilidentitätstheorie[94] gedacht werden kann, muß insoweit besondere Beachtung gezollt werden, als sie in der dritten Entwicklungsphase des Selbstverständnisses der DDR[95] und in der gegenwärtigen Deutschlandpolitik der UdSSR[96] eine bedeutsame Rolle spielt.

(1) Sukzessionslehren

Die Modifikationen der Dismembrationstheorie in Richtung einer behaupteten Rechtsnachfolge von BRD und DDR *(Sukzessionslehren)* schneiden die sehr strittigen und komplexen Fragen der Lehre von der Staatensukzession an[97]. Im allgemeinen kann festgestellt werden, daß die in Theorie und z. T. auch in der Praxis verwandten Vorstellungen zu sehr vom innerstaatlichen Erbrecht geprägt sind und Begriffe wie „Rechtsnachfolge auf Grund von Universal-Sukzession“[98] denkbar ungeeignet für die Lösung völkerrechtlicher Fragen sind, demgemäß auch fast übereinstimmend von Völkerrechtslehre und Staatenpraxis abgelehnt werden[99].

---

[93] Vgl. *Schuster,* aaO, S. 94, Anm. 89.

[94] Vgl. oben Fn. 61.

[95] Vgl. oben § 7, II, 2, b; in diesem dritten, noch heute andauernden Abschnitt der Nachkriegsentwicklung (etwa seit 1956) legt die DDR Wert darauf, als Teilrechtsnachfolgerin des Deutschen Reichs betrachtet zu werden und setzt sich damit insoweit mit der in der 2. Phase vertretenen konsequenten Neustaatstheorie (vgl. oben Fn. 90) in Widerspruch; sie ist bereit, nicht nur in die Rechte, sondern auch anteilsmäßig in die Pflichten des Deutschen Reichs einzutreten.

a) Vgl. Gutachten von 6 Staats- und Völkerrechtlern, in: NJ, 1962, Nr. 15, S. 461, wonach die DDR einen Friedensvertrag im Namen des deutschen Volkes unterzeichnen könne und der Separatfriede dann der deutsche Friedensvertrag wäre.

b) Vgl. die Verbalnoten der DDR an Schweden vom 21. 2. 1956 (DAP 1956, S. 280) und an Österreich vom 17. 4. 1957 (DAP 1957, S. 520) über die Frage des deutschen Auslandsvermögens; ferner Protestnote an die italienische Regierung (FAZ vom 27. 5. 1956) u. a. gegen die Rückgabe der ehemaligen Kulturinstitute allein an die BRD.

c) Vgl. Dokumente der DDR III, S. 106 ff., 676 f. über das „Mitspracherecht“ in den Saarverhandlungen.

d) Vgl. die Regierungserklärung des Außenministers der DDR vor der Volkskammer vom 25. Aug. 1956, in: Neues Deutschland, Nr. 207, S. 3; ferner die Erklärungen des Presseamtes beim Ministerpräsidenten der DDR vom 16. Aug. 1956, in: EA 1956, S. 9160.

[96] So etwa das Bestreben der UdSSR, mit der DDR einen Separatfriedensvertrag abzuschließen; vgl. unten § 10, III.

[97] Einen anschaulichen Überblick über die Problematik bietet *Berber* I; § 32, S. 246 ff.

[98] Vgl. *Schuster,* aaO, S. 94 (a).

[99] Vgl. *Berber,* aaO, S. 248, der darauf hinweist, daß der Begriff der Sukzession im Völkerrecht „einen völlig anderen Inhalt hat als im Privatrecht“ und anregt, „von vornherein jede Analogie des Erbrechts aus dem Völkerrecht zu verweisen.“

„Die „Dialektik von Identität und Wechsel“[100] ist auf Grund von Abstraktion und Fiktion im innerstaatlichen Erbrecht zu einer lückenlosen Perfektion entwickelt worden, die dem Völkerrecht fremd ist[101]. In der gegenwärtigen Verfassung der Staatengemeinschaft gibt es eben noch kein „gesetzliches Erbrecht“ dergestalt, daß der durch dismembratio untergegangene Staat von seinen Neustaaten — etwa entsprechend Gebietsgröße und Einwohnerzahl — anteilsmäßig „beerbt“ wird.

Mit der ganz überwiegenden Meinung[102] ist deshalb davon auszugehen, daß völkerrechtliche Verträge und ebenso Ansprüche aus völkerrechtlichem Delikt mit dem völligen Verschwinden eines Völkerrechtssubjekts erlöschen.

Der Begriff „Universalsukzession“ — auch wenn man, wie es Schuster[103] unterläßt, ihn auf völkerrechtliche Rechte und Pflichten beschränkt — kann für das Verständnis der Rechtslage im Nachkriegsdeutschland nicht fruchtbar gemacht werden.

Das schließt natürlich nicht aus, daß im Rahmen der Dismembrationslehre die beiden Neustaaten BRD und DDR kraft freien Willens — etwa auf Grund politischer oder moralischer Erwägungen — in gewisse Rechte und Pflichten des untergegangenen deutschen Völkerrechtssubjekts eintreten und hierüber auch vertragliche Vereinbarungen getroffen werden[104]. In diesen Regelungen kann aber keinesfalls eine friedensvertragliche Regelung — etwa ein Separatfriedensvertrag — erblickt werden, da der Kriegsgegner durch den Dismembrationsvorgang untergegangen, der Kriegszustand beendigt, der Partner eines Friedensvertrages nicht vorhanden wäre.

(2) Teilidentitätslehren

Aus den nämlichen Gründen muß auch der Auffassung entgegengetreten werden, die BRD und die DDR könnten auf Grund ihrer „Teilidentität“[105] mit dem Deutschen Reich gemeinsam oder jeder für sich — etwa nach Bruchteilen — die Rechtspositionen des untergegangenen Völkerrechtssubjekts einnehmen *(Teilidentitätslehren)*. Auch wenn man hier die geltendgemachte „Teilidentität“ wohl richtiger als „Teilrechtsnach-

---

[100] *Berber* I, aaO, S. 246.

[101] Vgl. oben § 5, I, 3, a (2) und § 1, II, 1.

[102] So übereinstimmend die Theorie, die Sukzession kraft Rechts ablehnt, und die herrschende an Hand der Staatenpraxis differenzierende Lehre, vgl. *Berber* I, S. 248 f. lit. c) und d) und S. 255, C, mit zahlreichen Hinweisen.

[103] Vgl. *Schuster*, aaO, S. 94 (a).

[104] So etwa die Bereitschaft der BRD, Wiedergutmachung zu zahlen und die Abkommen über das deutsche Auslandsvermögen, obwohl derartige Regelungen im Rahmen der Zweistaatentheorie eher auf eine Identität der BRD mit dem Deutschen Reich (vgl. oben § 7, II, 3 a, (1)) hindeuten.

[105] Vgl. oben Fn. 61.

folge" deutet und auch die Möglichkeit einräumt, daß der Neustaat freiwillig in gewisse Rechtspositionen des untergegangenen Altstaates eintritt[106], so kann doch nicht einem neu entstandenen Völkerrechtssubjekt die Stellung eines Kriegsgegners zugeschoben[107] oder von diesem freiwillig übernommen werden[108]. Die Rechtsstellung als „besiegter Aggressor" ist genausowenig abstrakt übertragbar wie etwa die Mitgliedschaft bei den Vereinten Nationen[109].

Im Ergebnis ist deshalb festzuhalten, daß Zwischenstufen zwischen Identität und Nichtidentität — etwa in Form einer auf mehrere Völkerrechtssubjekte verteilten Teilidentität — nicht dem geltenden Völkerrecht entsprechen. Der Völkerrechtler steht also im Rahmen der Zweistaatentheorie vor der Alternative:

Identität — dann Kontinuität des überkommenen Völkerrechtssubjekts; das Bestehen zweier Völkerrechtssubjekte läßt sich nur mit einer separatio des einen Völkerrechtsubjekts vom andern schlüssig behaupten; oder

Nichtidentität — dann Diskontinuität und prinzipieller Untergang aller Rechte und Pflichten des Völkerrechtssubjekts durch den Vorgang der dismembratio.

§ 8 Eigene Stellungnahme zur Rechtslage im Nachkriegsdeutschland

Nachdem bereits oben zur Frage, ob das deutsche Völkerrechtssubjekt den „Zusammenbruch" im Jahre 1945 überstanden hat, abschließend in

---

106 Hierin liegt der völkerrechtlich beachtliche Teil des von *Krüger*, aaO (vgl. Fn. 61), angeführten voluntativen Vorgangs der Identifikation — mit dem Unterschied allerdings, daß nicht die deutsche Nation, sondern die völkerrechtlich zuständigen Organe des jeweiligen Neustaates sich zur Übernahme gewisser Rechte und Pflichten bereit erklären können.

107 Im Falle Österreichs und Ungarns (Friedensverträge von St. Germain und Trianon; vgl. oben Fn. 87) war dies nur möglich auf Grund der Behauptung, daß Österreich mit dem entsprechenden einen Teil, Ungarn mit dem entsprechenden anderen Teil der K.u.K.-Doppelmonarchie identisch sei; insoweit bestanden von vornherein zwei Völkerrechtssubjekte; es handelte sich nicht um eine dismembratio, sondern um die Lösung eines Staatenverbandes, in dem Ungarn seit 1907 praktisch die Stellung eines Völkerrechtssubjekts innehatte; die Identitätsbehauptung war zumindest schlüssig.

108 Die Bereitschaft der DDR, mit der UdSSR einen Separatfriedensvertrag abzuschließen — ohne sich aber mit dem überkommenen deutschen Völkerrechtssubjekt, das Kriegsgegner der UdSSR war, zu identifizieren — ist deshalb völkerrechtlich nicht schlüssig, vgl. unten §10, III.

109 So ist der Sicherheitsrat und der 1. Ausschuß der Vereinten Nationen nicht den Rechtsansichten Pakistans gefolgt, es sei neben Indien als Nachfolgestaat des Dominions Britisch-Indien ursprüngliches Mitglied der Vereinten Nationen; man könnte hier mit einem Seitenblick auf das innerstaat-

dem Sinne Stellung genommen wurde, daß Deutschland — wenn auch in quantitativ gemindertem Status eines handlungsunfähigen Staates, so doch als Völkerrechtssubjekt — das Kriegsende überdauert hat[1], so müssen nunmehr noch die nach der Errichtung der BRD und der DDR entstandenen Theorien, die sich mit dem Miteinander und Nebeneinander von zunächst fortbestehendem Gesamtstaat und den auf seinem Territorium entstandenen politisch-rechtlichen Gebilden befassen[2], einer genauen völkerrechtlichen Überprüfung zugeführt werden.

Unter Eliminierung völkerrechtlich nicht schlüssiger Behauptungen, konnte die Vielzahl der z. T. vom politischen Wunschdenken beeinflußten Theorien entsprechend ihren völkerrechtlich relevanten Grundaussagen, in drei Gruppen eingeteilt werden; erweist sich die für die Gruppe entscheidende Grundaussage als völkerrechtlich nicht haltbar, so müssen die in der Gruppe nachgeordneten Theorien als völkerrechtlich mögliche Deutungen der deutschen Rechtslage ausscheiden. Die völkerrechtlich relevanten Grundaussagen lauten:

(i) *keines* der auf dem Territorium des überkommenen deutschen Völkerrechtssubjekts entstandenen politisch rechtlichen Gemeinwesen besitzt vollen Völkerrechtsstatus — die *Teilordnungslehren.*

(ii) *eines* der auf dem Territorium des überkommenen deutschen Völkerechtssubjekts entstandenen politisch-rechtlichen Gemeinwesen besitzt vollen Völkerrechtsstatus — die *Identitätslehren*[3].

(iii) *beide* auf dem Territorium des überkommenen deutschen Völkerrechtssubjekts entstandenen politisch rechtlichen Gemeinwesen besitzen vollen Völkerrechtsstatus — die *Zweistaatentheorie.*

---

liche Recht von „höchstpersönlichen" Rechtspositionen der Völkerrechtssubjekte sprechen.

[1] Vgl. oben § 7, I.

[2] Vgl. oben § 7, II.

[3] Hierbei ist zu bemerken, daß der unter „*Identitätslehren*" zusammengefaßte Komplex nicht nur die unter (ii) gemachte Aussage deckt, sondern auch in den hier als *Teilordnungslehren* (i) und *Zweistaatenlehren* (iii) genannten Bereich hinüberreicht.

(1) Geht man wie hier vom Fortbestand des überkommenen deutschen Völkerrechtssubjekts aus, so ist die eine völkerrechtlich relevante Erscheinungsform der *Zweistaatentheorie* die Separationstheorie, die eine Identitätsbehauptung enthalten muß: das jeweils als „Reststaat" angesehene Gemeinwesen muß mit dem überkommenen Völkerrechtssubjekt identisch sein. Hier affiziert aber das Identitätsurteil nicht den vornehmlich interessierenden Völkerrechtsstatus der Gemeinwesen, so daß im Falle der *Separationstheorie* — vom primären Charakteristikum, den zwei Völkerrechtssubjekten, ausgehend — von einer „*Zweistaatentheorie*" gesprochen werden kann.

(2) Schwieriger ist die Abgrenzung der *Identitätslehren* zur *Teilordnungslehre* — vor allem in der Erscheinung ihrer speziellen Lehren, die eine der Teilordnungen durch eine — wie bereits erörtert, unzulässige — Identifizierung mit dem überkommenen deutschen Völkerrechtssubjekt oder mit Teilen

I. Die völkerrechtliche Kritik an den Identitätslehren

Das Prinzip der Identitätslehren besteht darin, eines der politisch rechtlichen Gemeinwesen, die nach dem Kriegsende auf dem Territorium des überkommenen deutschen Völkerrechtssubjekts entstanden sind, entsprechend den jeweiligen politischen Zielsetzungen aufzuwerten, wobei die Aufwertung des einen Gemeinwesens begrifflich die Abwertung des anderen zur Folge haben soll. Hierbei finden grundsätzlich drei Methoden Anwendung, die auf ihre völkerrechtliche Schlüssigkeit und Begründetheit überprüft werden müssen[1].

1. Die Behauptung, die Regierung BRD sei auf dem Territorium des überkommenen deutschen Völkerrechtssubjekts die einzig legitime Regierung[2])

Die namentlich auch von der Bürgerkriegstheorie[3] vertretene Auffassung ist völkerrechtlich nicht schlüssig; die demokratische Legitimation einer Regierung sagt nichts über den völkerrechtlichen Status eines Gemeinwesens aus[4].

---

von diesem qualifizieren wollen; so etwa die *v. Bieberstein'sche Bürgerkriegstheorie,* die dieser als Identitätstheorie versteht und die gemäß dieses Selbstverständnisses als Identitätstheorie (vgl. oben § 7, II, 2, a, (4)) behandelt werden mußte, obwohl sie nunmehr — ihrer Identitätsbehauptung entkleidet — sich als Teilordnungslehre präsentiert.

Die insoweit nicht ganz deskriptive Bezeichnung muß verwandt werden, da der an sich für die in (ii) gemachte Aussage sich anbietende Terminus *„Ein-Staaten-Theorie"* offen läßt, ob es sich um das überkommene Völkerrechtssubjekt oder um ein neues handelt (der Begriff also sowohl die Teilordnungslehre als die Identitätslehre bezeichnen könnte) und auch die Kumulation der beiden Begriffe als *„Einstaat-Identitäts-Theorie"* unbehelflich erscheinen muß.

[1] Es handelt sich hierbei fast ausschließlich um Theorien, die im Interesse der BRD entwickelt wurden, da die DDR entsprechend ihrem neuerlichen Selbstverständnis ihre Aufwertung nicht über die *„Einstaat-Identitäts-Theorie"*, sondern über die *Zweistaatenlehre* verfolgt, vgl. oben § 7, Fn. 95.

[2] Vgl. z. B. die Regierungserklärung vom 22. 9. 1955 (2. Bundestag, Sten.Ber. 26, S. 5646 D.): „Die Bundesregierung ist . . . die einzig rechtmäßig gebildete Regierung, die allein befugt ist, für das ganze Deutschland zu sprechen."

[3] Vgl. *v. Bieberstein,* aaO, S. 127 ff.

[4] Die *Bieberstein'sche Bürgerkriegstheorie* geht davon aus, daß in dem ungeteilten deutschen Gesamtstaat sich zwei Regierungen einander feindlich gegenüberstehen. Kraft der der Bundesregierung zuteil gewordenen demokratischen Legitimation käme dieser die Stellung der de jure Regierung des Gesamtstaates zu. Hierbei wird zunächst nicht klar, ob es sich beim Bieberstein'schen Verständnis der deutschen Nachkriegslage um eine „schlichte" Bürgerkriegssituation handelt, wobei beide Parteien die Integrität des überkommenen Völkerrechtssubjekts wahren wollen (etwa der Fall China; vgl. *Berber* I, S. 233 f.), oder ob nicht zumindest eine Partei ein Teil des Gebietes des überkommenen deutschen Völkerrechtssubjekts abtrennen will, um einen neuen Staat zu errichten. Im Anfangsstadium verlaufen diese beiden Bürgerkriegsprozesse gleich, und namentlich im Nachkriegsdeutschland ist auf Grund der widerspruchsvollen Äußerungen der maßgeblichen Stellen nicht eindeutig

Eine autonome Region kann durchaus eine demokratisch legitimierte Exekutive haben, ohne aber vollen Völkerrechtsstatus zu genießen, während zahlreiche, seit Jahren als vollberechtigte Mitglieder der Staatengemeinschaft angesehene Völkerrechtssubjekte im Osten wie im Westen sich nicht auf eine demokratische Legitimation stützen können. Die Behauptung, die einzig rechtmäßig (d. h. nach den Prinzipien der westlichen Demokratien) gebildete Regierung auf dem Territorium des überkommenen deutschen Völkerrechtssubjekts zu sein, schließt die Existenz weiterer Völkerrechtssubjekte auf diesem Gebiet nicht aus[5]. Durch diese Behauptung kann die deutsche Rechtslage überhaupt nicht definiert werden.

2. Die Behauptung, die Regierung der BRD vertrete das überkommene deutsche Völkerrechtssubjekt[6])

Soweit die Bundesregierung sich nicht beruft, die einzig legitime Regierung zu sein[7], wird geltend gemacht, sie vertrete das überkommene

feststellbar, welche Ziele die Erhebung gegen das bestehende Regime verfolgt. Dennoch muß zumindest versucht werden, genau zu differenzieren, um welchen Vorgang es sich handelt, da die jeweiligen Rechtsfolgen verschieden sind.
(1) Handelt es sich um *Sezessionsbestrebungen*, so geht es nicht um eine Sezession von der BRD (die nach der v. Bieberstein'schen Auffassung kein Staat i. S. Völkerrechts ist), sondern um eine Abspaltung vom überkommenen deutschen Gesamtstaat; ein Legitimitätsurteil ist bedeutungslos, da es sich nur um die Anerkennung bzw. Nichtanerkennung eines *Neustaates* handeln kann. Diese Anerkennung hat keinen Einfluß auf die Existenz eines neuen Staates, die sich nach den objektiven Merkmalen der Staatlichkeit richtet; eine demokratische Legitimierung der Staatsgewalt ist hierbei nicht erforderlich (vgl. unten 3).
(2) Handelt es sich um eine *schlichte Bürgerkriegssituation* (vgl. *Berber* I, § 28, S. 225 ff. mit zahlreichen Hinweisen), um den Versuch, die gegenwärtige Regierung des Völkerrechtssubjekts bei Wahrung dessen territorialer Integrität zu beseitigen, so setzt v. Bieberstein voraus, daß die Bundesregierung die Regierung des überkommenen Deutschen Völkerrechtssubjekts zumindest einmal gewesen ist. Diese Identitätsbehauptung wird nicht bewiesen, zumal der Begriff „Rechtsnachfolgerin der ehemaligen Reichsregierung" (vgl. aaO, S. 129) kein festumrissenes Rechtsinstitut darstellt und nicht ersichtlich wird, in welchen konkreten Normen des Staats- und Völkerrechts ein derartiger Anspruch auf Rechtsnachfolge begründet sein sollte. Die Regierung der BRD ist, was ihr Verhältnis zur ehedem auf dem Gebiet des deutschen Völkerrechtssubjekts geltenden Ordnung oder ihr Verhältnis zu den Siegermächten anbelangt, genauso legitim oder illegitim wie die Regierung der DDR. Bei dem hier nunmehr angesprochenen Problem der Anerkennung einer *Regierung* spielt die Frage der Legitimität eine untergeordnete Rolle, da es gerade Charakteristikum der Bürgerkriegsregierung ist, illegitim zu sein. Abzustellen ist allein auf die Effektivität der Regierungsgewalt; ein besonders prägnantes Indiz der effektiven Regierungsgewalt — aber bei weitem *nicht* das einzige — ist der Umstand, daß die Regierung sich demokratisch legitimieren konnte. Nur im Rahmen des Effektivitätsurteils kommt der demokratischen Legitimation Bedeutung zu.

[5] Vgl. zutreffend *Schuster*, aaO, S. 152 f.
[6] So auch die *v. Bieberstein'sche* Bürgerkriegstheorie, aaO, S. 127 ff.
[7] Vgl. oben Fn. 2.

deutsche Völkerrechtssubjekt[8]. Soll dem angeführten Vertretungstatbestand völkerrechtliche Bedeutung beigemessen werden — es sich also nicht nur um eine (völkerrechtliche belanglose) behauptete Vertretung des gesamten deutschen Volkes im ethnologisch-soziologischem Sinne handeln, so bestehen auch hier wiederum formallogische Bedenken. Die behauptete Identität der BRD mit dem überkommenen deutschen Völkerrechtssubjekt schließt eine völkerrechtlich relevante Vertretung des deutschen Völkerrechtssubjekts durch die BRD aus.

Während das Identitätsurteil Aussage über *ein* und dieselbe Einheit trifft (etwa über ein Völkerrechtssubjekt, das den völkerrechtlichen Status nicht affizierenden Veränderungen unterworfen war)[9], setzen Begriffe wie Repräsentation, Stellvertretung, Vertretung usw. eine Mehrheit voraus — etwa das handlungsunfähige, vertretene Völkerrechtssubjekt und das den völkerrechtlichen Vollstatus besitzende vertretende Völkerrechtssubjekt[10, 11]. Die Behauptung, man vertrete etwas, mit dem man vorgibt, identisch zu sein, ist deshalb nicht schlüssig und in keiner Weise geeignet, einen Identitätsanspruch zu rechtfertigen[12].

3. Die Behauptung, die BRD sei der einzige legitime deutsche Staat[13]) auf dem Territorium des überkommenen deutschen Völkerrechtssubjekts

Hier wird eine schlüssige Identitätsbehauptung aufgestellt, auf der anderen Seite aber — zumindest stillschweigend — davon ausgegangen, daß auf dem Territorium des überkommenen Völkerrechtssubjekts noch ein weiterer — ein illegitimer — Staat existiert. Die beiden de facto bestehenden Gemeinwesen unterscheiden sich nach dieser Auffassung nur durch ihre Legitimität.

a) Der Begriff der Legitimität

Soweit sich auf die Legitimität eines Staates bezogen wird, wird meist

---

[8] Vgl. etwa die Regierungserklärung vom 7. 4. 1954 (2. Bundestag, Sten.Ber., Bd. 31, S. 8421 D) in der geltend gemacht wird, „daß es nur *einen* deutschen Staat gibt . . . und daß es einzig und allein die Organe der Bundesrepublik sind, die heute diesen . . . Staat vertreten".

[9] So z. B. wenn die innere verfassungsmäßige Ordnung des Völkerrechtssubjekts grundlegend geändert oder sein Gebietsstand verringert worden ist; vgl. *Berber* I, S. 247.

[10] So etwa das Verhältnis Mandatsgebiet—Mandatar, vgl. *Berber* I, S. 242 mit Fn. 2.

[11] Vgl. über „die jeder Repräsentation immanente Duplizität", *Leibholz*, Das Wesen der Repräsentation, 1928, S. 28, zit. bei *Schuster*, aaO, S. 82.

[12] Mit Recht kritisiert deshalb *Schuster*, aaO, S. 82 f. unter anderem den von *Dürig* (Der Deutsche Staat im Jahre 1945 und seither, aaO, S. 52) geltend gemachten Identitätsanspruch, „dessen Inhalt auf alleinige Repräsentation des deutschen Gesamtstaates geht" oder die *Krüger'sche Behauptung*, die Identität der Bundesrepublik Deutschland mit dem Deutschen Reich könne nur eine „stellvertretende" sein (vgl. *Krüger-Rauschning*, Die Gesamtverfassung Deutschlands, aaO, S. 13).

[13] Vgl. etwa den Bundesminister des Inneren, in: Bulletin Nr. 221 vom 28. 11. 1959.

übersehen, daß damit lediglich ein formaler Begriff angesprochen wird, der einer wert- oder zweckrationalen Inhaltsbestimmung bedarf[14]. Zudem kann die Legitimität niemals Attribut des Staates i. S. des Völkerrechts sein — es gibt nicht etwa legitime und illegitime Völkerrechtssubjekte, wie legitime und illegitime Kinder[15].

Das Legitimitätsurteil kann sich demnach nur auf die Ausübung der Staatsgewalt beziehen[16], muß dann aber von einem konkreten Wertmaßstab — etwa dem Prinzip „demokratischer Legitimation" — ausgehen.

b) Das Prinzip der demokratischen Legitimation der Staatsgewalt

Die Behauptung, die BRD sei der einzige legitime Staat auf dem Territorium des überkommenen deutschen Völkerrechtssubjekts, muß deshalb dahingehend umgedeutet werden, daß die Bundesregierung die einzige demokratisch legitimierte deutsche Staatsgewalt ausübt[17].

Diese Behauptung kann — soweit von dem in der BRD und in einigen westlichen Ländern geltenden Verständnis der Demokratie ausgegangen wird — durchaus als richtig unterstellt werden. Höchst zweifelhaft erscheint aber, ob diese Feststellung auf völkerrechtliche Tatbestände — namentlich auf die im Interesse einer Aufwertung der BRD erwünschten — Einfluß nehmen kann.

(1) *De lege lata* ist kein Satz des Völkerrechts nachweisbar, der der demokratischen Legitimation der Staatsgewalt eine irgendwie geartete

---

[14] So vor allem Max *Weber*, Wirtschaft und Gesellschaft, 4. Aufl., 1956, 1. Halbband, S. 16 ff., der unter Legimität das „Prestige der Verbindlichkeit" versteht, wobei der Staat an sich als Träger „als legitim angesehener Gewaltsamkeit" angesprochen werden kann. Auf die Grenzen dieser von Max Weber angewandten soziologisch-deskriptiven Methode braucht in diesem Zusammenhang genauso wenig eingegangen werden, wie auf die Existenz eines absoluten Wertungsmaßstabes, der nach *v. d. Heydte* (zuletzt im Staatslexikon, Bd. 5, 1960, Stichwort „Legitimität") Voraussetzung für Legitimitätserörterungen sein soll. Z. T. sind die sich widersprechenden Ansichten in der Verwendung eines unterschiedlichen Begriffsapparates begründet (z. B. in mangelnder und zu entschiedener Differenzierung zwischen Legalität und Legitimität). Vgl. hierzu etwa *Winkelmann*, Die verfassungsrechtliche Unterscheidung von Legalität und Legitimität, in: Zeitschrift für die gesamte Staatswissenschaft, Bd. 112 (1956), S. 170 ff. *v. Bieberstein*, aaO, S. 41; *Schuster*, aaO, S. 36 ff.

[15] Vgl. oben Fn. 4 (1).

[16] Nicht zugestimmt werden kann der Ansicht *Schusters* (aaO, S. 37), daß die Frage nach der Legitimität der Staatsgewalt vom Standpunkt der Rechtswissenschaft aus „methodenwidrig" sei. Demokratische Legitimation etwa einer Staatsgewalt mag zwar zum gegenwärtigen Zeitpunkt völkerrechtlich irrelevant sein, könnte aber durchaus einer fortschrittlichen völkerrechtlichen Entwicklung gemäß sein. Die Bezugnahme auf Kelsens Reine Rechtslehre läßt vermuten, daß Schuster nicht zwischen Staatsgewalt und Staat i. S. von Völkerrechtssubjekt begrifflich unterscheidet.

[17] So z. B. auch *v. Bieberstein*, aaO, S. 127. Vgl. oben Fn. 4.

Bedeutung beimessen würde. Insbesondere ist nicht ersichtlich, inwiefern die demokratisch legitimierte Staatsgewalt über den Bereich ihrer effektiven Durchsetzbarkeit hinaus völkerrechtliche Relevanz besitzen soll, wogegen nicht demokratisch legitimierter Staatsgewalt keine völkerrechtliche Bedeutung zukommen soll. Ein Urteil über die demokratische Legitimität der Staatsgewalt abzugeben, bedeutet nach der gegenwärtigen Verfassung der Staatengemeinschaft einen Eingriff in die inneren Angelegenheiten und das souveräne Selbstverständnis der Völkerrechtssubjekte[18].

(2) *De lege ferenda* erscheint es für die nächste Zukunft ausgeschlossen, daß sich ein sowohl für Ost und West verbindlicher Wertungsmaßstab hinsichtlich der äußerst komplexen Fragen[19] der demokratischen Legitimation herausbildet.

c) Die Bedeutung sonstiger normativer Prinzipien

In der Diskussion um die privilegierte Stellung der BRD spielen neben dem Argument der demokratischen Legitimierung der Bundesregierung auch völkerrechtliche Legalitätserwägungen eine Rolle. Es wird so insbesondere geltend gemacht, die Errichtung der DDR widerspreche dem Völkerrecht.

(1) Die Entstehung eines Völkerrechtssubjekts ist ein faktischer Vorgang; seine rechtliche Existenz ist unabhängig von der Anerkennung durch die restlichen Mitglieder der Staatengemeinschaft und unabhängig deshalb von irgendwelchen völkerrechtlichen oder staatsrechtlichen Grundsätzen, an die die Anerkennung evtl. geknüpft wird[20]. Damit ist

---

[18] Vgl. *Krüger*, Coexistenz und Brüderlichkeit, in: Mitteilungen aus der Forschungsstelle für Völkerrecht und ausländisches öffentliches Recht der Universität Hamburg und dem Institut für Auswärtige Politik Nr. 1 (1959), S. 12 ff. mit Hinweisen auf das klassische Völkerrecht, insbes. Christian *Wolff*, Ius Gentium Methodo Scientifica Pertractum, 1764, S. 888.

[19] Für den *Westen* ist eine Staatsgewalt dann legitim, wenn sie sich von den der Staatsgewalt Unterworfenen ableitet; aber schon hier zeigen sich unterschiedliche Auffassung über das „wie" und „wann" des Einverständnisses der Rechtsunterworfenen (etwa stillschweigende Hinnahme der Herrschaft von der Sicht traditioneller charismatischer Ordnungssysteme oder permanente oder periodische, totale oder partielle, freie oder weniger freie Zustimmungsakte). Der *Osten* wendet sich gegen diese Art der demokratischen Legitimation als ein inhaltleeres Formprinzip, das über das „wozu" der Ordnung nichts aussagt; vgl. zutreffend *Schuster*, aaO, S. 257. Nach *Eschenburg*, (Das Problem der deutschen Einheit nach den beiden Weltkriegen, Vierteljahreshefte für Zeitgeschichte, 1957, S. 126) besteht der Dissens in den Auffassungen über Demokratie in der Tatsache, daß im Westen die Herrschaft *durch* das Volk, im Osten *für* das Volk ausgeübt werden soll. Abgesehen von diesem Dissens erscheint gerade diese Materie denkbar ungeeignet für eine völkerrechtliche Konkretisierung, da ein weitgehender Einfluß auf innerstaatliche Gesetze (z. B. Wahl- und Parteigesetze) genommen — ja letztlich der Einfluß staatlicher Propaganda auf das jeder rechtlichen Betrachtung entzogene Subkonsensuelle des Gewaltunterworfenen kontrolliert werden müßte.

[20] Vgl. oben Fn. 4.

nicht ausgeschlossen, daß die Begünstigung und Förderung der konstitutiven staatsbildenden Faktoren durch einen gewissen Staat ein völkerrechtliches Delikt gegenüber dritten Staaten darstellen kann, so vor allem, wenn sich die beteiligten Staaten untereinander verpflichtet haben, derartige Handlungen zu unterlassen; dadurch wird aber das neuentstandene Völkerrechtssubjekt weder berührt, noch kann seine Beseitigung — etwa im Wege der Naturalrestitution — verlangt werden. Im übrigen muß, sofern man in der Errichtung der DDR eine Verletzung der vertraglichen Verpflichtungen erblickt, die die UdSSR den westlichen Siegermächten gegenüber eingegangen ist, auch in der Konstituierung der BRD seitens der Westmächte ein völkerrechtliches Delikt erblicken, da auch hier nicht im Einvernehmen aller Siegermächte vorgegangen wurde.

(2) Anders kann die Rechtslage nur dann beurteilt werden, wenn man in der Errichtung der DDR einen „Annexionsversuch" der UdSSR erblickt[21].

Diese Argumente beziehen sich auf ein dem völkerrechtlichen Vollstatus affizierendes Abhängigkeitsverhältnis; sie weisen den richtigen Weg; allerdings darf es eine wissenschaftliche Erörterungsansicht nicht dabei bewenden lassen, nur das Satellitenverhältnis UdSSR—DDR kritisch zu beleuchten, sondern muß ähnliche Prüfungen auch im Hinblick auf die Beziehungen westliche Siegermächte—BRD anstellen. Dies unterlassen aber die Identitätslehren weitgehendst, indem sie die Rechtsposition der BRD auf Grund ihrer demokratischen Legitimierung rechtsirrig für unantastbar halten und somit die eigentliche Begründung ihrer Thesen schuldig bleiben[22].

---

[21] Vgl. *v. d. Heydte*, Die Entwicklung der deutschen Rechtslage, in: Jahrbuch für Internationales Recht, Bd. 11 (1962), S. 146 ff. (148), der im Hinblick auf das Satellitenverhältnis der DDR von „einer Annexion eines Teiles Deutschlands durch eine totalitäre Partei" spricht, was gegen die Stimsondoktrin verstoßen soll. Mit dem gegenwärtigen Stand des Völkerrechts mit seinem formellen Souveränitätsbegriff läßt sich diese Ansicht kaum in Einklang bringen. Die hegemoniale Führung auf Grund der Homogenität der kommunistischen Einheitspartei ist ebensowenig faßbar wie wirtschaftliche Abhängigkeit (etwa im Rahmen des sog. Dollarimperialismus oder Neokolonialismus); vgl. Einzelheiten bei *Berber* I, § 19, S. 147 ff. Ferner kann auch die Stimsondoktrin (abgesehen davon, daß dieses 1932 verkündete Prinzip der US-Außenpolitik für sich kein Völkerrecht schaffen konnte) auf Nicht-Völkerrechtssubjekte keine Anwendung finden (die kommunistischen Parteien sind auch nach östlicher Auffassung keine Völkerrechtssubjekte, vgl. etwa *Martin*, Der sozialistische Internationalismus als Grundprinzip der völkerrechtlichen Beziehungen zwischen sozialistischen Staaten, DAP, 273 ff. (285)).

[22] Da sich der Hinweis auf das Abhängigkeitsverhältnis in Wirklichkeit nicht nur auf eines der Gemeinwesen beziehen kann, sondern sich gegen die Staatlichkeit bzw. volle Völkerrechtssubjektivität sowohl der DDR als auch der BRD richtet, wird auf die namentlich von *v. d. Heydte*, aaO, Fn. 21 und *Grewe* (ungleiche Souveränität, in: AÖR, Bd. 79/N. F. 40 (1953/54), S. 504 ff.) geltend gemachten Gesichtspunkte bei der Kritik der Zweistaatentheorie näher einzugehen sein (vgl. unten II).

4. Ergebnis

Da eine völkerrechtlich relevante Qualifizierung[23] eines der auf dem Territorium des überkommenen deutschen Völkerrechtssubjekts entstandenen Gemeinwesen nicht möglich erscheint, münden alle Einstaaten-Identitätslehren entweder in die Teilordnungs- oder in die Zweistaatenlehre ein — und zwar je nachdem, ob letzter Kern der Theorie die Aussage ist, daß das rechtsirrtümlich qualifizierte Gemeinwesen ein[24] oder kein[25] Völkerrechtssubjekt mit vollem Völkerrechtsstatus ist. Es stellt sich somit die Alternative: Entweder sind sowohl BRD als auch DDR vollgültige Völkerrechtssubjekte, oder weder BRD noch DDR nehmen einen derartigen Völkerrechtsstatus ein; die Fragestellung „BRD oder DDR" muß ausscheiden.

II. Die völkerrechtliche Kritik an der Zweistaatenlehre

In diesem Zusammenhang ist auf das Argument einzugehen, auf dem Territorium des überkommenen und fortbestehenden[26] — oder durch Dismembration inzwischen untergegangenen[27] — deutschen Völkerrechtssubjekts bestünden derzeit zwei Staaten mit vollem völkerrechtlichen Status. Widerlegt sind alle Zweistaatenlehren, wenn sich nachweisen läßt, daß sowohl BRD als auch DDR keine den völkerrechtlichen Vollstatus besitzende Völkerrechtssubjekte darstellen. Im Schrifttum wird hierbei sowohl auf staatsrechtliche als auch auf völkerrechtliche Argumente eingegangen[28].

1. Vornehmlich staatsrechtliche Argumente

a) Zonengrenze keine Staatsgrenze

Gegen die Zweistaatentheorie ist eingewendet worden, daß die gemeinsame Grenze der auf dem Territorium des ehemaligen Deutschen Reichs entstandenen Gemeinwesen keine Staatsgrenze i. S. von Paß-

---

[23] Für die spezielle Diskriminierung einer Teilordnung — soweit diese nicht schon in der nur einseitigen Privilegierung eines Gemeinwesens zu erblicken ist — gilt Entsprechendes; vgl. oben 3, c, (2) und Fn. 22.

[24] So etwa die *Kernstaatstheorie;* sie erscheint bei ihrer Reduzierung auf völkerrechtlich relevante Tatbestände als *Sezessions-Zweistaatentheorie,* wobei die BRD das mit dem überkommenen deutschen Völkerrechtssubjekt identische Völkerrechtssubjekt, die DDR der sezessionale Neustaat ist; vgl. oben § 7, II, 2, a, (3).

[25] So etwa die *v. Bieberstein'sche Bürgerkriegstheorie,* die — entgegen ihres Selbstverständnisses — als *spezielle Teilordnungslehre* anzusprechen wäre; vgl. oben § 7, II, 2, a, (4).

[26] So die Sezessions-Zweistaatentheorie; vgl. oben § 7, II, 3, a.

[27] So die Dismembrations-Zweistaatentheorie, vgl. oben § 7, II, 3, b.

[28] Soweit es sich um Vertreter der Identitätstheorien oder speziellen Teilordnungslehren handelt, wird allerdings immer nur die Staatsqualität des rivalisierenden Gemeinwesens in Zweifel gezogen (vgl. oben Fn. 22). Zu den sog. staats- und völkerrechtlichen Argumenten vgl. auch *v. Bieberstein,* aaO, S. 86 ff.

oder Zollgrenze, sondern nur eine Demarkationslinie darstelle; ganz gleich, wie man die an der „Zonengrenze“ und an der „Mauer“ in Berlin vorgenommenen Kontrollen rechtlich qualifiziert[29], die Ausgestaltung einer Grenze als Zoll-, Paß- oder Wirtschaftsgrenze ist weder Indiz noch konstitutives Merkmal einer Staatsgrenze.

b) Fehlen einer spezifischen Staatsangehörigkeit

Gleichermaßen ist der Hinweis auf das Fehlen einer spezifischen Staatsangehörigkeit[30] der BRD und der DDR nur mehr bedingt richtig. Die gemeinsame deutsche Staatsangehörigkeit hat ihre inhaltliche Identität verloren[31] und wird von anderen Staaten nicht mehr als einheitlich fortbestehend anerkannt[32].

c) Rechts- und Verwaltungseinheit

Die nur mehr in begrenztem Umfange fortbestehende Rechts- und Verwaltungseinheit[33] kann weder als Argument für noch gegen eine separate Staatlichkeit angeführt werden; es gibt ausgesprochene Mehrrechtsstaaten[34] mit selbständigen Verwaltungseinheiten, andererseits aber auch Staaten, die auf Grund geschichtlicher, politischer oder wirtschaftlicher Beziehungen partielle Rechtseinheit besitzen. Der Völkerrechtsstatus wird dadurch nicht berührt.

d) Fehlen eines spezifischen Staatsvolkes

Letzlich wird auf das Fehlen eines der konstitutiven Elemente des Staates verwiesen; es gäbe kein spezifisches Staatsvolk der BRD und ein

---

[29] Die Feststellung, die Zonengrenze sei weder Paß- noch Zollgrenze, dürfte sich nur mehr von der Sicht der BRD (vgl. etwa Zollgesetz vom 14. 6. 1961, BGBl. I, S. 737 ff.) und nur hinsichtlich des „innerdeutschen“ Personen- und Güterverkehrs aufrechterhalten lassen.

[30] Vgl. Art. 116, Abs. 1 GG nebst BGH St. 5, 317 und Art. 1, Abs. IV DDV nebst Gesetz zum Schutze des Friedens vom 15. 12. 1950 (GBl. der DDR, S. 1199).

[31] Vgl. *v. Bieberstein*, aaO, S. 89 f.; sowohl die BRD (vgl. etwa § 12, Abs. I des Bundeswahlgesetzes vom 7. 5. 1956, BGBl. I, S. 383) als auch die DDR (namentlich durch ihre Unterscheidung von „deutschen Staatsangehörigen“ und „Bürgern“ der DDR) treffen quasi-fremdenrechtliche Unterscheidungen; § 1 der Anordnung über die Aufgaben der Zentralstelle für Jugendhilfe vom 21. Juli 1958 (GBl. DDR I, S. 677) spricht zum ersten Mal von einer „Staatsangehörigkeit der DDR“.

[32] Vgl. *Wengler*, Deutschland als Rechtsbegriff, in: Festschrift für Hans Nawiasky (1956), S. 49 ff. (55 f.); *Schuster*, aaO, S. 149; *v. Bieberstein*, aaO, S. 89 ff.

[33] Vgl. Einzelheiten bei *v. Bieberstein*, aaO, S. 94 ff. und *Wengler*, aaO, jeweils mit zahlreichen Hinweisen.

[34] So etwa die USA und die UdSSR; auch das Deutsche Reich war nach 1939 Mehrrechtstaat, bedingt durch die Fortgeltung des ABGB als deutsches Partikularrecht in den eingegliederten Gebieten Österreichs und der Tschechoslowakei.

anderes der DDR, da der Einheitswille und das Einheitsbewußtsein des deutschen Volkes fortbesteht[35]. Derartige Bewußtseinsinhalte lassen sich aber rechtlich schwer bestimmen, und ihre Ausdeutung unterliegt den Propagandisten in Ost und West[36]; auch kann der Fortbestand der Nation, der Wunsch nach unabhängiger Staatlichkeit, Selbstbestimmung und Wiedervereinigung nicht entscheidend für den tatsächlichen Völkerrechtsstatus sein[37].

2. Die vom Schrifttum vornehmlich vertretenen völkerrechtlichen Argumente

a) Kein Staat außer der UdSSR unterhält volle völkerrechtliche Beziehungen zu zwei deutschen Staaten

Dem Argument, kein Staat außer der UdSSR habe zwei deutsche Staaten als Völkerrechtssubjekte voll anerkannt, ist entgegenzuhalten, daß alle Staaten des Ostblocks[38] und viele sog. neutrale Staaten[39] sich wiederholt bereit erklärt haben, mit zwei deutschen Staaten völkerrechtliche Beziehungen aufzunehmen. Zudem kann die Anerkennung nur soweit konstitutive Wirkung tätigen, als dadurch die Möglichkeit der Teilnahme am völkerrechtlichen Verkehr mit den betreffenden Staaten sichergestellt wird[40]. Einfluß auf die rechtliche Existenz eines Völkerrechtssubjekts wird hierdurch aber nicht genommen[41].

b) Zwei deutsche Staaten ließen sich nicht mit den Bedingungen des Potsdamer Abkommens in Einklang bringen

Weiter können auch nicht die Erklärungen oder Vereinbarungen der Siegermächte[42] eine Dismembration oder Separation des überkommenen deutschen Völkerrechtssubjekts in zwei deutsche Staaten ungeschehen machen — ganz gleich, welche Bedeutung man etwa dem Potsdamer Abkommen insbesondere für die Wiedervereinigung beimißt.

3. Der geminderte Völkerrechtsstatus der beiden deutschen Gemeinwesen

Entscheidender Anknüpfungspunkt einer Kritik an der Zweistaatentheorie und einer Untersuchung über die Rechtslage Deutschlands über-

---

[35] Vgl. insbesondere *Dürig*, Veröff. d. Vgg. d. dt. StRL, Heft 13, S. 27 ff., aufbauend auf die Integrationslehre von Rudolf *Smend*, Verfassung und Verfassungsrecht, 1928; ferner *Stödter*, Deutschlands Rechtslage, 1948, insbes. S. 101 ff.
[36] Vgl. *v. Bieberstein*, aaO, S. 100 ff.
[37] Vgl. *Berber* I, S. 242.
[38] Vgl. *v. Bieberstein*, aaO, S. 182 ff.
[39] Vgl. *v. Bieberstein*, aaO, S. 205 ff.
[40] Vgl. *Berber* I, S. 229.
[41] Vgl. oben Fn. 4.
[42] Deklaration vom 5. Juni 1945 — KRABl., Ergänzungsblatt Nr. 1; S. 7 ff.; Potsdamer Abkommen, KRABl., Ergänzungsblatt Nr. 1, S. 13 ff.

haupt muß der geminderte Völkerrechtsstatus der beiden deutschen Gemeinwesen sein.

a) Vorbemerkungen zum Begriff der Souveränität

Der Minderstatus von BRD und DDR wird hierbei meist mit mangelnder Souveränität umschrieben; dieser Begriff entbehrt — ganz abgesehen von seiner unterschiedlichen Ausgestaltung in Ost und West — in weitem Umfange wissenschaftlicher Klarheit[43], die für die weitere Diskussion erforderlich ist.

(1) Ohne zunächst auf den bestimmten Inhalt der Souveränität einzugehen, muß die *Souveränität des Staates* (also des Völkerrechtssubjekts) von der *Souveränität des Trägers der Staatsgewalt* unterschieden werden[44]; im völkerrechtlichen Bereich interessiert primär nur die erstere Bedeutung des Wortes Souveränität[45].

(2) Spricht man von der Souveränität des Staates als einer Eigenschaft des Völkerrechtssubjekts, so darf das nicht zu dem vielleicht von der Sicht der deutschen Rechtsdogmatik verständlichen Schluß verleiten, daß es sich hier — ähnlich wie bei der Handlungsfähigkeit des BGB — um eine Eigenschaft handelt, die der Rechtsperson zukommen oder nicht zukommen kann, ohne daß dadurch der Rechtsstatus qualitativ beeinträchtigt würde. Ausgehend von der völkerrechtlichen Konzeption des Staates als Handlungssubjekt[46], muß die Einschränkung der Handlungsfähigkeit und die Vorenthaltung von Zuständigkeiten Einfluß auf die Qualität des Völkerrechtsstatus nehmen[47].

(3) Während der Versuch einer Präzisierung des Souveränitätsbegriffs von der Sicht der vergleichenden Rechtsdogmatik her so gut wie nicht unternommen wurde, wird im Schrifttum — vornehmlich geleitet von empirischen Erwägungen — in zunehmendem Maße die Unterscheidung von *materieller* und *formeller Souveränität* getroffen[48]. Diese Unterscheidung kann aber nur als treffendes Beispiel dafür gelten, daß anbetrachts der Übermacht der Weltmächte die direkten Formen hegemonialer Führung überflüssig geworden sind[49]. Die moralisierende Scheindemokratisierung der zwischenstaatlichen Beziehungen hat dazu geführt, daß die herkömmlichen Abhängigkeitsformen nicht mehr ange-

---

[43] Vgl. etwa *Fenwick*, International Law, 1948, S. 106.

[44] Vgl. *Berber* I, S. 120.

[45] Nach dieser terminologischen Klärung ist es wenig sinnvoll, von der Souveränität der Bundesregierung oder Regierung der DDR zu sprechen, da damit nur eine Kennzeichnung der verfassungsrechtlichen Stellung der Regierungen im internen Bereich vorgenommen würde.

[46] Vl. oben § 5, I, 3.

[47] Vgl. oben § 5, I, 3, a, (2).

[48] Vgl. etwa *v. Bieberstein*, aaO, S. 97 ff. und *Schuster*, aaO, S. 50 ff.

[49] Vgl. *Berber* I, S. 150.

sprochen werden, daß tatsächliche Abhängigkeitsverhältnisse, auch wenn diese den Völkerrechtsstatus voll affizieren sollten, nicht mehr oder doch nur sehr schwer rechtlich faßbar sind. Anbetrachts dieser für die gegenwärtige Verfassung der Völkerrechtsgemeinschaft so verhängnisvollen Entwicklung des außenpolitischen Stils kann nicht nur von einem materiell[50] gefaßten oder nur von einem formell[51] gefaßten Souveränitätsbegriff ausgegangen werden. Beide Betrachtungsweisen sind zu einseitig, um der Vielfalt der politischen Erscheinungen gerecht zu werden. Es genügt nicht, nur auf wirtschaftliche oder parteipolitische Abhängigkeitsformen abzustellen, da derartige Differenzierungen mangels Ideologiengleichheit illusorisch wären[52]. Richtig am formell gefaßten Souveränitätsbegriff ist, daß bei der Frage nach der Souveränität eines Gemeinwesens, soweit dieses allgemein als Träger zumindest eines beschränkten Kreises von völkerrechtlichen Rechten und Pflichten angesehen wird, von formal rechtlich faßbaren Größen auszugehen ist, wie sie vornehmlich in völkerrechtlichen Abmachungen und Verträgen ihren Niederschlag gefunden haben. Dies darf aber nicht daran hindern, nachzuprüfen, ob die nach dem formellen Souveränitätsbegriff unschädliche Unterwerfung unter völkerrechtliches Vertragsrecht[53] nicht den materiellen Kern, den Wesensgehalt[54] der Souveränität alten Stils trifft. Weiter kann bei der näheren Untersuchung und Auslegung der die Souveränität herstellenden oder einschränkenden völkerrechtlichen Akte — zumindest — nicht auf einen Seitenblick auf die tatsächlichen, rechtlich nicht weiter faßbaren Abhängigkeitsverhältnisse verzichtet werden. Dies gebieten schon die Grundsätze der Normanwendung und -auslegung.

---

[50] Hier wird nur auf wirtschaftliche oder parteipolitische Abhängigkeit abgestellt; zu letztgenannter Form der Abhängigkeit sehr eingehend *v. d. Heydte*, Die Entwicklung der deutschen Rechtslage, aaO, S. 147 f.; v. d. Heydte gelangt so zu dem Ergebnis, daß es sich bei den „Satellitenstaaten" Bulgarien, Rumänien, Ungarn, Tschechoslowakeit oder Polen um teilsouveräne Gebilde, um „partielle Völkerrechtssubjekte sui generis" handelt, während im Falle der DDR neben dem Satellitenstatus keine eigene Staatlichkeit bestünde, ihr deshalb die Völkerrechtssubjektivität fehle.

[51] Hier werden nur die Tatsachen berücksichtigt, die in internationalen Verträgen und Abmachungen rechtlich faßbar sind; vgl. etwa *v. Bieberstein*, aaO, S. 99.

[52] *v. Bieberstein*, aaO, S. 100, Fn. 136, weist so darauf hin, daß eine materielle Interpretation des Souveränitätsbegriffes für die Völkerrechtspraxis nur dann Wert besitzt, wenn über ihre Kriterien größere Klarheit und Einigkeit herrsche, als dies heute der Fall sei.

[53] So insbesondere „Bündnisverträge", die die Stationierung ausländischer Truppen gestatten oder wesentliche Befugnisse der auswärtigen Gewalt dritten Staaten vorbehält.

[54] So etwa *Berber* I, S. 125 f., der nur dann Unabhängigkeit als Wesensmerkmal des Völkerrechtssubjekts für gegeben erachtet, wenn die einverständlichen, auf Grund völkerrechtlichen Vertrages vorgenommenen Einschränkungen „nicht die Substanz der Verfassungshoheit selbst ergreifen". *Schuster*, aaO, S. 55, geht davon aus, daß der formalisierte Souveränitätsbegriff noch ein „Minimum seines ursprünglichen materiellen Gehalts" behalten müsse.

Ausgangspunkt einer fruchtbaren Diskussion des Deutschlandsproblems nach 1955 muß daher die an der politischen Wirklichkeit geschulte realistische Interpretation der sog. Souveränitätserklärungen sein.

b) Der geminderte Völkerrechtsstatus der BRD

Die weit überwiegende Meinung im Schrifttum[55] sieht im Vertrag über die Beziehungen zwischen der Bundesrepublik Deutschland und den Drei Mächten vom 26. Mai 1952 in der Fassung der Bekanntmachung vom 30. März 1955[56] eine ausreichende Grundlage für die Annahme einer souveränen BRD, die damit auch den völkerrechtlichen Vollstatus einnehme[57]. Dies kann nicht kritiklos hingenommen werden.

(1) Die primär politische Funktion von Souveränitätserklärungen

Bei der Auslegung des Art. 1, II Generalvertrag darf nicht übersehen werden, daß gerade in der Staatenpraxis in völkerrechtlichen Verträgen das Wort „Souveränität" gebraucht wird, um den eigentlichen Charakter der Rechtsbeziehungen dunkel und widerspruchsvoll zu lassen — um über die tatsächliche Abwesenheit von Souveränität aus politischen Gründen „hinwegzutäuschen" oder „hinwegzutrösten". Als Beispiel kann hier Art. 3 des britisch-ägyptischen Vertrags vom 28. 8. 1936 gelten, in dem Ägypten als „souveräner unabhängiger Staat" anerkannt wird. Aber gerade erst durch die Beendigung dieses Vertrages am 19. 10. 1954 und dem nachfolgenden Abzug der britischen Truppen erhielt Ägypten die Stellung eines tatsächlich unabhängigen Staates[58]. Es muß auch Mißtrauen erwecken, wenn die Souveränität, die dem Staat kraft seines bloßen Daseins — ohne weitere Rechtsakte — zukommt, aus verklausulierten Rechtssätzen abgeleitet werden muß[59]. Verdacht muß letztlich auch dann geschöpft werden, wenn Souveränitätserklärungen mehrmals wie-

---

[55] Vgl. u. a. *Kutscher-Grewe*, aaO, S. 16 f.; *v. d. Heydte*, aaO, siehe oben Fn. 50; *v. Bieberstein*, aaO; *Dahm*, aaO, S. 170.

[56] BGBl. II, 301, 305 = Generalvertrag.

[57] Leider ist die eigentliche Problematik der sog. „Herstellung der Souveränität der beiden deutschen Republiken" im Streit der Verfechter von Teilordnungs- und Identitätstheorie untergegangen. Die Souveränität — zumindest die der BRD — wurde kritiklos hingenommen und auf dieser Unterstellung — politischem Wunschdenken gemäß — weiter verfeinerte Lehren entwickelt (vgl. etwa die *spezielle Teilordnungslehre v. d. Heydtes* und die *v. Bieberstein'sche Bürgerkriegstheorie)*. Es muß als ein Verdienst des Berber'schen Völkerrechtsbuchs gelten, in dieser Frage einen klärenden, kritischen Standpunkt bezogen zu haben; vgl. *Berber* I, S. 153 f., 243 f., 301 f.

[58] Vgl. *Berber*, Friedensrecht, S. 121.

[59] Vgl. *Berber*, Friedensrecht, S. 121, Anm. 4; weitere Beispiele in Anm. 5; auch die Vorverhandlungen zum Abschluß des Generalvertrages können hier als Musterbeispiel gebracht werden: „Die Bundesrepublik wird *volle Macht* über ihre inneren und äußeren Angelegenheiten mit Ausnahme . . ." „die *volle Macht* eines *souveränen Staates* . . ." (so die erste und die endgültige Fassung des Art. 1, II Generalvertrag).

derholt werden oder in neuer Fassung ausgesprochen werden müssen[60], da letztlich nur schwache Staaten — faktisch abhängige Völkerrechtssubjekte — auf derartige Erklärungen angewiesen sind. Man kann sogar die Regel aufstellen, daß in den Fällen, in denen die Souveränität vertraglich zugesprochen wird, eine materielle Souveränität nie und eine formelle, völkerrechtlich relevante Souveränität nur in seltenen Fällen vorhanden ist.

(2) Die genaue Untersuchung des Art. 1, Abs. II Generalvertrag

Aber auch diese allgemein-politischen Erwägungen außer Betracht gelassen, bietet Art. 1, II des revidierten Vertragstextes nicht die erforderliche Klarheit, die ein großer Teil der Autoren ihm entnehmen möchte.

Das Ergebnis einer genauen exegetischen Prüfung müßte eigentlich sein, daß die Bundesrepublik *kein* souveräner Staat ist: Nach Art. 1, II *hat* die Bundesrepublik die Macht eines vollsouveränen Staates; damit ist aber gerade *nicht* gesagt, daß sie ein souveräner Staat *ist*. Die BRD wird nicht unter den Begriff „souveräner Staat" subsumiert, sondern es wird nur eine besondere Eigenschaft des souveränen Staates mit einer besonderen Eigenschaft des in Aussicht genommenen Rechtsstatus der Bundesrepublik in Bezug gebracht; es liegt also streng genommen ein Analogieschluß vor, der allgemein qualitativ Verschiedenes voraussetzt (also den „souveränen Staat" auf der einen und ein Gemeinwesen, dem auf einem bestimmten Bereich analoge Befugnisse zukommen soll, auf der anderen Seite)[61], das sich in gewissen Besonderheiten entspricht; die entsprechende „Besonderheit", die die Bundesrepublik und ein souveräner Staat gemeinsam (bei gleichzeitiger qualitativer Verschiedenheit) haben sollen, wäre die „volle Macht". Was diese „volle Macht" (full authority) im einzelnen darstellen soll und worin das Plus und Minus der nach Art. 1, II qualitativ verschiedenen Bundesrepublik begründet sein soll, ist der Souveränitätserklärung (Art. 1, II Generalvertrag) allein nicht zu entnehmen[62, 63]. Aber — wie oben festgestellt — ist es

[60] Neben den oben zitierten „Souveränitätserklärungen" kann hier wieder auf das Beispiel *Ägypten* zurückgegriffen werden: a) Souveränitätserklärung vom 28. 2. 1922 in der britischen Erklärung über die Beendigung des Protektorats; b) Souveränitätserklärung in dem oben zit. britisch-ägyptischen Vertrag vom 8. 8. 1936; c) tatsächliche Souveränität des Landes aber erst durch den Abzug der britischen Truppen nach 1954 — bezeichnenderweise ohne eine „Souveränitätserklärung".

[61] Vgl. die oben § 5, I getroffene Unterscheidung von geborenem Völkerrechtssubjekt (völkerrechtlicher Vollstatus) und gekorenem Völkerrechtssubjekt (qualitativ geminderter Status).

[62] Es kann somit *Dahm*, aaO, S. 170, nicht zugestimmt werden, der Art. 1, II Generalvertrag würde die Rechtslage der Bundesrepublik richtig bestimmen; eine Rechtslage wird überhaupt nicht eindeutig bestimmt.

[63] Will man sich um eine juristische Interpretation bemühen, so muß die

nicht Aufgabe von Souveränitätserklärungen, klare Abgrenzungen zu schaffen und festumrissene Begriffe herauszuarbeiten; die Souveränitätserklärung soll vielmehr politisches Trostpflaster sein und im übrigen eine widerspruchsvolle, zwielichtige Lage schaffen (der umstrittene Souveränitätsbegriff ist hierfür ein vortreffliches Instrument!), von der aus politische Entscheidungen ohne bindendes Engagement getroffen werden können.

(3) Würdigung der Vorbehaltsrechte (Art. 2 ff. Generalvertrag)

Während die Souveränitätserklärungen für sich auf Grund ihrer unpräzisen Fassung juristisch schwer faßbar sind, entbehren die Vorbehalte nicht der Genauigkeit und können im Zweifel zu Gunsten der vorbehaltlichen Mächte interpretiert werden. Auch der Generalvertrag (Art. 2 ff.) macht hier keine Ausnahme, kann vielmehr als Schulbeispiel gelten, da nicht nur Rechte vorbehalten werden, sondern weitgehend auch die Auslegung der sonst üblichen Schiedsgerichtsbarkeit entzogen ist (Art. 9, III Generalvertrag).

Insoweit kann auch nicht der Ansicht von *Kutscher-Grewe*[64] zugestimmt werden, daß die Vorbehaltsrechte des Art. 2 Generalvertrag kein réduit der Obersten Gewalt darstellen, sondern lediglich der Sicherung jener Rechte und Pflichten der ehemaligen Besatzungsmächte dienen, die sich aus den Vereinbarungen von 1945 herleiten und im Interesse der Deutschen Einheit bestehen. Damit können die begründeten Zweifel an der Souveränität der Bundesrepublik nicht ausgeräumt, sondern höchstens politisch erklärt werden.

Entscheidend für die Souveränität eines Staates ist die Frage nach der Unabhängigkeit von der Kontrolle anderer Staaten[65], wobei die Unterwerfung unter das Völkerrecht — also i. A. auch die Unterwerfung unter völkerrechtliche Verträge — keine Einbuße an Unabhängigkeit mit sich bringt. Bei jedem vertraglichen Verzicht auf die volle Unabhängigkeit muß aber dann noch zusätzlich geprüft werden, ob die Freiheit des ver-

---

Auslegung beim Begriff „authority" einsetzen; die anglo-amerikanische Rechtssprache, die prägenden Einfluß auf die Bestimmungen genommen hat, versteht unter authority — etwa im Gegensatz zu agency — eine mehr abstrakte Zuständigkeit und Möglichkeit der Machtausübung; zieht man hierzu ergänzend noch die US-amerikanische Völkerrechtspraxis heran und prüft, in welchen Zusammenhängen der Begriff „authority" gebraucht wird (etwa im Hinblick auf Rotchina in den Entwürfen zum Atomstop-Moratorium, vgl. § 5, Fn. 54), so kann nicht ausgeschlossen werden, daß Vorstellungen einer „naked authority", einer subjektlosen Handlungsfähigkeit (vergleichbar der Position des Sklaven nach römischem Recht) eine Rolle spielen. Jenseits dieser Erwägungen dürfte es sich um den Versuch handeln, den wahren völkerrechtlichen Status des Gemeinwesens zu verschleiern.

[64] aaO, S. 16.

[65] Vgl. *Berber* I, § 14, S. 120 ff.; vgl. *Hyde*, aaO, S. 43 f.

zichtenden Völkerrechtssubjekts nicht gerade in ihrem Wesensgehalt derart gemindert wird, „daß der betroffene Staat diese Beeinträchtigung seiner Unabhängigkeit gegen den Willen des Staates oder der Staatengruppe, zu deren Gunsten diese Beschränkung besteht, nicht nur ohne völkerrechtlichen Rechtsbruch aufheben kann, sondern auch nicht ohne verfassungsrechtlichen Rechtsbruch“[66].

Für die angebliche Souveränität der Bundesrepublik ergibt sich damit folgendes:

(a) Die außervertragliche Natur der Vorbehalte

Es erscheint zumindest fraglich, ob die von den Alliierten auf Grund der Art. 2, 4, Abs. I, Satz 1 und 2, 5, Abs. II, Satz 1 und 2 Generalvertrag ausgeübten Kontrollmaßnahmen überhaupt auf völkerrechtlichem Vertrag beruhen.

Dies ist zu verneinen[67], obwohl die Kontrollrechte in die Urkunde eines völkerrechtlichen Vertrages aufgenommen wurden. Aus Art. 2 in Verbindung mit Art. 9, Abs. III Generalvertrag ergibt sich nämlich, daß es sich um Vorbehalte der Siegermächte handelt, die gar nicht zur Diskussion standen, über die die Bundesregierung auch gar nicht verfügen konnte; es handelt sich um unabgeleitete Rechte, die den Siegermächten ohne ein Zutun der Bundesrepublik kraft ihrer rechtswidrigen Ausweitung der occupatio bellica zur Verfügung stehen.

(b) Die Verletzung des Wesensgehalts staatlicher Unabhängigkeit

Ein anschauliches Beispiel dafür, daß außerdem der Wesensgehalt der zu fordernden Unabhängigkeit im Sinne der oben genannten Definition durch Art. 2 Generalvertrag verletzt sein würde, bringt Berber[68], indem er darauf hinweist, daß trotz Art. 23 GG der Gesetzesbefehl des Bundesgesetzgebers sich nicht auf das Land Berlin erstreckt[69]; die Außerachtlassung dieser Beschränkung wäre „nicht nur eine Verletzung des Völkerrechts, sondern auch staatsrechtlich ein ultra vires“[70].

---

[66] Vgl. *Berber* I, S. 125; vgl. oben Fn. 54.

[67] So im Ergebnis auch *Arndt,* Der deutsche Staat als Rechtsproblem, 1960, S. 27, *Klingelhöfer,* Zwei Staaten oder zwei Provisorien?, in: Vorwärts, Nr. 1, 2. 1. 1959, S. 5 u. a. Zweifel an der vertraglichen Natur der Vorbehaltsrechte hegt *Schuster,* aaO, unter Hinweis auf die Bedeutung der im französischen („se réservent“) und englischen (“retain“) Text gebrauchten Formulierungen. Von ausländischen Autoren sind in erster Linie *Bathurst-Simpson,* Germany and the North Atlantic Community, 1956; ferner *Bishop,* The „contractual agreements“ with the Federal Republic of Germany, in: American Journal of International Law, Bd. 49 (1955), S. 125 ff. (147 f.) zu nennen, die von der Fortdauer einer „residual occupation“ sprechen.

[68] Vgl. *Berber,* Friedensrecht, S. 126.

[69] Vgl. Vorbehalt Nr. 4 des Genehmigungsschreibens der Militärgouverneure zum Grundgesetz vom 12. 5. 1949; *Mangoldt-Klein,* aaO, Anm. III zu Art. 23; BVerwGE 7, 1 ff.

[70] Vgl. *Berber,* Friedensrecht, S. 126.

(c) Die einzelnen Bestimmungen des Vertrages

Die einzelnen Vorbehalte und die diese näher regelnden Bestimmungen sind geeignet, den allgemeinen Untersuchungsbefund zu bestätigen.

(aa) Nach Art. 4, Abs. I *behalten* sich die Drei Mächte weiterhin ihre bisher ausgeübten oder innegehabten Rechte in bezug auf die Stationierung von Streitkräften *vor*[71].

(bb) Die in Art. 5, Abs. I lit. a vorgesehene Konsultation der Bundesregierung ist nur geeignet, über die weiter fortbestehende Besetzung hinwegzutrösten. In Wirklichkeit wird die Konsultationspflicht durch den Nachsatz „soweit es die militärische Lage erlaubt" illusorisch, da angenommen werden muß, daß die Kompetenz zur Überprüfung der Voraussetzungen von den Drei Mächten getroffen wird.

Der Schutz, der durch Art. 9 gewährt wird, muß sich zumindest de facto als unzureichend erweisen.

(cc) Nach Art. 5, Abs. I lit. b kann das Recht zur Stationierung von Truppen auf Staaten ausgedehnt werden, die bislang an der Besetzung des westdeutschen Gebietes noch nicht beteiligt waren und zwar auch ohne Einwilligung der Bundesrepublik, wenn ein Angriff unmittelbar droht. Läßt sich schon der Angriffstatbestand nicht scharf definieren, so muß dies erst recht für den Gefährdungstatbestand gelten. Auch hier bietet die Schiedsgerichtsklausel keinen ausreichenden Schutz der Interessen des besetzten Gebietes.

(dd) Entsprechendes gilt nach Art. 5, Abs. II im Hinblick auf die von den Drei Mächten bis zum Vertragsabschluß innegehabten Rechte in bezug auf den Schutz der Sicherheit der von den Drei Mächten in der Bundesrepublik stationierten Streitkräfte[72]. Eine in das Ermessen der Drei Mächte gelegte Konsultation der Bundesrepublik unterliegt nicht einmal der Schiedsgerichtsbarkeit, Art. 9, Abs. III[73].

c) Der geminderte Völkerrechtsstatus der DDR

(1) Die Vorbehaltsrechte der UdSSR

Ebenso wie Art. 2 Generalvertrag, berücksichtigt die Präambel des Vertrages über die Beziehungen zwischen der DDR und der UdSSR vom 20. 9. 1955[74] die „Verpflichtungen", die die DDR und die UdSSR gemäß den bestehenden internationalen Abkommen, die „Deutschland als Ganzes" betreffen, haben. Auch hier handelt es sich um einen echten Vorbe-

---

[71] Die im Rahmen des Art. 4, Abs. I, S. 3 vorgenommenen Regelungen des Abkommens zwischen den Parteien des Nordatlantikvertrags über die Rechtsstellung ihrer Truppen nebst Zusatzabkommen und Unterzeichnungsprotokoll, BGBl. 1961 II, S. 1190 ff., 1218 ff., 1313 ff., stellen lediglich Modifizierungen, aber keine Änderungen in der Sache dar.

[72] Bislang sind diese Befugnisse noch nicht — wie Art. 5, Abs. 2, S. 1 dies in Aussicht stellt — auf die Behörden der Bundesregierung übergegangen. Sollte dies, etwa nach Abschluß der problematischen Notstandsgesetzgebung, der Fall sein, so würden doch die Rechte der Drei Mächte bei einer „ernstlichen Störung der öffentlichen Sicherheit und Ordnung" automatisch wieder aufleben. Die Bundesrepublik könnte nicht einmal veranlassen, daß eine mißbräuchliche Anwendung des sehr weit gefaßten Tatbestandes im Wege der Schiedsgerichtsbarkeit verhindert wird, Art. 9, Abs. III.

[73] Vgl. oben (a).

halt, der Zuständigkeitsbereiche betrifft, über die die DDR niemals disponieren konnte und in Zukunft auch nicht verfügen sollte. Geht man vom reinen Wortlaut der Bestimmung aus, müßte man — sehr im Gegensatz zu einer in der BRD weit verbreiteten Meinung[75] — zu der Ansicht gelangen, daß die BRD weit größeren Einschränkungen unterworfen ist als die DDR. Es dürfen hier aber nicht die äußeren Umstände bei der Interpretation der völkerrechtlichen Lage übersehen werden. Die BRD war nach 1949 als integriertes Gemeinwesen mit politischem Willen weit schneller erstarkt als die DDR, so daß sich die Drei Mächte veranlaßt sahen, ihre Rechtsposition nachdrücklich in völkerrechtlich relevanter Weise zu wahren. Die UdSSR ihrerseits konnte auf Grund des ihr zustehenden verdeckten Kontrollapparates auf spezifische völkerrechtlich offenkundige Beschränkungen verzichten.

Es konnte sogar eine konziliante, an Freundschaftsverträge — aber auch an kommunistische Internationale — erinnernde Formulierung gewählt werden; die DDR *und* die UdSSR tragen nach der Präambel die gemäß den internationalen Vereinbarungen bestehenden Verpflichtungen gemeinsam. All das kann letztlich nicht darüber hinwegtäuschen, daß auch nach formellen Prinzipien, sich die DDR in ihrer Rechtsstellung erheblich von anderen Ostblockstaaten unterscheidet[76].

(2) Die Souveränität der DDR

Eine ähnliche Regelung wie Art. 1, Abs. II Generalvertrag enthält auch die sowjetische Erklärung vom 25. 3. 1954[77]; demnach unterhält die Sowjetunion mit der DDR „dieselben Beziehungen wie zu anderen souveränen Staaten"; diese Formulierung deutet ebenso auf einen Analogieschluß hin wie die entsprechende Fassung des Generalvertrages, läßt also den wahren völkerrechtlichen Status der DDR ungeklärt; jedenfalls hat die Erklärung auch im Ostblock die verschiedensten Interpretationen gefunden[78].

---

[74] Vgl. GBl. der DDR 1955 II S. 917: „Der Präsident der Deutschen Demokratischen Republik und das Präsidium des Obersten Sowjets der Union der Sozialistischen Sowjetrepubliken haben, . . . *unter Berücksichtigung der Verpflichtungen, die die Deutsche Demokratische Republik und die Sowjetunion gemäß den internationalen Abkommen, die Deutschland als Ganzes betreffen,* . . . beschlossen, den vorliegenden Vertrag zu schließen . . ."

[75] Vgl. oben I, 3.

[76] Anderer Ansicht ist *v. Bieberstein,* aaO, S. 99, der es aber nicht für notwendig erachtet, auf den „überaus komplizierten Fragenkreis der alliierten Vorbehaltsrechte" einzugehen, da diese für die Fragen der Dismembration Deutschlands oder der Separation der DDR ohne Bedeutung wären. Dem kann nicht zugestimmt werden; die Vorbehaltsrechte der Alliierten können gerade als Maßstab dafür bezeichnet werden, inwieweit der Dismembrations- bzw. Separationsprozeß fortgeschritten ist.

[77] Text: EA 1954, S. 6534 f.

[78] Die weit überwiegende Meinung in der DDR (*Haupt,* Die Souveränität der beiden in Deutschland bestehenden Staaten, StuR 1956, S. 301 ff. (312); *Martin,* Es gibt zwei deutsche Staaten, DAP 1957, S. 834 ff. 838; *Peck,* Zum völ-

Unterschiede ergeben sich nur insoweit, als in den offiziellen Verlautbarungen der DDR von der Verleihung der Souveränität durch die Sowjetunion gesprochen wird[79], während die Bundesregierung davon ausgeht, daß nach dem Wegfall der alliierten Hoheitsbefugnisse die deutsche Souveränität, die nie aufgehört habe zu bestehen, wieder aufgelebt sei[80]. Erstere Ansicht[81] kann nur die Vermutung bestätigen, daß der Rechtsstatus der DDR nur als ein von der UdSSR abgeleiteter verstanden werden kann[82], letztere nicht darüber hinwegtäuschen, daß jede deutsche Staatsgewalt, soweit nicht von den alliierten Siegermächten abgeleitet, doch von diesen überlagert ist[83].

(3) Die Stationierung ausländischer Truppen

Was die Duldung ausländischer Truppen anbelangt, entsprechen die Vereinbarungen zwischen der DDR und der UdSSR[84] den im Westen getroffenen Abmachungen. Eine verbindliche zeitliche Begrenzung wurde durch den Terminus „zeitweilig" nicht geschaffen, die „Zustimmung der Regierung der DDR" ist rechtlich bedeutungslos, da als tatsächlicher Rechtsgrund der fortdauernden Stationierung im gleichen Absatz die „bestehenden internationalen Abkommen" genannt werden. Die Feststellung im Art. 1 des Truppenvertrages vom 12. März 1957[85], daß „die

---

kerrechtlichen Status der Deutschen Demokratischen Republik, 1956, S. 17; u. a.) sieht in der Erklärung vom 25. 3. 1954 den entscheidenden Akt für die Herstellung der Souveränität, dagegen weist der sowjetische Völkerrechtler *Jurinow* (Die Festigung der internationalen Beziehungen der Deutschen Demokratischen Republik, russ. zit. bei v. Bieberstein, aaO, S. 86) darauf hin, daß erst der Vertrag vom 20. 9. 1955 „die Anerkennung der Souveränität der DDR" gebracht habe.

[79] Vgl. *Haupt*, aaO, S. 312.

[80] Deshalb die Verbindung zwischen der Beendigung des Besatzungsregimes und der vollen Macht eines souveränen Staates durch den Satzanschluß „demgemäß".

[81] Zu Recht weist *Schuster*, aaO, S. 52 darauf hin, daß der Ausdruck „Verleihung der Souveränität" eine contradictio in se bedeutet.

[82] Da im Vertrag ausdrücklich auf die „internationalen Verpflichtungen" der UdSSR eingegangen wird, muß davon ausgegangen werden, daß die UdSSR nicht mehr Rechte übertragen wollte, als ihr nach den interalliierten Abmachungen in bezug auf Deutschland zustanden.

[83] Vgl. *Arndt*, Der deutsche Staat als Rechtsproblem, 1960; *Dübber*, Zur Frage der staatsrechtlichen Position deutscher Berater auf der Viermächte-Konferenz, DVBl. 1959, S. 377 ff. (378).

[84] Art. 4, Abs. I des Vertrages über die Beziehungen zwischen der Deutschen Demokratischen Republik und der UdSSR, aaO, lautet: „Die zum gegenwärtigen Zeitpunkt in Übereinstimmung mit den bestehenden internationalen Abkommen auf dem Gebiet der Deutschen Demokratischen Republik stationierten sowjetischen Truppen verbleiben zeitweilig in der Deutschen Demokratischen Republik mit Zustimmung der Regierung der Deutschen Demokratischen Republik zu Bedingungen, die . . ." (Truppenvertrag, Fn. 85).

[85] Abkommen zwischen der Regierung der Deutschen Demokratischen Republik und der Regierung der Union der sozialistischen Sowjetrepubliken über Fragen, die mit der zeitweiligen Stationierung sowjetischer Streitkräfte auf dem Territorium der Deutschen Demokratischen Republik zusammenhängen (= GBl. 1957 I, S. 237).

Souveränität der Deutschen Demokratischen Republik durch die zeitweilige Stationierung sowjetischer Streitkräfte auf ihrem Territorium nicht beeinträchtigt wird", ändert an diesem Zustand nichts. Eine derartige Erklärung ist in keiner Weise konstitutiv für den tatsächlichen völkerrechtlichen Status, sondern muß vielmehr nach der außenpolitischen Praxis[86] als Indiz dafür gelten, daß Souveränität in Wirklichkeit nicht vorliegt.

d) Ergebnis

Im Ergebnis ist festzuhalten, daß sich die beiden Gemeinwesen BRD und DDR rechtlich gleich beurteilen. Auch bei einer formaljuristischen Betrachtung der Vorbehaltsrechte muß man zu der Schlußfolgerung gelangen, daß die beiden deutschen Gemeinwesen nicht souverän sind, daß sie in der Ausübung ihrer Herrschaftsgewalt in einer Weise beschränkt sind, die ihren Völkerrechtsstatus nicht nur quantitativ, sondern qualitativ mindert[87]. Der Umstand, daß nicht nur eine Beschränkung in der Ausübung der Rechte vorliegt, sondern die Gemeinwesen nicht einmal als Träger für die Staatlichkeit entscheidender Rechte angesehen werden[88], und zudem die den Gemeinwesen zustehenden Befugnisse, soweit es sich nicht nur um Zuständigkeiten handelt, die einer lokalen de facto Macht zukommen, als von den Siegermächten abgeleitet erachtet werden müssen[89], rechtfertigt die Annahme, daß es sich sowohl bei der BRD als auch bei der DDR nur um partielle Völkerrechtssubjekte handelt, um „künstliche" Rechtssubjekte[90, 91], die ähnlich den juristischen Personen[92] des innerstaatlichen Rechts ihren Status von den natürlichen Rechtssubjekten, den Staaten i. S. des Völkerrechts ableiten, und nur der Verwirklichung gewisser Ziele der Staatengemeinschaft (oder einzelner ihrer Mitglieder) dienen[93, 94].

---

86 Vgl. oben b (1).

87 Vgl. oben § 8, II, 3, a und § 5, I, 3.

88 Durch Art. 2, S. 1 Generalvertrag und die Präambel des Vertrages der DDR mit der UdSSR vom 20. 9. 1955 in Verbindung mit dem Potsdamer Abkommen und Art. 107 der Satzung der Vereinten Nationen sind die deutschen Gemeinwesen in den Kernfragen staatlicher Selbstbestimmung beschränkt.

89 Vgl. oben b (2) und c (2).

90 Vgl. *Gidel*, Quelques idées su la condition internationale de la Papauté, in: Revue générale de Droit international public, Bd. XVIII, S. 589 ff. (604 f.).

91 Ähnliche Unterscheidungen: „geborene, generelle" Völkerrechtssubjekte und „gekorene, spezielle" Völkerrechtssubjekte, vgl. *Berber* I, S. 113; „notwendige" Völkerrechtssubjekte und „abgeleitete" Völkerrechtssubjekte; vgl. *Mosler*, Die völkerrechtliche Wirkung bundesstaatlicher Verfassungen, aaO, S. 129 ff. (135). Vgl. oben § 5, I, 2.

92 Vgl. *v. d. Heydte*, Rechtssubjekt und Rechtsperson im Völkerrecht, in: Festschrift für Spiropoulos, 1957, S. 237 ff. (249).

93 Die BRD und die DDR wären in diesem Zusammenhang als „Zweckgebundenheiten" zu begreifen (vgl. oben § 5 I, 3, a, (2), (c)), die die in den Potsdamer Abkommen niedergelegten Grundsätze entsprechend den Ansichten und Zielen der jeweiligen Siegermacht durchzuführen haben. Anders wie das gesamtdeutsche Völkerrechtssubjekt, für das das Potsdamer Abkommen „res

III. Die Probleme der Teilordnungslehre

Mit der Feststellung, daß im Hinblick auf die beiden deutschen Gemeinwesen eine unterschiedslose rechtliche Beurteilung geboten ist und diese nicht den völkerrechtlichen Vollstatus geborener Völkerrechtssubjekte genießen, scheiden Identitäts- und Zweistaatenlehren als mögliche Erklärungen der Rechtslage im Nachkriegsdeutschland aus. Es verbleibt damit die Teilordnungslehre, und zwar in ihrer allgemeinen Form[95]. Ihre Aufgabe besteht darin, in völkerrechtlich zulässiger Weise das Miteinander von „gesamtdeutschem Dach" und Teilordnungen auf der einen Seite und das Neben- bzw. Gegeneinander von BRD und DDR auf der anderen Seite zu lösen.

1. Das gesamtdeutsche Dach

Das „gesamtdeutsche Dach" wird repräsentiert durch das überkommene, handlungsunfähige deutsche Völkerrechtssubjekt[96]. Von dieser Sicht aus betrachtet, ist nicht einzusehen, warum die politische Entwicklung „nunmehr endgültig" über die Teilordnungslehre hinweggegangen sein soll[97].

Mit der sog. Herstellung der Souveränität der beiden deutschen Gemeinwesen im Jahre 1955 ist keine grundsätzlich neue Lage entstanden. Soweit man es hierbei fälschlich auf das Vorliegen einer einheitlichen, den beiden Teilen Deutschlands übergeordneten Verwaltungsinstanz abstellt, wäre nicht der 20. 9. 1955 der Stichtag, sondern der 20. 3. 1948, der Tag der faktischen Auflösung des Kontrollrats für Deutschland.

Die ursprünglich gesamtdeutsch konzipierte Besatzungsgewalt wurde lediglich entsprechend dem Auseinanderrücken der Siegermächte aufgespalten — nicht beseitigt. Die beiden Parteien der nunmehr verfeindeten Verbündeten versuchten, den ihnen zugefallenen Teil des deutschen Territoriums völkerrechtlich zu immunisieren und vor den Zugriffen der

---

inter alios gesta" ist, haben BRD und DDR diese Bestimmungen in der jeweiligen Interpretation der für sie maßgebenden Siegermächte (Siegermacht) durch Abschluß des Generalvertrages bzw. des Vertrages vom 10. 9. 1955 zumindest stillschweigend übernommen.

[94] Zu der Frage, ob die Schaffung derartiger „corps infra-étatiques" (vgl. *Delbez,* Droit international public, 2. Aufl. 1951, S. 30) völkerrechtlich zulässig ist, soweit es sich nicht um internationale Organisationen handelt, kann nicht abschließend Stellung genommen werden; jedenfalls in Hinblick auf die Schaffung der beiden deutschen Gemeinwesen handelt es sich um eine völkerrechtswidrige Intervention gegenüber dem überkommenen deutschen Völkerrechtssubjekt, die nicht durch eine occupatio bellica gerechtfertigt werden kann; die Schaffung derartiger Gebilde zielte darauf ab, die Beschränkungen der Landkriegsordnung zu umgehen; vgl. oben § 7, I.

[95] Vgl. oben § 7, II, 1; für die speziellen Teilordnungslehren, die eine Teilordnung auf Kosten der anderen aufwerten, gilt das unter § 8, I im Hinblick auf die Identitätslehre Gesagte entsprechend.

[96] Vgl. oben § 7, I.

[97] Vgl. *v. Bieberstein,* aaO, S. 124f.

anderen Partei zu schützen. Hierbei waren aber die Siegermächte peinlichst darauf bedacht, nicht den eigentlichen Schuldner und den Anlaß ihrer Intervention zu verlieren. So nehmen die im Westen wie auch im Osten geschlossenen Vereinbarungen auf das fortbestehende deutsche Völkerrechtssubjekt — wenn auch z. T. nur indirekt — Bezug[98].

Solange die Vorbehaltsrechte der Siegermächte bestehen und Deutschland als Partner eines noch abzuschließenden Friedensvertrages angesehen wird, kann auch nicht davon die Rede sein, daß das „gesamtdeutsche Dach" und damit die Teilordnungslehre von der Staatenpraxis[99] nicht bestätigt werde und zur „bloßen Theorie" und zur „reinen Fiktion" herabgesunken ist[100].

2. Die Teilordnungen und ihr Verhältnis zum Gesamtstaat

Nach den bislang angestellten Untersuchungen stehen sich auf dem deutschen Territorium ein handlungsunfähiges Völkerrechtssubjekt[101], das derzeit unter der Bezeichnung „Deutschland als Ganzes" läuft, und zwei im Rahmen ihrer begrenzten Kompetenzen handlungsfähige partielle Völkerrechtssubjekte[102], die BRD und die DDR, gegenüber; hierbei nehmen Gesamtstaat, Teilordnungen nebst den Zuständigkeiten der Siegermächte zusammen die „völkerrechtliche Standardmaßeinheit" ein, die normalerweise von einem Staate i. S. des Völkerrechts ausgefüllt wird. Es ist nur zu natürlich, daß diese Überlagerung in ihrer Qualität verschiedener Völkerrechtssubjekte sehr schwierige Rechtsfragen aufwirft, die aber wiederum nur Ausdruck des komplexen, widerspruchsvollen politischen Wollens der Nachkriegsepoche sind.

a) Das Modell des sogenannten unechten Bundesstaates

Am besten läßt sich die derzeitige innere Strukturierung Deutschlands am Modell des sog. unechten[103] Bundesstaates erfassen. Zwar ist in zusammengesetzten Staaten grundsätzlich nur der Gesamtstaat Völkerrechtssubjekt; die völkerrechtliche Zuständigkeit eines Gliedstaates, die

---

[98] So sprechen Art. 2, Satz 1 Generalvertrag die Siegermächte von der fortbestehenden Verantwortlichkeit in bezug auf „Deutschland als Ganzes". Im Vertrag vom 20. 9. 1955 werden die „Deutschland als Ganzes" betreffenden internationalen Verpflichtungen berücksichtigt. Vgl. im übrigen oben II, 2 und 3.

[99] Daß die Teilordnungslehre nicht erklären kann, warum ein Teil der Staatengemeinschaft die DDR ignoriert, kann ihr nicht weiter angelastet werden. Nach geltendem Völkerrecht steht es den Mitgliedern frei, mit anderen Völkerrechtssubjekten — seien es solche, die den Vollstatus besitzen oder solche, die nur einen Minderstatus innehaben — zu verkehren; vgl. Einzelheiten bei *Berber* I, S. 229 f.; vgl. ferner unten Fn. 105.

[100] So *v. Bieberstein*, aaO, S. 124.

[101] Quantitativ geminderter Rechtsstatus, der aber den Status als „geborenes" Völkerrechtssubjekt nicht weiter affiziert; vgl. oben § 5, I und § 7, I.

[102] Qualitativ geminderter Rechtsstatus.

[103] Vgl. *Berber* I, § 18, insbes. S. 144.

ihm auf Grund der Verfassung eingeräumt wird, erscheint als interne Dezentralisierung der auswärtigen Gewalt. Wie *Verdroß*[104] nachweist, ändert sich diese rein innerstaatliche Beurteilung, wenn durch eine völkerrechtliche Norm einem Glied- oder Vasallenstaat oder einem anderen autonomen Teil eines Völkerrechtssubjekts eigene — wenn auch nur partielle — Völkerrechtsfähigkeit zugesprochen wird. Auf das deutsche Modell übertragen ergibt sich folgendes: Durch den Generalvertrag und den Vertrag vom 20. 9. 1955 wurde der BRD bzw. der DDR von der jeweilig zuständigen Siegermacht[105] partielle[106] eigene Völkerrechtssubjektivität verliehen. BRD und DDR blieben damit im Verhältnis zum Gesamtstaat diesem weiter untergeordnet, auch wenn dieser durch die Siegermächte mediatisiert wurde[107].

b) Die Überlagerung von Völkerrechtssubjekten in der aktuellen Völkerrechtspraxis

Die geschilderte quasi-bundesstaatliche Struktur des überkommenen deutschen Völkerrechtssubjekts ist trotz ihrer Komplexität nicht nur Fiktion und wissenschaftliches Modell.

(1) Die Annahme der sich gegenseitig überlagernden Völkerrechtssubjekte entspricht z. B.[108] dem Selbstverständnis der *UdSSR*. Von den sowjetischen

---

[104] Völkerrecht, 4. Aufl. 1959, S. 134 ff.

[105] Nach *Verdroß*, aaO, S. 135 entsteht das partielle Völkerrechtssubjekt — im Gegensatz zum geborenen, das kraft eigener Existenz den völkerrechtlichen Vollstatus besitzt — nur in dem Umfang wie seine Völkerrechtsfähigkeit durch konstitutiven Völkerrechtsakt anerkannt wird. BRD und DDR sind demnach nur gegenüber den Staaten partielle Völkerrechtssubjekte, die sie als partielle Völkerrechtssubjekte anerkannt haben; es besteht die Möglichkeit, eine Teilordnung als partielles Völkerrechtssubjekt anzuerkennen und die andere zu ignorieren; man kann beide oder keine als partielles Völkerrechtssubjekt behandeln. All dies berührt den völkerrechtlichen Status des Gesamtstaates nicht. Versteht man die Anerkennung der BRD und der DDR durch andere Völkerrechtssubjekte demgemäß nur als eine Anerkennung eines partiellen Völkerrechtssubjekts, so ist damit die so zweischneidige Problematik, die die Hallstein-Doktrin aufwirft, entschärft.

[106] Die Verleihung kann sich, wie *Verdroß*, aaO, S. 135 zutreffend ausführt, nur auf jene Angelegenheiten erstrecken, die in den autonomen Wirkungskreis der jeweiligenTeilordnung fallen, nicht also Zuständigkeiten umfassen, die den Gesamtstaat betreffen. Daraus ergibt sich, daß es sich bei der Verleihung (bei gleichzeitiger Respektierung einer überlagernden Völkerrechtssubjektivität) nur um eine partielle Völkerrechtssubjektivität handeln kann. Auch von dieser Sicht betrachtet, gewinnen die Vorbehaltsrechte der Siegermächte — insbesondere die der westlichen Siegermächte in bezug auf „Deutschland als Ganzes" und Berlin — ihre spezifische Bedeutung.

[107] Da der Gesamtstaat Ausmaß und Art der Selbständigkeit seiner Glieder bestimmen kann, erscheint die Verleihung partieller Völkerrechtssubjektivität durch dritte Staaten als Einmischung in die inneren Angelegenheiten des Gesamtstaates; im Falle Deutschlands handelt es sich um eine Intervention, die aus dem Rahmen einer occupatio bellica fällt.

[108] Die Überlagerung von Völkerrechtssubjekten tritt praktisch in jedem sog. „unechten" Bundesstaat auf, in dem die Gliedstaaten durch den Bundesstaat nicht restlos mediatisiert werden; es handelt sich dann meist um kom-

Völkerrechtsautoren[109] wird so unter Hinweis auf Art. 17 des Grundgesetzes[110] nicht nur Völkerrechtssubjektivität für die Union der sozialistischen Sowjetrepubliken in Anspruch genommen, sondern auch für die Gliedstaaten[111].

(2) Im Hinblick auf die Rechtslage im Nachkriegsdeutschland ist die Konzeption der überlagerten Völkerrechtssubjekte in der Form, daß sich unterhalb des handlungsunfähig fortbestehenden Gesamtvölkerrechtssubjekts ein Teilstaat mit partieller Völkerrechtssubjektivität befindet, von Prof. *Grewe*, dem Leiter der Berater-Delegation der Bundesrepublik Deutschland, auf der Genfer Außenministerkonferenz des Jahres 1959 in etwa angesprochen worden[112].

Grewe hatte sich seinerzeit mit dem sowjetischen Vorwurf auseinanderzusetzen, daß, wenn Deutschland als einheitliches Ganzes ein Subjekt des internationalen Rechts darstelle, die BRD und die DDR irgendwelche unerklärlichen Gebilde darstellen würden[113]; er führte u. a. unter Hinweis auf die

---

plizierte Verschränkungen von bundesstaatlichen und staatenbündischen Elementen — wie etwa das Deutsche Reich nach der Verfassung von 1871 (vgl. *Berber* I, S. 144, ferner *Windisch*, Die völkerrechtliche Stellung der deutschen Einzelstaaten, 1905) — verbunden mit einer partiellen Völkerrechtssubjektivität, soweit eine konstitutive Anerkennung durch dritte Staaten vorliegt und nicht nur „eine widerrufliche Ermächtigung des Landesrechts" (vgl. *Guggenheim*, I, S. 275) gegeben ist. Beispielhaft für die verschiedenen Entwicklungsstufen ist das britische *Commonwealth*. Die *Dominions*, die früher Kolonien waren, erlangten über den Status beschränkter Selbstverwaltung während des 1. Weltkrieges so große Selbständigkeit, daß sie von der Völkerbundssatzung als selbständige Mitglieder und damit als partielle Völkerrechtssubjekte anerkannt wurden. Auf der Empire-Konferenz des Jahres 1926 (vgl. Balfour-Bericht) wurde festgestellt, daß es sich bei den Dominions um „autonomous Communities within the British Empire" handelte. Dadurch wird die Überlagerung der Völkerrechtssubjektivität von Dominion und Empire deutlich. Erst allmählich sind die Dominions auch gegenüber dem Mutterland und untereinander zu voller Völkerrechtspersönlichkeit aufgestiegen; im selben Umfang hat sich das Völkerrechtssubjekt „British Empire" in einen Staatenverband ohne eigene Völkerrechtssubjektivität umgewandelt. Vgl. Einzelheiten bei *Berber*, Die Rechtsbeziehungen der britischen Dominions zum Mutterlande, 1929 und *Noël-Baker*, Le statut juridique actuel des dominions britaniques, Recueil des Cours de l'Académie de droit international de la Haye 19 (1927), S. 249.

[109] Vgl. etwa das von der Akademie der Wissenschaften der UdSSR herausgegebene Lehrbuch des Völkerrechts, deutsche Übersetzung Berlin-Ost 1960, S. 88; ferner *Lewin-Trajnin*, Lehrbuch des sowjetischen Staatsrechts, 1948 (russ.), S. 253 f., zit. bei *Maurach*, aaO, S. 106.

[110] Art. 17 des Grundgesetzes der Union der sozialistischen Sowjetrepubliken lautet in der vom Obersten Sowjet der UdSSR 1955 angenommenen Fassung: „Jeder Unionsrepublik bleibt das Recht auf freien Austritt aus der UdSSR gewahrt."

[111] Die Russische Sozialistische Föderative Sowjetrepublik und die Ukrainische Sozialistische Sowjetrepublik sind entsprechend dieser Auffassung Mitglieder der Vereinten Nationen; beide Sowjetrepubliken haben jedoch das Ansinnen Großbritanniens abgelehnt, diplomatische Beziehungen aufzunehmen.

[112] Vgl. Sitzung vom 2. Juni 1959, Bulletin Nr. 98 vom 4. Juni 1959, S. 994.

[113] Vgl. etwa *Tunkin*, Eine unglückliche Auslegung des internationalen Rechts, Iswestija vom 27. Mai 1959, der bei Fortexistenz eines gesamtdeutschen Völkerrechtssubjekts in der BRD und der DDR nur „unerklärliche ephemerische Gebilde" erblicken kann, ohne aber im Falle Deutschlands die Überlegungen anzustellen, die sowjetischen Staats- und Völkerrechtlern im Hinblick auf die UdSSR und ihre Gliedstaaten geläufig sind.

innere Strukturierung der Sowjetunion aus, daß die Tatsache, daß zahlreiche Staaten mit der Bundesrepublik Deutschland Verträge geschlossen und diese damit als selbständiges Völkerrechtssubjekt[114] anerkannt haben, die Fortexistenz Gesamtdeutschlands als internationale Einheit nicht berühre.

(3) *Nicht* geteilt wird die Auffassung von der Überlagerung und Ergänzung der Völkerrechtsfähigkeit auf deutschem Gebiet von den Regierungen der beiden Teilordnungen[115]; dies entspricht dem allgemeinen politischen Erscheinungsbild: partielle Völkerrechtssubjekte, wie abhängige Staaten, gerieren sich als Vollmitglieder der Staatengemeinschaft und werden in diesen Bestrebungen noch von ihren jeweiligen Schutzmächten unterstützt, die dadurch wiederum die zu ihren Lasten gehende tatsächliche Unzuständigkeit und Abhängigkeit des Vasallen zu verschleiern suchen. Derartige auf den völkerrechtlichen Vollstatus abzielende Beschönigungen und Beteuerungen sind solange unbeachtlich, wie tatsächlich eine Beschränkung der beiden deutschen

---

[114] Allerdings bleibt sehr unklar, was Grewe mit der Charakterisierung der BRD als „selbständiges Völkerrechtssubjekt" meint. Der Hinweis auf die russischen Sowjetrepubliken läßt vermuten, daß „selbständig" nicht im Sinne von „unabhängig" oder „souverän", sondern im Sinne von „vom Gesamtstaat zu unterscheidendes" Völkerrechtssubjekt oder „weiteres" Völkerrechtssubjekt zu interpretieren ist. Andererseits beschließt Grewe seine Erörterung wieder ganz im Sinne der von der Bundesregierung vertretenen Identitätslehre, wenn er ausführt, daß die BRD als lokale de jure Regierung den Friedensvertrag nicht abschließen könne — aber nicht etwa, weil die BRD ein vom gesamtdeutschen Völkerrechtssubjekt zu unterscheidendes partielles Völkerrechtssubjekt sei.

[115] Von der Bundesregierung geschieht dies auf Grund politischer Wunschvorstellungen und in Verkennung der tatsächlichen Rechtslage; dies ist um so bedauerlicher, als dadurch der völkerrechtlich einzig gangbare Weg zu den von der Bundesregierung angestrebten Zielen verbaut wird und — zumindest — Möglichkeiten des rechtlich-politischen Selbstverständnisses, die das Grundgesetz aufzeigt, nicht sinnvoll genutzt werden. Durch die Präambel des Grundgesetzes und Art. 146 GG hat der Parlamentarische Rat die Bestimmungen des Grundgesetzes gegen mancherlei Widerstände als räumlich und zeitlich begrenzte, provisorische Ordnung verstanden, die ihre Gültigkeit verlieren soll, wenn eine Verfassung in Kraft tritt, „die von dem deutschen Volke in freier Entscheidung beschlossen worden ist". Jenseits der vorerst nur akademischen Streitfrage, welche Art der demokratischen Legitimation der Art. 146 GG anspricht (vgl. etwa *Wengler*, Deutschland als Rechtsbegriff, aaO, S. 88; *Scheuner*, Voraussetzungen und Verfahren der Wiedervereinigung, in: EA 1955, S. 8076, *Scheuner*, Die Rechtslage des geteilten Deutschlands, aaO, S. 112 f.; *Menzel*, Falsche staats- und völkerrechtliche Thesen zur Wiedervereinigung, Blätter für deutsche und internationale Politik, Heft 9/1959, S. 714 f.), ist offenkundig, daß sich die nur in Westdeutschland zusammengetretene Konstituante dem pouvoir constituant des Gesamtstaates unterordnete (ähnlich *v. Mangoldt-Klein*, Das Bonner Grundgesetz (Kommentar), aaO, S. 37), was für eine quasi-bundesstaatliche Ordnung sprechen kann; damit steht die hier vertretene Teilordnungslehre dem Grundgesetz zumindest nicht entgegen. Zur diesbezüglichen Rechtsprechung der Obergerichte vgl. *Vocke*, Deutschlands Rechtslage im Spiegel der Lehre und Praxis, Diss. Würzburg 1957, S. 86 ff., wobei festzustellen ist, daß die Gerichte bei ihren Stellungnahmen sich nicht mit den eigentlichen Theorien befaßt haben. Soweit man sich mit dem Verständnis der deutschen Rechtslage auseinandersetzt, geschieht dies aus den rein praktischen Erwägungen des Einzelfalles; es dürfte sich dabei weitgehend um sog. obiter dicta handeln; dies gilt auch für das sog. Konkordatsurteil aus dem Jahre 1957 (BVerfGE 6, 338) und das sog. Fernsehurteil aus dem Jahre 1961 (BVerfGE 12, 205 (250 f.)).

Teilordnungen gegenüber den Siegermächten und „Deutschland als Ganzem" besteht.

3. Ergebnis und Entwicklungstendenz

a) Mögen auch Lockerungstendenzen und Anzeichen einer Verselbständigung der Teilordnungen vom durch die Siegermächte vertretenen Gesamtstaat unbestreitbar sein, so ist dieser Umwandlungsprozeß vom partiellen zum vollen Völkerrechtssubjekt, an dessen Ende der Untergang des gesamtdeutschen Völkerrechtssubjekts steht, noch nicht abgeschlossen[116]. Dieser Umstand wird mehr mit allgemein-politischen als

---

[116] Weder die durch die Hinterlegung der Ratifizierungsurkunden bei den jeweiligen Depositarregierungen erfolgte gemeinsame Mitgliedschaft von BRD und DDR beim Versuchsstopvertrag des Jahres 1963 (vgl. EA 1963, S. 583) noch der Vertrag über Freundschaft gegenseitigen Beistand und Zusammenarbeit zwischen der DDR und der UdSSR (Text: EA 1964, D 325) haben an der bestehenden völkerrechtlichen Lage Grundsätzliches geändert.

(1) *Der Versuchsstopvertrag*

Nach Art. III, Ziff. 1, S. 1 soll der Vertrag „allen Staaten zur Unterzeichnung offenstehen". Die an den Beitritt oder die Ratifizierung geknüpfte automatische Mitgliedschaft kann aber weder konstitutiv für die Stellung eines Gemeinwesens in der Staatengemeinschaft sein, noch für eine allgemeine internationale Anerkennung bedeutsam werden, wenn die Beitritts- oder Ratifizierungsurkunde bei mehreren Depositarregierungen hinterlegt werden kann, ohne daß sie einer Kontrollkommission zur Billigung vorgelegt werden muß. Es handelt sich hier um ein reines Anerkennungsproblem (vgl. oben). Auf der Genfer Konferenz „on the Discontinuance of Nuclear Weapons Tests" schlugen die USA in der Sitzung vom 28. 7. 1960 den Passus „any state or authority" vor, um auch Regime zu erfassen, die keine weitere de jure Anerkennung genießen (vgl. *Cornides* in EA 1963, S. 583 ff.); obwohl sich die von den USA vorgeschlagene Formulierung nicht durchsetzen konnte, kann angenommen werden, daß die gemeinsame Mitgliedschaft in einer internationalen Organisation, die allen Staaten und — mangels einer funktionellen Überprüfung des Beitritts neuer Mitglieder durch alle Mitglieder der Völkergemeinschaft — jedem auch nur staatsähnlichen Gebilde gleich welchen Völkerrechtsstatus offensteht, den rechtlichen Status quo zwischen den Mitgliedern nicht berührt (vgl. so auch die Erklärung des amerikanischen Chefdelegierten vom 25. April 1961, zit. bei Cornides, aaO). Jedes Mitglied kann insbesondere jederzeit seine Position gegenüber einem anderen Mitglied klarstellen, um einem etwa durch die Mitgliedschaft erzeugten Rechtsschein entgegenzuwirken. Es ist so durchaus möglich, daß Völkerrechtssubjekte mit quantitativ oder gar qualitativ gemindertem Völkerrechtsstatus mit Völkerrechtssubjekten, die den Vollstatus genießen, durch ein internationales Vertragswerk verknüpft werden.

(2) *Der Beistandspakt zwischen der UdSSR und der DDR vom 12. Juni 1964*

Das Abkommen ist detaillierter und geht über das Vertragswerk vom 20. Sept. 1955 (vgl. oben) z. T. hinaus; es wird geprägt von dem Gedanken, das Gebiet der DDR vor den Zugriffen Dritter zu schützen (vgl. *Mahnke*, EA, 1964, S. 503 ff.). Dies geschieht vornehmlich dadurch, daß der UdSSR mit dem Hinweis auf den sozialistischen Internationalismus in Art. 1 des Vertrages de facto ein dauerndes Interventionsrecht zugestanden wird. Im übrigen wird die bisherige Deutschland-Konzeption durch das Vertragswerk nicht berührt; dies ergibt sich einmal aus der Bezugnahme auf den Vertrag vom 20. Sept. 1955 (vgl. Präambel), zum andern aus Art. 9: „Dieser Vertrag berührt nicht die Rechte und Pflichten der beiden Seiten aus geltenden zweiseitigen und anderen internationalen Abkommen, *einschließlich des Potsdamer Abkommens.*" In diesem Zusammenhang erscheint der Hinweis auf die „staatliche

mit logisch-rechtlichen Argumenten in Zweifel gezogen, obwohl sich in Terminologie und Konzeption der östlichen und westlichen Vertragswerke eine sonst zwischen Ost und West kaum beobachtete Übereinstimmung ergibt. Soweit man sich um eine Interpretation der völkerrechtlich relevanten Akte überhaupt bemüht, wird geltend gemacht, daß die Bezugnahme auf „Deutschland als Ganzes" nichts anderes sei, als die Bezugnahme auf einen Rechtsbegriff, der in den Vereinbarungen des Jahres 1945 noch als solcher von Bedeutung war, aber inzwischen durch die von der Sowjetunion angeblich als vollzogen angesehene Dismembration Deutschlands seines spezifisch völkerrechtlichen Inhalts beraubt worden sei; Objekt des Terminus „Deutschland als Ganzes" seien heute die beiden Neustaaten in ihrer Eigenschaft als Nachfolgestaaten des Deutschen Reichs[117].

Einmal wird hier— soweit auf die „Eigenschaft als Nachfolgestaat" angespielt wird — auf die Staatensukzession in einem unzulässigen Maße innerstaatliches Erbrecht angewandt[118], zum andern sind Rechtsansichten, die etwa die Sowjetunion aus politischen Motiven heraus äußert, für die deutsche Rechtslage grundsätzlich unerheblich, solange sie nicht in völkerrechtlich relevanter Weise sich dokumentieren und durch die völkerrechtlich bindenden Erklärungen widerlegt werden[119].

Souveränität" der DDR, die schon in Art. 1 durch die komplexe und widerspruchsvolle Verknüpfung mit den „hohen Prinzipien des sozialistischen Internationalismus" ausgehöhlt wird, als eine im wesentlichen inhaltlose Beteuerung.

[117] So *v. Bieberstein*, aaO, S. 120, Anm. 201.

[118] Vgl. oben § 7, II, 3 b. *Tunkin*, Eine unglückliche Auslegung des internationalen Rechts, in Iswestija vom 27. März 1959, erläutert die Präambel des sowjetischen Friedensvertragsentwurfs, aaO — „Deutschland, gegenwärtig *vertreten* durch die Deutsche Demokratische Republik und die Bundesrepublik Deutschland (oder falls zum Zeitpunkt der Unterzeichnung des Friedensvertrages eine Deutsche Konföderation gebildet sein wird — durch die Deutsche Konföderation sowie durch die Deutsche Demokratische Republik und die Bundesrepublik Deutschland) — am Beispiel Indien; der angesehene russische Völkerrechtler führt aus, daß Indien durch „die zwei jetzt bestehenden Staaten (nämlich durch Indien und Pakistan) *vertreten* werde; es handle sich um eine dem internationalen Recht wohlbekannte Situation der *Rechtsnachfolge* von Staaten, wobei die neuen Staaten für den alten auftreten. Ganz abgesehen davon, daß Tunkin das tatsächliche rechtliche Schicksal von Britisch-Indien falsch würdigt (der Staat Indien ist der mit dem überkommenen indischen Völkerrechtssubjekt identische Staat, während Pakistan als sezessionaler Neustaat erscheint, vgl. Nachweise bei *Dahm* I, S. 98), kann immer nur ein Rechtssubjekt vertreten werden, das tatsächlich noch besteht; die rechtlich relevante Vertretung eines Nullum ist weder im Völkerrecht noch in irgendeiner innerstaatlichen Rechtsordnung möglich; vgl. den zutreffenden Beitrag der FAZ vom 3. Aug. 1957, Nr. 176, S. 8.

[119] Vgl. etwa — im Gegensatz zur französischen Argumentation — die Erklärung des Obersten Sowjets der UdSSR über die Beendigung des Kriegszustandes zwischen der Sowjetunion und Deutschland; Ziff. 1 lautet: „Der Kriegszustand zwischen der Sowjetunion und Deutschland wird beendet; und zwischen ihnen werden friedliche Beziehungen hergestellt" (Text: Max-Planck-Institut, aaO, (§ 7, Fn. 13), S. 395 ff. (398); vgl. oben § 7, I, 2, b, (1).

b) Die geschilderte Rechtslage im Nachkriegsdeutschland ist wie jedes Rechtsverhältnis — und besonders wie alle politischen Einflüssen ausgesetzten Völkerrechtsverhältnisse — nicht allein statisch zu erfassen. Mit Recht spricht so v. Bieberstein von einem „in Bewegung befindlichen Dismembrationsvorgang“[120]. Scheuner geht von der deutschen Rechtslage als von einem „in Bewegung befindlichen Gegenstand“[121] aus, und Vocke meint, Deutschland befinde sich in einem „Übergangsstadium, in dem verschiedene Kräfte um die endliche Entscheidung ringen“[122]. Ob das „gesamtdeutsche Dach“ weiter geschwächt und schließlich in sich zusammenbrechen wird, ob durch das weitere Ausbleiben einer definitiven rechtlichen Lösung die faktischen Verhältnisse weiter an Gewicht gewinnen werden, ist Gegenstand einer politischen Prognose, die anbetrachts des gegenwärtig verwirrenden Nebeneinanders von Trennung und gewollter Einheitlichkeit nicht leicht gestellt werden kann.

§ 9 Die besondere Lage in Berlin und den deutschen Ostgebieten

Das Berlin-Problem und die Behandlung der Rechtslage in den deutschen Ostgebieten konnte zunächst ausgeklammert werden[1] und wird nun in der gebotenen Kürze dargestellt.

I. Berlin

Der rechtliche Sonderstatus Berlins wurde zunächst im Protokoll der „Europäischen Beratenden Kommission“ vom 12. Sept. 1944[2] festgelegt; die Besetzung Berlins wurde durch das Abkommen der vier Mächte vom 5. Juni 1945 betreffend der „Feststellung über die Besatzungszonen“ geregelt[3]. Das Recht auf Besetzung Berlins wird aus der Niederlage Deutschlands abgeleitet; hierauf beruht auch letztlich das Recht der Westmächte auf den Zugang zu Berlin[4]. Die Einheit Berlins konnte durch die „vorläufige Verfassung von Groß-Berlin“ vom 13. Aug. 1946 zunächst

[120] *v. Bieberstein,* aaO, S. 161.

[121] *Scheuner,* Voraussetzungen und Verfahren der Wiedervereinigung Deutschlands, EA 1955, S. 8071 ff. (8076).

[122] *Vocke,* Politische Gefahren der Theorien über Deutschlands Rechtslage, EA 1957, S. 10 199 ff. (10 201).

[1] Vgl. oben § 6, Fn. 13; § 7 II.

[2] Text: *Deuerlein,* Die Einheit Deutschlands, S. 222.

[3] Text: *Deuerlein,* aaO, S. 246; Absatz 2 des auch von Frankreich unterzeichneten Abkommens lautet: „Das Gebiet von Groß-Berlin wird von Truppen einer jeden der vier Mächte besetzt. Zwecks gemeinsamer Leitung der Verwaltung dieses Gebietes wird eine interalliierte Behörde (Kommandantura) errichtet, welche aus vier von den entsprechenden Oberbefehlshabern ernannten Kommandanten besteht.“

[4] Das Recht der Westmächte auf freien Zugang wurde durch zahlreiche Viermächte-Vereinbarungen und -Abkommen „bestätigt“ (vgl. etwa das New Yorker Abkommen zur Beendigung der Blockade vom 4. Mai 1949 und das Pariser Vier-Mächte-Kommuniqué vom 25. Juni 1949, Text: *Deuerlein,* aaO, S. 327 ff.

gewahrt werden, die aber die faktische Spaltung Berlins in den folgenden Jahren nicht verhinderte[5]. Insoweit erscheint Berlin für sich als „Mikrokosmos" der deutschen Nachkriegsprobleme, der der allgemeinen Gesetzmäßigkeit des „Makrokosmos" der Deutschlandfrage unterliegt. So unterschiedlich die Ansichten über die Rechtslage im geteilten Deutschland sind, so uneinheitlich ist demgemäß die Beurteilung des geteilten Berlins.

1. Groß-Berlin als ein Teil der Bundesrepublik

Nach Art. 23, S. 1 GG gehört Groß-Berlin zum Geltungsbereich des Grundgesetzes; es wird damit als Teil der BRD verstanden[6]. Die Organe der BRD und der Westberliner Senat gehen demgemäß davon aus, daß Groß-Berlin[7] ein Land der BRD ist und zumindest der Teil der Stadt, in dem die Hoheitsgewalt des Senats ausgeübt wird[8], zum Geltungsbereich des Grundgesetzes und damit zum Bundesgebiet zählt[9].

2. Groß-Berlin als ein Teil der DDR

Während die Bundesrepublik ihre Position in Berlin durch die Rechtsbehauptungen der Kontinuität[10] und der Identität[11] zu untermauern sucht, verfolgt die DDR die Einbeziehung auch Westberlins in ihren Machtbereich mit der Herausstellung faktischer Gegebenheiten — wie sie etwa die unnatürliche Insellage Berlins darstelle — und der Behauptung,

---

[5] Vgl. etwa den Überblick bei *Schlüter,* aaO, S. 153 ff. (Die Krise um Berlin) und *Keesing's* Archiv der Gegenwart 1948/49, S. 1631 ff.

[6] Im Schrifttum wird zwar gelegentlich zwischen dem „Geltungsbereich des Grundgesetzes" und dem „Bundesgebiet" unterschieden; theoretisch ergäbe sich daraus die Möglichkeit, daß Berlin zwar zum Geltungsbereich des Grundgesetzes gehört, wie dies in Art. 23 GG zum Ausdruck kommt, aber nicht zum Gebiet der BRD (vgl. Bonner Kommentar, Erl. II, 1 zu Art. 23); praktisch ist aber eine derartige Inkongruenz nur dann möglich, wenn vorübergehend ein Teil des Staatsgebietes nicht zum Verfassungsgebiet gehört. Der Fall der Inkongruenz von Staats- und Verfassungsgebiet, daß das Verfassungsgebiet über das Staatsgebiet hinausreicht, widerspräche dem Wesen der an den Territorialverband gebundenen Souveränität.

[7] In der Westberliner Verfassung vom 1. Sept. 1950 ist zwar die Bezeichnung „Groß-Berlin" dem einfacheren Namen „Berlin" gewichen; die Konzeption Berlins als rechtliche Einheit wurde aber dadurch nicht aufgegeben (vgl. etwa Regierungserklärung des Regierenden Bürgermeisters von Berlin, in: Dokumente zur Berlin-Frage 1944—1962, 2. Aufl. 1962, S. 157).

[8] Vgl. etwa BVerfGE 5, S. 2 ff. (7) und 1, S. 70.

[9] Vgl. Nachweise bei *v. Mangoldt-Klein,* Das Bonner Grundgesetz, Bd. I, S. 646 ff.; ferner *Brandt,* Berlins Stellung im Bund, Parlament Nr. 39 vom 26. Sept. 1962; weiter die vom Bundesgesetzgeber gebrauchten Termini „Berlin und der übrige Geltungsbereich des Grundgesetzes", „Berlin und die übrigen Länder".

[10] Vgl. oben § 7, I.

[11] Vgl. oben § 7, II.

Berlin liege auf dem Territorium der DDR[12]. Allerdings ist die Ansicht, daß Westberlin de lege lata Bestandteil der DDR sein soll, wieder fallen gelassen worden[13].

3. Groß-Berlin als deutsche Teilordnung

Obwohl der Ostsektor Berlins faktisch in die DDR eingegliedert wurde — insoweit also der Sonderstatus beseitigt worden ist — und ähnliche Bestrebungen seitens der BRD in bezug auf die Westsektoren in Gange sind, ist Groß-Berlin nach wie vor als eine besondere Einheit zu betrachten, der es nach den Abkommen der vier Hauptmächte[14] verwehrt ist, ganz oder in Teilsektoren in die auf dem Gebiet des deutschen Völkerrechtssubjekts entstandenen Gemeinwesen BRD[15] und DDR[16] einbezogen zu werden.

Groß-Berlin ist damit neben BRD und DDR das dritte deutsche Gemeinwesen auf deutschem Gebiet und steht unter dem „gesamtdeutschen Dach"; als Teilordnung hat es nicht in dem Maße partielle Völkerrechts-

---

[12] So der Erste Sekretär der SED, *Ulbricht*, am 28. Okt. 1958, zit. bei *Schlüter*, aaO, S. 159. Unterstützt wird Ulbricht von dem sowjetischen Völkerrechtler *Tunkin* (zit. bei Schuster, aaO, S. 102), der ausführt, den Westmächten seien auf den drei Westsektoren Berlins nur administrative und politische „Nutzungsrechte" mit dem Zweck eingeräumt worden, an der Verwirklichung des Potsdamer Abkommens mitzuwirken.

[13] *Chruschtschow* hat in seiner Rede vom 10. 11. 1958 lediglich angeregt, die „Überreste des Besatzungsregimes in Berlin" zu beseitigen (vgl. *Schlüter*, aaO, S. 159 f.) und in Noten an die drei Westmächte und die BRD (vgl. Noten vom 27. Nov. 1958, Text: Archiv der Gegenwart, 1958, S. 7413 ff.) sich bereit erklärt, nach Beendigung des Besatzungsregimes Westberlin den Status einer „Freien Stadt" einzuräumen. Die DDR vertritt gegenwärtig die Ansicht, daß ihr Anspruch auf Westberlin zeitweise durch die Viermächteverantwortung suspendiert sei (vgl. Deutsche Außenpolitik 1963, S. 341 ff.).

[14] Vgl. oben Fn. 2 und 3.

[15] Die drei Westmächte haben — insoweit auch unterstützt von der Sowjetunion — alle Versuche der BRD und Westberlins (vgl. oben 1) vereitelt, die Westsektoren Berlins verfassungs- und staatsrechtlich der Bundesrepublik einzugliedern; der Auffassung des Bundesverfassungsgerichts (BVerfGE 7, 1 ff. (7)), daß es sich bei dem Einspruch der drei Westmächte in bezug auf die rechtliche Stellung Berlins gegenüber dem Bund nicht um eine Suspension der Mitgliedschaft, sondern nur um eine „Beschränkung der Anwendung des GG" handelt, kann nicht beigepflichtet werden; Nr. 4 Satz 1 des Genehmigungsschreibens der Militärgouverneure zum Grundggesetz (in der Übersetzung des Parlamentarischen Rates, VOBlBZ 416) lautet: „Ein dritter Vorbehalt betrifft die Beteiligung Groß-Berlins am Bund"; es ist damit klargestellt, daß nicht nur der Gesetzesbefehl des Bundesgesetzgebers in bezug auf Berlin eingeschränkt wird, sondern daß die institutionelle Eingliederung in die Bundesrepublik angesprochen wird. Es handelt sich hier wiederum um „Vorbehalte", um Zuständigkeiten, die die BRD oder die Organe West-Berlins niemals inne hatten und die die Besatzungsmächte kraft originärer Befugnis ausüben (vgl. oben § 8, II, 3, b).

[16] Die drei Westmächte haben gegen jeden Schritt, der auf die Eingliederung des Ostsektors in die DDR abzielte, protestiert. Die Westmächte sind insoweit ihrer auch in bezug auf Ostberlin bestehenden Rechte (vgl. oben Fn. 2 und 3) nicht verlustig gegangen, obgleich diese Rechte sich auf Grund

subjektivität erlangt, wie die beiden anderen deutschen Teilordnungen[17]. Im Außenverhältnis steht es ganz unter der Oberhoheit der alliierten Besatzungsmächte; innerhalb der Teilordnung Berlins hat ein ähnlicher Spaltungsprozeß stattgefunden, wie er auch zur Teilung Deutschlands geführt hat, es haben sich in der Teilordnung nochmals zwei Gemeinwesen herausgebildet[18], von denen Westberlin, begünstigt durch die Insellage, seine spezifischen Eigenheiten auf Grund der von den drei Westmächten verfolgten Politik bewahrt hat, Ostberlin aber, nachdem es lange als ein Sondergebilde neben der DDR existiert hat, im Begriffe ist, von dieser aufgesogen zu werden.

4. Exkurs: Berlin als „Freie Stadt"

Das Bild der „Freien Stadt", als Gemeinwesen, welches nur aus einer Stadt besteht und keinem anderen Gemeinwesen unterworfen ist[19], kann den gegenwärtigen Rechtszustand in Berlin oder in einem seiner Gemeinwesen nicht zutreffend wiedergeben. De lege ferenda[20] würde es sich um einen Versuch handeln, die Lage in der geteilten Stadt dadurch zu „normalisieren"[21], daß die Teilordnung Berlin — oder eines ihrer Gemeinwesen[22] — zum vollen Völkerrechtssubjekt aufgewertet wird.

II. Die deutschen Ostgebiete

1. Die polnischer Verwaltung unterstellten Gebiete

Ob das im Abschnitt IX, Absatz B („Western Frontier of Poland") des Potsdamer Abkommens genannte Gebiet[23] als ein deutsches Gemeinwe-

---

des Scheiterns der interalliierten Kontrolle im Ostsektor der Stadt nur im begrenzten Umfange realisieren lassen und sich gegenwärtig auf das Recht der Anwesenheit beschränken.

[17] Anders wie im übrigen Besatzungsgebiet hat eine Aufwertung Berlins — was den völkerrechtlichen Status anbelangt — bisher nicht stattgefunden; nach dem Generalvertrag gehört Berlin vielmehr zu den alliierten Vorbehalten (vgl. Art. 2, S. 1 und oben § 8, II, 3).

[18] Vgl. *Peters*, Die staats- und völkerrechtliche Lage Berlins, in DV 1949, S. 601 ff.

[19] Vgl. *Münch*, Die Freie Stadt, FW, Bd. 55 (1959), S. 26 f.

[20] Praktische Bedeutung kann der Vorschlag erst dann gewinnen, wenn das überkommene deutsche Völkerrechtssubjekt untergegangen ist, als dessen integrierender Bestandteil Berlin bis zu diesem Zeitpunkt gelten muß.

[21] Die Freie Stadt ist an sich ein anormaler Zustand; sie erscheint entweder als bedeutungsloses Kuriosum der Staatengemeinschaft (z. B. San Marino), als Zankapfel (z. B. Danzig) oder restlos künstliches Gebilde ohne Verfassungsautonomie (z. B. Jerusalem nach dem nicht ausgeführten Palästina-Plan der UN). Die Insellage Berlins ohne freien Zugang zum Meer und die Schärfe der bisherigen ideologischen Auseinandersetzung müssen ernsthafte Zweifel am Erfolg einer derartigen Lösung wecken (vgl. Einzelheiten: *Münch*, aaO). Es ist jedenfalls nicht zu erwarten, daß eine Freie Stadt Berlin — mitten im sowjetischen Hegemonialbereich — die Rolle Krakaus von 1815—1846 als Symbol nationaler Einheit spielen kann.

sen konzipiert war, läßt sich nicht eindeutig feststellen[24]. Ursprünglich galt das genannte Gebiet als Teil der sowjetischen Besatzungszone in Deutschland; im Juli 1945[25] übten sowjetische und polnische Stellen gemeinsam die Verwaltung aus, wobei Polen noch nicht als Besatzungsmacht auftrat[26]. In einem gewissen Widerspruch steht auch die nur zeitweilige Übertragung der Ostgebiete an Polen[27], mit der im nämlichen Dokument vereinbarten Vertreibung der Deutschen aus diesem Gebiet[28], [29]. Einzelheiten dieses sehr vielschichtigen Problems werden im Zusammenhang mit den territorialen Bestimmungen des Friedensvertrags mit Deutschland eingehend behandelt werden müssen[30].

Hier genügt die Feststellung, daß zum gegenwärtigen Zeitpunkt[31] in den unter polnischer Verwaltung stehenden Gebieten weder deutsche Staatsgewalt noch Staatsgewalt für das überkommene deutsche Völkerrechtssubjekt ausgeübt wird. Es handelt sich um keine deutsche Teilordnung, wie sie die BRD, die DDR und etwa auch Berlin darstellen.

---

22 So der sowjetische Vorschlag vom 27. Nov. 1958; vgl. oben Fn. 13.

23 „the former German territories east of the line running from the Baltic Sea immediately west of Swinemunde, and thence along the western Neisse of the Czechoslovak frontier, including that portion of East Prussia not placed under the administration of the Union of Soviet Socialist Republics ... including the area of the former free city of Danzig.

24 Der Grund hierfür ist einmal in der Diskontinuität der westlichen Politik (bedingt durch den Regierungswechsel in Großbritannien und in den USA und die Enttäuschung der Westmächte in ihrer Erwartung, Polen könne als starker, demokratischer Staat ein Bollwerk gegen den Kommunismus darstellen), zum andern in den Umständen zu erblicken, daß die tatsächlich geschaffene Lage nicht den rechtlich relevanten Äußerungen der Regierungschefs entsprachen.

25 Vgl. den Situationsbericht bei *Churchill*, Der Zweite Weltkrieg, Bd. VI, 2. Buch, S. 346 f.

26 Nach *Leaky*, I was there, 1950, S. 406 f. und *Byrnes*, In aller Offenheit, 1949 (= Speaking frankly, 1947), S. 113, soll Stalin zur polnisch-sowjetischen Besetzung ausgeführt haben, „that he (Stalin) had not exactly given Poland a zone of occupation, but had permitted it to 'assume the necessary functions of government therein'".

27 „The Heads of Government reaffirm their opinion that the final delimination of the Western frontier of Poland should await the peace settlement."

28 Vgl. Abschnitt XIII: „The three Governments . . . recognize that the transfer to Germany of German populations, or elements thereof, remaining in Poland . . . will have to be undertaken. They agree that any transfers that take place should be effected in an orderly and humane manner" (vgl. Potsdam Papers II, S. 212).

29 In der Tat war die Aussiedlung der Deutschen Angelpunkt östlicher Polemik um die Endgültigkeit der im Potsdamer Abkommen getroffenen Regelung, vgl. u. a. *Molotow*, Fragen der Außenpolitik, Reden und Erklärungen von April 1945 bis Juni 1948, 1949, S. 256 ff., 454 ff.; und Gutachten des Ausschusses für Auswärtige Angelegenheiten der Volkskammer der DDR, in: Deutsche Außenpolitik, 1959, S. 21 f.

30 Vgl. unten § 12.

31 Polen trennte spätestens mit dem Abkommen mit der DDR über die Markierung der deutsch-polnischen Staatsgrenze (Text bei *Meißner*, Ostpaktsystem, Teil 1, S. 137 ff.) die Ostgebiete ganz vom deutschen Staatsgebiet ab und erklärte sie zum Bestandteil des polnischen Staates; *Kraus*, Die Oder-Neiße-Linie, S. 17, geht vom 19. Feb. 1947 als Zeitpunkt der Annexion aus.

2. Das Königsberger Gebiet

Während der Umfang des Gebietes, das Polen im Friedensvertrag mit Deutschland zugesprochen werden sollte, noch nicht näher bestimmt war[32], wurde im Abschnitt VI des Potsdamer Abkommens der betreffende Teil Ostpreußens[33] der Sowjetunion bereits in Aussicht gestellt[34]. Die Sowjetunion hat dieses Gebiet am 7. April 1946[35] annektiert[36]; der nördliche Teil Ostpreußens ist ebenfalls keine deutsche Teilordnung mehr, sondern wurde verwaltungsmäßig der Russischen Sozialistischen Föderativen Sowjetrepublik (RSFSR) eingegliedert.

3. Die übrigen deutschen Ostgebiete[37]

Da die Siegermächte bei der von ihnen in Aussicht genommenen Neuordnung Deutschlands von den Grenzen des Jahres 1937[38] ausgingen, und die Abtrennung des Sudetengebietes[39] und des Memelgebietes[40] im Potsdamer Abkommen nicht weiter erwähnt wurde[41], ist davon auszugehen, daß diese Gebiete bei Kriegsende annektiert wurden. Sie stellen keine deutschen Gemeinwesen dar; wie bei den unter polnischer und russischer Verwaltung stehenden Gebieten jenseits der Oder-Neiße-Linie wird die Frage, ob die Verdrängung der deutschen Staatsgewalt endgültig ist und ihre Wiedereinsetzung aussichtslos erscheint, einstweilen bis zu einer friedensvertraglichen Lösung[42] ungeklärt bleiben.

---

[32] Vgl. die Auseinandersetzung der drei Hauptmächte über die östliche und westliche Neiße als Westgrenze Polens bei *Churchill*, aaO, Bd. VI, 2. Buch, S. 346 ff.; die Westmächte erkannten nur einen nicht näher spezifizierten gebietsmäßigen Kompensationsanspruch an; vgl. Potsdam Papers I, S. 757 ff, 781.

[33] Die Abgrenzung zwischen dem polnischen und dem sowjetischen Verwaltungsgebiet erfolgte endgültig im Grenzabkommen der beiden Staaten vom 17. Aug. 1947, Text: *Rhode-Wagner*, Quellen zur Entstehung der Oder-Neiße-Linie in den diplomatischen Verhandlungen während des Zweiten Weltkrieges, 2. Aufl. 1959.

[34] „The President of the United States and the British Minister have declared that they will support the proposal of the Conference at the forthcoming peace settlement."

[35] Vgl. *Kraus*, Die Oder-Neiße-Linie, S. 17, Fn. 24.

[36] *Meißner*, Rußland, die Westmächte und Deutschland, aaO, S. 67, macht darauf aufmerksam, daß das nördliche Ostpreußen auf der gleichen rechtlichen Grundlage der Sowjetunion zur Verwaltung übergeben worden sei wie die der polnischen Verwaltung unterstellten Gebiete. Vgl. auch unten § 12, II

[37] Vgl. oben § 5, II, 1.

[38] Vgl. etwa Ziff. 1 des Protokolls zwischen den Vereinigten Staaten, dem Vereinigten Königreich und der Sowjetunion betreffend die Besatzungszonen in Deutschland und die Verwaltung von Groß-Berlin vom 12. Sept. 1944; Text: *Deuerlein*, Die Einheit Deutschlands, aaO, S. 315.

[39] Vgl. oben § 5, II, 1 a.

[40] Vgl. oben § 5, II, 1 c.

[41] Im Abschnitt XIII des Potsdamer Abkommens wurde lediglich auf die Ausweisung der deutschen Bevölkerung aus dem Sudetenland Bezug genommen (Text bei *Rhode-Wagner*, aaO, S. 266), die bereits im Mai 1945 begonnen hatte.

[42] Vgl. Einzelheiten unten § 12, II, 1, c.

§ 10 Die völkerrechtliche Stellung des deutschen Gesamtstaates und seiner Teilordnungen im Hinblick auf den Abschluß eines Friedensvertrages mit Deutschland

Eng mit der Frage der Völkerrechtsfähigkeit ist die im Hinblick auf den Abschluß eines Friedensvertrages mit Deutschland wichtige Frage der völkerrechtlichen Handlungsfähigkeit verbunden. Entsprechend ihrer unterschiedlichen Grundkonzeption gelangen Teilordnungs-, Identitäts- und Zweistaatenlehren auch hier zu widersprechenden Ergebnissen.

I. Die Identitäts- und Zweistaatenlehre und ihre Deutungsversuche

1. Die Grundsätze

Während von der *Zweistaatentheorie*[1] die volle[2] völkerrechtliche Handlungsfähigkeit der BRD und der DDR begrenzt auf ihr jeweiliges Gebiet geltend gemacht wird[3], geht die *Identitätslehre* zumeist von der alleinigen Vertretung Deutschlands durch eines der auf deutschem Territorium entstandenen Gemeinwesen aus[4].

2. Die Umkehrung der Grundsätze

Im Hinblick auf den Abschluß eines Friedensvertrags mit Deutschland werden aber die genannten Theorien von ihren Verfechtern mit umgekehrten Vorzeichen verwandt. Die Vertreter der westlichen Konzeption der Identitätstheorie bemühen sich, nachzuweisen, daß die Bundesrepublik — obwohl mit dem überkommenen deutschen Völkerrechtssubjekt oder zumindest mit seiner organschaftlichen Stellung identisch — den deutschen Friedensvertrag nicht abschließen könne[5]. Die Vertreter

---

[1] Vgl. oben § 7, II, 3 und § 8, II.

[2] Vgl. hierzu aber § 8, II, 3, b und c.

[3] Mit der Feststellung, daß die BRD und die DDR auf ihrem Gebiet völkerrechtlich handlungsfähig sind, ist an sich noch keine Aussage über ihre Stellung beim Abschluß eines Friedensvertrages getroffen worden, da weder die BRD noch die DDR sich im Kriegszustand mit den Siegermächten befunden hat; die Beziehung kann folglich nur durch ein Identitätsurteil hergestellt werden.

[4] Als angebliche Rechtsgrundlage für die Aufwertung des einen Gemeinwesens auf Kosten des anderen wird im *Westen* auf die demokratische Legitimierung der Bundesregierung verwiesen, die nach *v. Bieberstein*, aaO, S. 123, als de jure-Regierung, die organschaftliche Rechtsstellung der ehemaligen Reichsregierung einnimmt, im *Osten* auf die konsequente Erfüllung der Bestimmungen von Potsdam.

[5] Das Unvermögen der Bundesregierung, einen Friedensvertrag abzuschließen, beruht auf der in der BRD wohl als herrschend anzusehenden Auffassung (vgl. *v. Bieberstein*, aaO, S. 156, *Grewe* auf der Genfer Konferenz der vier Außenminister, aaO, S. 954, *Scheuner*, Die staatsrechtliche Kontinuität in

der östlichen Dismembrations- oder Separations-Zweistaatentheorie, die sonst in der DDR einen Neustaat sehen, der mit dem Deutschen Reich — insbesondere in seiner Erscheinungsform des Dritten Reichs — nichts zu tun hat, versuchen sich mit Hinweis auf eine irgendwie geartete „Teilidentität“[6] die Vertretung des nach ihrer Argumentation untergegangenen deutschen Völkerrechtssubjekts zu erschwindeln[7].

Gerade in ihren Stellungnahmen zum deutschen Friedensvertrag zeigt sowohl die im Westen vertretene Identitätstheorie als auch die im Osten vertretene „modifizierte“ Zweistaatentheorie ihren überschießenden politischen Gehalt[8], der sie für die Lösung völkerrechtlicher Fragen unbrauchbar macht.

II. Die völkerrechtliche Handlungsfähigkeit nach der Teilordnungslehre

Geht man, wie oben dargelegt, von Deutschland als einer quasi-bundesstaatlichen Ordnung mit sich überlagernden, qualitativ verschiedenen Völkerrechtssubjekten aus, so erscheinen die Teilordnungen BRD und DDR als partielle Völkerrechtssubjekte; ihre Regierungen entsprechen in ihrer Funktion den „lokalen de facto“-Regierungen. Sie können in ihrem Geschäftsbereich (= Herrschaftsgebiet) nur die laufenden Geschäfte[9] des Gesamtstaates führen[10]; eine darüber hinausgehende rechts-

---

Deutschland, in: DVBl. 1950, S. 515), daß nur solche völkerrechtlichen Verträge abgeschlossen werden können, zu deren Erfüllung die Regierung tatsächlich in der Lage ist; dies ergebe sich aus der „vorläufig“ territorial begrenzten Hoheitsgewalt der BRD.

[6] Vgl. oben § 7, II, 3, b (2).

[7] Über den sowjetischen Vorschlag eines Separatfriedens mit der DDR vgl. *Wagner*, in EA 1962, S. 20 692 ff.

[8] Die *BRD* setzt sich so dem Vorwurf aus, sie geriere sich einmal als vollgültiges Völkerrechtssubjekt, das berufen ist, für alle Deutschen zu sprechen, zum andern aber als nicht handlungsfähig — je nachdem, was gerade politisch opportun ist. Die *DDR* will durch die behauptete Teilidentität Einfluß auf Gesamtdeutschland nehmen, aber gleichzeitig mit der Behauptung, sie sei ein Neustaat, ihr Interessengebiet der Einflußnahme anderer entziehen. — Die Inkompatibilität politischen Wollens ist jedoch eine alltägliche Erscheinung des politischen Prozesses und sollte nicht daran hindern, die tatsächliche völkerrechtliche Lage vorbehaltlos anzusprechen.

[9] Vgl. *Guggenheim*, Les principes de droit international public, Rec. 80 (1952 I), S. 1 ff. (88): „Le Gouvernement de la République fédérale aussi bien que celui de la République démocratique ont le charactère de gouvernements de fait local“. Ähnlich *Gemma*, aaO, S. 403. Über die Rechtsbefugnisse der lokalen de facto Regierung im einzelnen: *Kunz*, aaO, S. 202; *Podestà Costa*, aaO, S. 12; *Ross*, aaO, S. 100.

[10] Die Einwendungen *v. Biebersteins*, aaO, von der Sicht der Bürgerkriegstheorie erscheinen nicht stichhaltig:

1) Die beiden lokalen de facto Gewalten hätten bei den von ihnen getroffenen vertraglichen Vereinbarungen die gesetzten Grenzen überschritten und damit deutlich zum Ausdruck gebracht, daß sie als de jure Regierungen und als grundsätzlich unbeschränkt handlungsfähige Partner am völkerrechtlichen Verkehr teilnehmen wollen (so S. 152).

Völkerrechtlich relevant ist aber nicht, ob DDR und BRD völkerrechtlich voll

geschäftliche Bindung des Gesamtstaates kann vorerst nur unter dem Gesichtspunkt der auftraglosen Geschäftsführung oder der Vertretung ohne Vertretungsmacht gewürdigt werden, sofern nicht Zustimmung oder Genehmigung sämtlicher vier Hauptmächte vorliegt[11].

Die beiden deutschen Teilordnungen sind weder allein noch zusammen zum Abschluß eines statusverändernden völkerrechtlichen Vertrags befugt; der Abschluß eines Friedensvertrags betrifft „Deutschland als Ganzes" und fällt somit unter die alliierten Vorbehalte.

Partner der Alliierten in einer friedensvertraglichen Regelung kann nur der Kriegsgegner sein, gegenwärtig das handlungsunfähige gesamtdeutsche Völkerrechtssubjekt.

---

handlungsfähig sein wollen, sondern ob sie tatsächlich für und wider das gesamtdeutsche Völkerrechtssubjekt handeln können; dieser Nachweis kann nicht erbracht werden.

2) Die Staatenpraxis und die zahlreichen tatsächlich abgeschlossenen Verträge (insbesondere die sog. Integrationsverträge) würden der Auffassung von den beiden lokalen de facto Regierungen widersprechen — zumal diese Verträge nicht alle nichtig sein könnten (so S. 151).

a) Auch v. Bieberstein zieht aus seiner „organschaftlichen Identität" nicht die entsprechende Konsequenz, daß alle von der BRD abgeschlossenen Verträge im Endeffekt für das gesamtdeutsche Völkerrechtssubjekt bindend sein sollen, vielmehr möchte er bei allen grundlegenden Verträgen die „clausula rebus sic stantibus" weitgehendst zur Anwendung gelangen lassen (vgl. S. 154). Auch soll die Bundesrepublik keinen Friedensvertrag abschließen oder einen Gebietsverzicht vornehmen können, da „derartige Verträge das Gesamtvolk seines Mitbestimmungsrechts berauben würden" (zit. S. 156 f.).

b) Von der Sicht der hier vertretenen Auffassung sind keinesfalls alle Verträge nichtig: Abkommen technischer Natur und Verträge im Rahmen der laufenden Geschäfte sind voll gültig, ebenso die Verträge, deren Übernahme im Interesse des Gesamtstaates stehen (so z. B. Saarabkommen mit Frankreich, aber auch ein Großteil der Wiedergutmachungsleistungen, die den Gesamtstaat nicht mehr belasten). Die übrigen Verträge dürften schwebend unwirksam sein bis zu einer Genehmigung der vier Siegermächte oder des „geschäftsfähig" gewordenen Gesamtstaates.

c) Insoweit gelangt die hier vertretene Auffassung zu einem ähnlich — praktischen — Ergebnis wie die Bürgerkriegstheorie, aber auf einem rechtlich einwandfreien Weg — ohne die Schizophrenie der Bürgerkriegstheorie, die m. E. *Tunkin* (Iswestija vom 27. 5. 1959) mit Recht kritisiert, indem er ausführt, daß sich die BRD teils als selbständiges Völkerrechtssubjekt, teils wiederum nicht, behandeln läßt — und zwar je nachdem, ob es sich um politisch dienliche Verträge handle oder nicht.

[11] Diese Auffassung stimmt in etwa mit den Ergebnissen der Teilordnungslehre überein (sofern man von der Modifikation v. d. Heydtes absieht). Es kann von meinem Standpunkt aus ihr insofern nicht gefolgt werden, als die beiden Teilordnungen das deutsche Völkerrechtssubjekt rechtswirksam zusammen vertreten können sollen. Auf Grund der alliierten Vorbehalte könnten die beiden deutschen Teilordnungen sich nicht einmal (ohne entsprechende *alliierte* Zustimmung oder Genehmigung) zu einem den Gesamtstaat repräsentierenden Völkerrechtssubjekt zusammenschließen — es sei denn durch einen revolutionären Akt. Außerdem umfaßt das gesamtdeutsche Völkerrechtssubjekt u. U. ein größeres Territorium, als es die Gebiete der BRD und DDR darstellen; vgl. unten § 12, II, 1, c.

III. Exkurs: Die Möglichkeiten eines „Separatfriedensvertrages"

Unter Separatfriedensverträgen versteht man gemeinhin Friedensverträge, die ohne die mitkriegsführenden Parteien — oder gar entgegen den mit ihnen getroffenen Vereinbarungen — abgeschlossen werden; derartige Friedensverträge sind gültig. Die Sowjetunion könnte so etwa entgegen der Washingtoner Deklaration vom 1. Jan. 1942, in der sich die Alliierten gegenseitig zu einem gemeinsamen Vorgehen gegenüber Deutschland verpflichteten, ohne die Mitwirkung der anderen drei Hauptmächte einen gültigen Friedensvertrag mit dem überkommenen deutschen Völkerrechtssubjekt abschließen.

Anders muß jedoch der sowjetische Vorschlag gewertet werden, mit der DDR einen „Separatfrieden" zu schließen[12].

Geht man von der hier vertretenen Ansicht aus, so ist die DDR als deutsche Teilordnung für den Abschluß eines Friedensvertrages mit Deutschland völkerrechtlich nicht zuständig.

Aber auch, wenn man der im kommunistischen Lager vertretenen Auffassung folgt, die DDR besitze als erster sozialistischer Arbeiter- und Bauernstaat auf deutschem Boden den völkerrechtlichen Vollstatus und könne demnach auch statusveränderte Verträge abschließen, lassen sich schon rein formal-logische Bedenken nicht ausräumen. In diesem Falle ist die DDR ein 1949 entstandener Neustaat, der sich mit der Sowjetunion niemals im Kriegszustand befunden hat. Als Partner eines Friedensvertrages — und damit auch eines Separatfriedensvertrages — muß die DDR deshalb ausscheiden.

Das Ansinnen der Sowjetunion, nur mit der DDR einen Friedensvertrag abzuschließen, im übrigen aber das Potsdamer Abkommen als weiterhin in Kraft befindlich anzusehen[13], kann rechtlich nur mit einer Teilidentitätslehre, wie sie die „modifizierte" Zweistaatentheorie entwickelt hat[14], erklärt werden. Diese wohl besser als „Teilrechtsnachfolge"[15] zu deklarierenden Anschauungen gehen auf die sehr widerspruchsvolle kommunistische Lehre von der Staatensukzession zurück[16]; sie kann nur als politische Motivation, nicht aber als Bestandteil des Völkerrechts gelten, da sie den Neustaaten gestattet, beliebige Rechte an sich zu ziehen,

---

[12] So *Chruschtschow* in seiner Rede vom 17. Feb. 1959; vgl. Prawda Nr. 49 vom 18. Feb. 1959.

[13] So *Chruschtschow* in seiner Rede vom 19. März 1959, Text: EA 1959, S. D 184.

[14] Vgl. oben § 7 II, 3, b.

[15] Vgl. oben § 7 II, 3, b, (2).

[16] Vgl. Völkerrecht, Lehrbuch der Akademie der Wissenschaften der UdSSR (deutsch: Berlin-O, 1960), S. 120 ff.

ohne aber im übrigen für das untergegangene Völkerrechtssubjekt zu haften[17, 18].

Die sowjetische Version eines „Separatfriedens mit der DDR“ stellt demnach keine Alternative zum Friedensvertrag mit Deutschland dar; ihm kann nur die Funktion etwa eines Freundschaftsvertrages zwischen der DDR und der Sowjetunion zukommen, der die Beziehungen zum überkommenen deutschen Völkerrechtssubjekt und auch die damit zusammenhängenden Rechte dritter Staaten nicht weiter berührt[19].

---

[17] Die Sowjetunion ging so im Jahre 1956 überraschend davon aus, daß auch die Tschechoslowakei und Jugoslawien Rechtsnachfolger Österreich-Ungarns hinsichtlich der Suez-Kanal-Konvention seien; vgl. Völkerrecht, aaO, S. 124.

[18] Vgl. oben § 8, Fn. 118.

[19] Tatsächlich hat auch die Diskussion um den Separatfriedensvertrag mit dem Abschluß eines Freundschafts- und Beistandspakts zwischen der DDR und der UdSSR (Text EA 1964, D 325) einen vorläufigen Abschluß gefunden. Nach Art. 9 dieses Abkommens werden die Rechte Dritter nicht berührt (vgl. oben § 8, Fn. 116).

Drittes Kapitel

Der Friedensschluß mit Deutschland

Die Lage im Nachkriegsdeutschland bringt es mit sich, daß der Friedensschluß mit Deutschland nicht ohne weiteres etwa an die nach 1945 mit den Südoststaaten, mit Italien, Finnland, Österreich oder Japan geschlossenen Verträge[1] anknüpfen kann[2,3]. Da das gesamtdeutsche Völkerrechtssubjekt weiterhin handlungsunfähig ist und die Siegermächte den Friedensvertrag mit Deutschland nicht mit sich selber abschließen können[4], bedarf es einer Reihe von Maßnahmen, die dem eigentlichen Friedensschluß vorangehen und zur vollen Handlungsfähigkeit des überkommenen deutschen Völkerrechtssubjekts führen müssen. Unter diesen Umständen gewinnt der Weg, auf dem der Friede erreicht werden kann, eine fast größere Bedeutung als sein eigentlicher Inhalt.

§ 11 Der Weg zum Friedensschluß

Ein besonderes Verfahren, das einem allgemeinen Friedensschluß vorauszugehen hat, wird von nahezu allen Kreisen[1] gefordert und meist als

---

[1] Vgl. oben § 2, I.

[2] Auch der österreichische Staatsvertrag aus dem Jahre 1955 (vgl. *Ermacora*, Österreichs Staatsvertrag und Neutralität, aaO), kann nicht als mögliches Beispiel herangezogen werden, da Österreich ein „befreites" und kein „besiegtes" Land darstellte und sich demgemäß — wenn auch unter Alliierter Kontrolle — selbst regieren konnte.

[3] Der sowjetische Friedensvertragsentwurf vom 10. Jan. 1959 lehnt sich demgegenüber — was Aufbau und Konzeption anbelangt — sehr stark an die nach 1945 von den Alliierten geschlossenen Friedensverträge an.

[4] So hat Eden sich auf der Berliner Viererkonferenz an 25. Jan. 1954 mit Unterstützung der drei westlichen Hauptmächte gegen jeden auferlegten und für einen mit Deutschland frei vereinbarten Frieden ausgesprochen (= Erster Eden-Plan, vgl. *Schlüter*, aaO, S. 67 ff.).

[1] Vgl. etwa westlichen Friedensplan in der Form des „Ersten Eden-Plans" (vgl. *Schlüter*, aaO, S. 97 ff.), der dem eigentlichen Friedensschluß vier aufeinanderfolgende Stadien vorausgehen läßt. Die Sowjetunion ging in ihrer Note vom 10. März 1952 und in dem beigefügten Entwurf für einen Friedensvertrag mit Deutschland (vgl. *Schlüter*, aaO, S. 90 ff.) von der Notwendigkeit der Wiedervereinigung Deutschlands und der Bildung einer gesamtdeutschen Regierung aus, die Deutschland auf der Friedenskonferenz vertreten sollte; der Entwurf vom 10. Jan. 1959 schließt die Bildung einer „Konföderation" als einen dem Friedensschluß vorangehenden Akt nicht aus (vgl. Präambel). Über den in Aussicht genommenen Abschluß eines „Separatfriedensvertrages" mit der DDR vgl. oben § 10, III.

„Wiedervereinigung“ bezeichnet[2]. Bei dem schlechthin als „Wiedervereinigung“ bezeichneten Prozeß handelt es sich im Grunde um zwei verschiedene Problemkreise:

(1) um einen äußeren, völkerrechtlich relevanten Vorgang, der darin besteht, die volle Handlungsfähigkeit des überkommenen deutschen Völkerrechtssubjekts wiederherzustellen;

(2) um einen innerdeutschen Prozeß der Integration und Angleichung der deutschen Teilordnungen, also vornehmlich um ein verfassungs- bzw. staatsrechtliches Problem.

I. Der äußere Vorgang

1. Übergang der Viermächteverantwortung

Erster Schritt auf dem Wege zur Wiederherstellung der deutschen Handlungsfähigkeit wäre der Übergang der Viermächteverantwortung in bezug auf „Deutschland als Ganzes“ auf autochthon[3] deutsche Stellen. Hierzu wäre vornehmlich ein völkerrechtlicher Vertrag notwendig, in dem die vier Großmächte sich verpflichten, sich weiterer Interventionen in bezug auf Deutschland zu enthalten.

2. Die Gewährung des Rechts auf Selbstbestimmung

a) Das Problem der Gewährung des „Rechts auf Selbstbestimmung“ wird in diesem Zusammenhang nur insoweit angesprochen, als es sich um das Recht des überkommenen deutschen Völkerrechtssubjekts auf *innere und äußere Selbstbestimmung*, um seinen Anspruch auf Gebietshoheit, Personalhoheit und Unterlassung rechtswidriger Interventionen handelt[4].

b) Ausgeklammert werden kann aus der Diskussion um die Wiederherstellung des deutschen Staates das sog. *Selbstbestimmungsrecht des deutschen Volkes*. Das Selbstbestimmungsrecht der Völker stellt im gegenwärtigen Zeitpunkt nur eine im Antikolonialismus, in nationalstaatlichen und demokratischen Gedanken[5] begründete politische[6] Forderung

---

[2] Eine Wiedervereinigung im eigentlichen Sinne des Wortes ist begrifflich nur nach einer vollzogenen Dismembration oder Separation möglich, deren Vorliegen — zumindest auf westlicher Seite — im gleichen Atemzug verneint wird; mit der Forderung nach „Wiedervereinigung der beiden deutschen Staaten“ stellt man sich zumindest unbewußt und unbeabsichtigt auf den Boden der Zweistaatenlehre.

[3] Zum Begriff „autochthon“ vgl. *Schuster*, aaO, S. 49 ff., 56 ff.

[4] Vgl. *Berber* I, § 23, S. 180 ff.

[5] Vgl. *Menzel*, Die Vereinten Nationen und das Selbstbestimmungsrecht der Völker, in: Jahrbuch für Internationales Recht, 1962, S. 270 ff.

[6] Vgl. *Berber* I, S. 75.

dar, die als Satz der zwischenstaatlichen Ethik schwer faßbar, zumindest aber nur unzureichend verwirklicht worden ist[7].

Die Problematik im Zusammenhang mit der Deutschlandfrage aufzurollen, erscheint anbetrachts der zwischen Ost und West differierenden Auffassungen[8] untunlich und auch überflüssig, da die Forderung nach Selbstbestimmung eines Volkes die Schaffung eines eigenen Völkerrechtssubjektes zum Ziel hat; im Falle Deutschland besteht aber — wie dargelegt — ein derartiges Völkerrechtssubjekt; allein dessen Handlungsunfähigkeit muß beseitigt werden.

II. Der innerdeutsche Vorgang

So einfach es ist, die Wiederherstellung des überkommenen deutschen Völkerrechtssubjekts völkerrechtlich als durch den Verzicht auf ausländische Intervention, als durch die Befolgung des Grundsatzes der Nichteinmischung bewirkt zu betrachten, so schwierig ist der begleitende politische Prozeß.

---

[7] Für das Selbstbestimmungsrecht der Völker gelten weitgehend die ideologiekritischen Ausführungen *Topitschs*, aaO, zu den Menschenrechten; es handelt sich um pathetische Worte, die primär dazu bestimmt sind, emotionale Wirkungen auszulösen, die die Alltagsrealität und tatsächlich geübte Rechtspraxis überspielen; der psychologischen Einprägsamkeit steht mangelnde begriffliche Schärfe gegenüber, der logische Spielraum ist außerordentlich groß und der tatsächliche Informationsgehalt sehr gering. Es bietet sich so den verschiedenen Gruppen der Völkergemeinschaft die Gelegenheit, dieses Vakuum mit ihren widerstreitenden moralischen, rechtlichen und politischen Überzeugungen auszfüllen; vgl. Einzelheiten und zahlreiche Beispiele aus der Völkerrechtspraxis bei *Menzel*, aaO (Fn. 5). Es ist deshalb nicht verwunderlich, daß wohl keine politische Größe unserer Zeit so viele Hoffnungen erweckt, aber auch so viele Enttäuschungen hervorgerufen hat, wie gerade die Forderung nach Gewährung des Selbstbestimmungsrechts der Völker.

[8] Vgl. zur sowjetischen Stellung zum Selbstbestimmungsrecht: Boris *Meissner*, Die Sowjetunion, die Baltischen Staaten und das Völkerrecht, Köln 1957, S. 256 ff. *Maurach*, Handbuch der Sowjetverfassung, München 1955; *Kristian*, A. A., The Right of Self-Determination and the Soviet Union, London 1952; *Mampel*, Das Selbstbestimmungsrecht der Völker in der Rechtslehre der SBZ, in: Jahrbuch für Ostrecht des Instituts für Ostrecht München, Band I/1960,2. Halbjahresschrift; *Decker*, Das Selbstbestimmungsrecht der Nationen, Göttingen 1955. Das Selbstbestimmungsrecht der Völker und die Sowjetunion — Ein Beitrag zur Deutschlandfrage —, herausgegeben vom *Bundesministerium für Gesamtdeutsche Fragen*, Bonn und Berlin, 1961. Ferner kommunistische Darstellungen: Außer zahlreichen Stellen in Werken von Lenin, Stalin und den sowjetischen Völkerrechtslehrbüchern sowie Zeitschriftenaufsätzen u. a. folgende Monographien: *Dimanschtejn*, S. M., Revolution und nationale Frage (russisch), Moskau 1930; *Groschew*, J. J., Der Kampf der KP für die Entwicklung und Festigung der Freundschaft der Völker der UdSSR in den Jahren des Aufbaues des Sozialismus (russisch), *Kischinew* 1955; *Dunaewa*, E. A., Zusammenarbeit der Nationen in der UdSSR (russisch), Moskau 1948; *Kammari*, M. D., Die UdSSR — die große Gemeinschaft sozialistischer Nationen (russ.), Moskau 1950; *Pankratowa*, A. M., Die Freundschaft der Völker der UdSSR — Hauptgrundlage des mehrnationalen sozialistischen Staates (russisch), Moskau 1953; *Ronin*, S. L., Das Prinzip des Proletarischen Internationalismus im sowjetischen sozialistischen Recht (russ.), Moskau 1956;

Es handelt sich hier einmal um die Schwierigkeit, den Begriff der Intervention — namentlich den der mit finanziellen, wirtschaftlichen, propagandistischen, innenpolitischen, parteipolitischen Mitteln durchgeführten subversiven Intervention — zu erfassen; zum andern hat die Länge und Intensität der nach dem Kriege durchgeführten Interventionen zur Folge, daß gegenwärtig kein gesamtdeutsches Organ vorhanden ist oder unschwer geschaffen werden könnte, das in der Lage wäre, die Verantwortung für Deutschland als Ganzes zu übernehmen und Mittelpunkt einer weitergehenden Integration der Teilordnungen zu sein.

Beiden Fragenkreisen ist gemein, daß weitgehendst Probleme der innerdeutschen Staats- und Verfassungsordnung angesprochen werden, die überschießend politischen Charakter haben und somit vom Völkerrecht schwer oder überhaupt nicht erfaßt werden können. Es kann deshalb auch keine rechtliche Musterlösung der Deutschlandfrage geben, wie sie im Schrifttum z. T. aus einem gewissen Illusionismus[9] heraus angestrebt wurde[10]. Dem Recht an sich wird in diesem Zusammenhang nur eine bescheidene Rolle zufallen[11]; bei einem Angleichungs- und Umschichtungsprozeß wird sich nicht jedes existenzielle Risiko ausschalten lassen; sollen alte Formen gesprengt und neue, gemeinsame gefunden werden, wird nicht alles judiziabel[12] und sich nicht jeder Schritt vorwärts mit rechtlichen Garantien armieren lassen[13]. Der Integrationsprozeß kann

---

Stutschka, P. J., Leninismus und nationale Frage (russ.), Moskau 1926; *Trainin*, J. P., Die nationale Frage im Ausland und in der UdSSR (russ.), Moskau 1932; *Tschugaew*, D. A., Die KP — Organisation des sowjetischen mehrnationalen Staates (russisch), (1917—1924), Moskau 1954; *Speranskaja*, N. V., Das Selbstbestimmungsprinzip im Völkerrecht (russ.), Moskau 1961; *Staruschenko*, Das Selbstbestimmungsprinzip in der Außenpolitik der UdSSR (russ.), Moskau 1961.

[9] *Menzel*, EA 58, 11 051 spricht in diesem Zusammenhang von einer *juristischen Illusion*, die davon ausgeht, daß einklagbare Rechte bestehen, einer *moralischen Illusion*, die das „moralische Gewissen" der Siegermächte überschätzt und einer *militärischen Illusion*, die meint, mit Gewalt den Konflikt lösen zu können.

[10] Vgl. dazu *Wengler*, Anmerkung zum Urteil des Bundesverwaltungsgerichts vom 30. Mai 1960, in: DÖV 1961, S. 25.

[11] Vgl. *Berber*, Sicherheit und Gerechtigkeit, 1934, S. 163.

[12] Vgl. *Menzel*, EA 58, 11 051.

[13] Verkannt wird das namentlich von den politischen Strömungen, die den Angleichungsprozeß der deutschen Teilordnungen in die Viermächteverantwortung der Siegermächte hineinprojizieren und hieraus einen klagbaren Anspruch auf Wiedervereinigung und Schaffung der geeigneten gesamtdeutschen Organe ableiten wollen. Es ist zwar offenkundig, daß die von den Siegermächten praktizierte Politik der Entfremdung der Teilordnungen nicht nur dem Potsdamer Abkommen (namentlich der Bestimmungen im Abschnitt III, Abs. A, Ziff. 1 ff.) zuwiderlief, sondern auch völkerrechtliches Unrecht gegenüber dem deutschen Gesamtstaat darstellte; rechtlich kann aber nur das Unterlassen weiterer Eingriffe in deutsche Angelegenheiten verlangt werden und nicht gefordert werden, daß durch weitere Interventionen von außen die widerstreitenden deutschen Teilordnungen auf die eine oder andere Weise beseitigt werden. Etwas anderes ergibt sich auch nicht aus der sog. „*Genfer Direktive*" (abgedruckt bei *Jäckel*, Die deutsche Frage, aaO, S. 153 ff.). In Punkt 1 der am 23. Juli 1955 beschlossenen Direktive erklärten die vier Re-

nur innerdeutsche Angelegenheit sein; hier gewinnt, als politisches Element, der Wille des deutschen Volkes zur Einheit — jenseits aller Ideologien — seine besondere Bedeutung.

III. Einzelfragen

1. Schrittweise Überwindung der ausländischen Intervention

Zwei Jahrzehnte ausländischer Einflußnahme in innerdeutsche Angelegenheiten lassen nicht erwarten, daß diese durch eine sensationelle Initiative beseitigt werden kann[14]. Bei der von den Siegermächten betriebenen Spaltung Deutschlands handelt es sich um einen langen, äußerst komplizierten und z. T. widerspruchsvollen Vorgang[15], der gewaltlos[16]

---

gierungschefs: „In Anerkennung ihrer gemeinsamen Verantwortung für die Regelung der deutschen Frage und die Wiedervereinigung Deutschlands haben die Regierungschefs sich darüber geeinigt, daß die Regelung der Deutschlandfrage und die Wiedervereinigung Deutschlands im Wege freier Wahlen *im Einklang mit den nationalen Interessen des deutschen Volkes und den Interessen der europäischen Sicherheit durchgeführt werden sollen.* Die Außenminister werden diejenigen Vorkehrungen treffen, die sie gegebenenfalls im Hinblick auf die Beteiligung anderer interessierter Parteien oder auf eine Konsultation mit diesen für wünschenswert halten." Diese Direktive an die jeweiligen Außenminister stellt keinen völkerrechtlich bindenden Vertrag dar; weiter enthielt sie auch keine Einigung über die in bezug auf Deutschland zukünftig zu treffenden Schritte, da gerade nicht festgelegt wurde, was unter freien Wahlen zu verstehen war und worin der erforderliche „Einklang" mit den nationalen Interessen des deutschen Volkes und dem Sicherheitsinteresse der europäischen Staaten bestehen sollte. Vgl. diesbezüglich die diametral entgegengesetzten Auffassungen von Präsident Eisenhower — Schreiben vom 12. Jan. 1958 an den damaligen sowjetischen Ministerpräsidenten Bulganin — und Chruschtschow in seiner Minsker Rede vom 22. Jan. 1958, (Text bei: *Schlüter,* Die Wiedervereinigung Deutschlands, 1959, S. 71 ff.). Der Interpretation der Genfer Direktive durch die Bundesregierung in ihrem Memorandum vom 2. Sept. 1956 kann deshalb nur soweit zugestimmt werden, als eine *moralische* Verantwortlichkeit der vier Mächte angesprochen wird: „Über die Rechtslage besteht, wie die Bundesregierung mit Befriedigung feststellt, Übereinstimmung: Mit der Übernahme der Regierungsgewalt bei Beendigung der Feindseligkeiten übernahmen die vier Mächte die Verpflichtung, Deutschland als Ganzes zu erhalten. Sie haben sich in der Folgezeit immer wieder zu dieser rechtlichen Verpflichtung und zu ihrer *moralischen* Verantwortlichkeit für die Wiederherstellung der Einheit Deutschlands bekannt."

[14] So war der österreichische Staatsvertrag des Jahres 1955 Ergebnis langwieriger und oftmals ergebnisloser Verhandlungen, obgleich es sich im Falle Österreichs nicht um ein „besiegtes", sondern nur um ein „befreites" Land handelte.

[15] Dieser Prozeß steht nicht in kausalem Zusammenhang mit den Teilungsplänen der Siegermächte (Dismemberment of Germany, über die jedoch kein förmlicher Beschluß gefaßt wurde; vgl. die Konferenzen von Malta und Jalta, Department of State USA, deutsche Ausgabe, Düsseldorf 1957, S. 903), die auf der Potsdamer Konferenz aufgegeben wurden, sondern ist begründet in dem zwischen den Siegermächten ausbrechenden Ost-West-Konflikt; vgl. oben § 2, II, 2.

[16] Vgl. Erklärung der Bundesregierung im Zusammenhang mit der Londoner Konferenz vom 3. Okt. 1954 mit den entsprechenden Annahmeerklärungen der drei westlichen Hauptmächte (Text in: *Ruhm-v. Oppen,* aaO, S. 606).

und dauerhaft nur schrittweise und durch geduldige Verhandlungen überwunden werden kann[17].

Ausgangspunkt einer derartigen Entwicklung kann entweder der Wille zur Überwindung des Ost-West-Konfliktes, das Bestreben nach einer konstruktiven Koexistenz sein, oder aber die Isolierung des Deutschlandproblems.

a) Die *Verquickung der deutschen Frage mit dem Ost-West-Konflikt*[18] überantwortet konkrete Fragen der Zeitgeschichte einer sich nur undeutlich abzeichnenden Entwicklung in einer mehr oder weniger fernen Zukunft[19]. Rechtsfragen werden damit ausschließlich dem freien Spiel politischer Kräfte ausgesetzt, letztlich wird vor der Effektivität kapituliert.

b) Die *Ausklammerung der Deutschlandfrage aus dem ost-westlichen Gegensatz* könnte demgegenüber zu einer gewaltlosen Lösung in absehbarer Zukunft führen. Allerdings wird hier eingewendet, es bestünde eine unlösbare Wechselwirkung zwischen Ost-West-Spannungen und der deutschen Frage[20]. Insbesondere die Bundesregierung hat sich bislang einer Isolierung der Deutschlandfrage widersetzt[21], da sie befürchtet, daß nach einem ost-westlichen Disengagement die deutschen Interessen in den Hintergrund treten könnten[22].

c) Erfolgversprechender für die volle Wiederherstellung des deutschen Völkerrechtssubjekts hic et nunc erscheint eine Politik, die schrittweise und sinnvoll die in a) und b) genannten Bestrebungen verknüpft — also

---

[17] Mehrere Phasen sehen so auch die westlichen Friedenspläne vor; vgl. etwa die Vorschläge des damaligen britischen Außenministers Eden auf der Berliner Konferenz vom 29. Jan. 1954 (= *Erster Eden-Plan*).

[18] Vgl. oben § 2, II, 2.

[19] Hierauf läuft etwa die von *de Gaulle* in seiner Pressekonferenz vom 4. Feb. 1965 geäußerte Stellungnahme zum Deutschlandproblem hinaus.

[20] Vgl. etwa *Schlüter*, aaO, S. 16; es bleibt ungeklärt, ob der Ost-West-Konflikt die Ursache für die Teilung Deutschlands war oder umgekehrt das Deutschlandproblem den Ost-West-Gegensatz verursachte.

[21] So etwa die Stellungnahme der Bundesregierung zum zweiten Sicherheitsvorschlag Edens auf der Genfer Konferenz am 22. Juli 1955 (vgl. *Schlüter*, aaO, S. 99 f., Fn. 46), und im Memorandum der Bundesregierung vom 2. September 1958, Punkt VI.

[22] So strebt vor allem der sog. *Rapacki-Plan* (= Vorschlag des polnischen Außenministers vom 2. Okt. 1957 in der Vollversammlung der Vereinten Nationen in der Fassung vom 14. Feb. 1958) die Lösung der mitteleuropäischen Sicherheitsfragen ohne die Regelung der Deutschlandfrage an; vgl. *Schlüter*, aaO, S. 129 ff. Mit dem Vorschlag, die vier Regierungen (BRD, DDR, CSR und Polen) der vorgesehenen atomwaffenfreien Zone könnten sich in einseitigen Deklarationen verpflichten (ähnlich wie beim späteren Versuchstopabkommen, vgl. oben § 8, Fn. 116), wollte der Rapacki-Plan lediglich direkte Verhandlungen zwischen der BRD und der DDR umgehen; in der Wiedervereinigung Deutschlands wurde kein vordringliches Problem erblickt; vgl. Interview Gomulkas mit der Londoner Times vom 17. Feb. 1958.

sowohl die Überwindung des ost-westlichen Gegensatzes mittels Koexistenz und Disengagement, als auch die Ausklammerung Deutschlands aus den verfeindeten Blöcken verfolgt[23].

2. Das Zusammenfinden der verfeindeten Teilordnungen

Soll es durch den Abzug der Siegermächte nicht zu einem Bürgerkrieg zwischen den verfeindeten Teilordnungen kommen, der dann den ehemaligen Besatzungsmächten erneut ungeahnte Möglichkeiten der offenen und versteckten Intervention böte, müssen Mittel und Wege gefunden werden, die zu einer Willensintegration des deutschen Völkerrechtssubjekts führen. Staats- und Völkerrecht können hierbei Verfahren zur Verfügung stellen, die einer gewaltlosen Angleichung förderlich sein können.

a) Völkerrechtlicher Anschluß oder völkerrechtliche Verbindung

Ein rein völkerrechtlicher Anschluß der einen Teilordnung an die andere oder eine sonstige völkerrechtliche Verbindung der beiden Gemeinwesen kann nur von Vertretern der Auffassung gefordert werden, die das überkommene deutsche Völkerrechtssubjekt — zumindest in seinen ursprünglichen Grenzen — nicht mehr als fortbestehend erachten[24]. Nach den oben angestellten Untersuchungen[25] besteht aber die hier angestrebte völkerrechtliche Einheit schon bzw. noch in der Form des die Teilordnungen überlagernden Gesamtstaates, der gerade durch eine nach allgemeinem Völkerrecht zu beurteilende Verbindung gefährdet werden

---

[23] Gewisse Ansätze hierfür entwickelte der verstorbene britische Oppositionsführer in dem nach ihm benannten *Gaitskell-Plan;* dieser sieht in großen Zügen vor:

(1) Rückzug aller ausländischen Streitkräfte aus Polen, Ungarn, der CSR, DDR und BRD (u. U. auch aus Rumänien und Bulgarien);

(2) Wiedervereinigung Deutschlands durch freie Wahlen;

(3) Abrüstung unter internationaler Kontrolle;

(4) europäisches Sicherheitssystem und Garantie der neutralen Zone durch die vier Großmächte;

(5) Ausscheiden der gen. Staaten aus dem Bündnissystem des Warschauer Pakts bzw. der Nato.

Vgl. im übrigen *v. Siegler,* Wiedervereinigung und Sicherheit, Eine dokumentarische Diskussionsgrundlage, 1956 (2. Aufl. 1957, 4. Aufl. 1961), S. 62 ff. (105 ff.).

[24] So alle Zweistaatentheorien — sei es, daß sie vom Untergang des deutschen Völkerrechtssubjekts 1945 (bzw. später durch dismembratio) ausgehen und in BRD und DDR Neustaaten erblicken oder in einer Teilordnung das mit dem Deutschen Reich identische Völkerrechtssubjekt erblicken und in der anderen Teilordnung den durch separatio gebildeten Neustaat. Vgl. oben §§ 6, 7.

[25] Vgl. oben § 8.

könnte[26]. Auch wäre der völkerrechtliche Anschluß[27] nur der äußere Vorgang[28]; über den in diesem Zusammenhang interessierenden innerdeutschen Angleichungsprozeß und seine Gestaltung wird nichts ausgesagt. Mit der Absage an nach Völkerrecht zu beurteilende Anschlüsse und Verbindungen soll aber nicht ausgeschlossen werden, daß sich die analoge Anwendung völkerrechtlicher Prinzipien auf die Vereinigung der Teilordnungen als vorteilhaft erweisen kann[29].

b) Schaffung eines einheitlichen Verfassungsgebietes

Ausgehend von der Tatsache, daß ein gesamtdeutsches Völkerrechtssubjekt besteht und nur gemeinsame deutsche Organe geschaffen werden müssen, ist das Zusammenfinden der deutschen Teilordnungen ein primär verfassungsrechtliches Problem[30].

(1) Verfassungsrechtlicher Anschluß

Die erste Möglichkeit der Schaffung eines einheitlichen Verfassungsgebietes für das deutsche Territorium bietet der *verfassungsrechtliche Anschluß* eines Verfassungsgebietes an das andere[31]. Art. 23, S. 2 GG sieht diese Möglichkeit vor; nach diesem Prinzip erfolgte die Eingliederung des Saarlandes in die BRD. Dieser Weg dürfte sich aber in bezug auf BRD und DDR in Anbetracht der politischen Verhältnisse als wenig real und „juristische Illusion" erweisen[32].

(2) Schaffung einer gesamtdeutschen Verfassung

Die zweite Möglichkeit besteht in der *Neuschöpfung einer gesamtdeutschen Verfassung* durch die deutschen Teilordnungen; Art. 146 GG weist

---

[26] Die deutsche Nation befände sich dann wieder in dem Zustand, in dem sie sich zur Zeit des Deutschen Bundes (1815—1866) befunden hat.

[27] Etwa vergleichbar dem völkerrechtlichen Anschluß der Süddeutschen Staaten (1870/71) an den 1867 gegründeten Norddeutschen Bund.

[28] Vgl. oben I.

[29] Vgl. unten c.

[30] Kein verfassungsrechtliches Problem taucht für die Verfechter der Auffassung auf, daß die Verfassung der einen Teilordnung sich ohne weiteres und ohne Rücksicht auf eine zu fordernde Effektivität auch auf das Gebiet der anderen Teilordnung erstreckt; vgl. die von *Abendroth* (Die völkerrechtliche Bindung Gesamtdeutschlands durch Verträge seiner Staatsfragmente, in: Festschrift für Rudolf Laun, 1953, S. 151 f.) so benannte *Kongruenztheorie* (Kongruenz von Staat- und Verfassungsgebiet) und die in der DDR im Anschluß an Art. 114 DDV entwickelte Lehre vom Hoheitsakt, der Geltung für ganz Deutschland beansprucht.

[31] Der verfassungsrechtliche Anschluß muß vornehmlich den Vertretern der Staatskerntheorie als geeignetes Instrument erscheinen.

[32] Genau betrachtet enthält Art. 23, S. 1 GG kein irgendwie geartetes Verfahren zur Angleichung der Teilordnungen in ihrer faktischen Verschiedenheit, sondern gewährt „jedem anderen Teil Deutschlands" einen Anspruch auf Eingliederung in den Geltungsbereich des GG, von dem Gebrauch gemacht werden kann oder nicht.

hier zwar den Weg, indem zum Abschluß des Grundgesetzes sein sowohl räumlich als auch zeitlich provisorischer Charakter[33] klargestellt wird, enthält aber keinen konstruktiven „Wiedervereinigungsvorschlag".

Art. 146 GG stellt nur deklaratorisch[34] fest, was sich aus der Überlagerung von Teilordnung und Gesamtstaat von Anfang an ergibt: der Parlamentarische Rat ist dem pouvoir constituant des überkommenen deutschen Gesamtstaates untergeordnet; damit ist der Verfassungsneuschöpfung von vornherein die revolutionäre Spitze genommen.

Soweit die „freie Entscheidung" des deutschen Volkes angesprochen wird, ist nicht klar, ob damit freie Wahlen (repräsentative Demokratie)[35], eine gemeinsame oder nach Teilordnungen getrennte plebiszitäre Entscheidung (direkte Demokratie) gemeint ist, oder aber eine mit parlamentarischer Legitimation erfolgte Einigung der jeweiligen Exekutiven ausreichend ist[36]. Auf diese Einzelfragen kommt es letztlich auch nicht entscheidend an, da sich die gesamtdeutsche Konstituante — ganz unabhängig ihres Grades demokratischer Legitimierung — über das Erfordernis des Art. 146 GG hinwegsetzen kann[37].

Anbetrachts der gegenwärtigen Lage im geteilten Deutschland muß auch das Abstellen auf die freie Entscheidung des Volkes — wenn auch wünschenswert — so doch als wenig realistisch erscheinen. Freie Wahlen und Plebiszite sind nicht die einzigen Möglichkeiten und vor allem nicht der erste Schritt der Angliederung und Anpassung nach tiefgreifender Spaltung. Nach der bitteren Erfahrung der politischen Entwicklung der letzten Jahre in Deutschland, aber auch nach den bei supranationalen Zusammenschlüssen gewonnenen Erkenntnissen, gehört der Gedanke des bloßen „Zusammenwählens" komplizierter und differenzierter Ordnungssysteme dem Bereich der Illusion an.

c) Politik der gezielten Angleichung

Die bisherigen Untersuchungen haben gezeigt, daß weder rein völkerrechtliche Verfahren noch irgendwie geartete Maßnahmen im Rahmen des Verfassungsrechts der einzelnen Teilordnungen konkrete Möglich-

---

[33] Nach Art. 146 tritt die durch das Grundgesetz geschaffene Ordnung ohne weiteres an dem Tage außer Kraft, „an dem eine Verfassung in Kraft tritt, die von dem deutschen Volke in freier Entscheidung beschlossen worden ist".

[34] Vgl. *Wengler*, Deutschland als Rechtsbegriff, aaO, S. 88 f.

[35] Vgl. *Scheuer*, Die Rechtslage des geteilten Deutschland, 1960, S. 121 ff.

[36] Vgl. *Menzel*, Falsche staats- und völkerrechtliche Thesen zur Wiedervereinigung, aaO, S. 707 ff. (714). *Schuster*, aaO, S. 144, verlangt demgegenüber einen „immediatisierten Akt des souveränen Staatsvolkes — sei er auch nur plebiszitär — akklamativer Art".

[37] Im Falle der Schaffung einer gesamtdeutschen Verfassung ohne die von Art. 146 GG geforderte demokratische Legitimation wäre die Beibehaltung der vom Grundgesetz geschaffenen Ordnung — und nicht die Schaffung der neuen gesamtdeutschen Verfassung — ein revolutionärer Akt.

keiten einer Angleichung der Teilordnung und damit der Schaffung gesamtdeutscher Organe aufzeigen können. Das Völkerrecht ist als solches nicht berufen, da es sich um einen Prozeß handelt, der innerhalb eines schon bestehenden Völkerrechtssubjekts ablaufen muß; die in den Teilordnungen bestehenden Verfassungsordnungen können nicht über ihren eigenen Schatten springen; sie zeigen keinen allgemein akzeptablen Weg auf, wie von der geltenden verfassungsmäßigen Ordnung schrittweise zu einer gesamtdeutschen Ordnung gelangt werden kann[38]. Die realen Möglichkeiten, die Einigung der Teilordnungen zu erreichen, werden deshalb im zwielichtigen Bereich zwischen Staats- und Völkerrecht, im komplizierten Zusammenspiel von prinzipieller Gleichheit der Teilordnungen als partielle Völkerrechtssubjekte und gemeinsamer Unterordnung zu suchen sein. Darüber hinaus ist nicht zu verkennen, daß die fließende Grenze zwischen Staatenbund und Bundesstaat einen vortrefflichen Nährboden für einen Angleichungs- und Integrationsvorgang abgibt[39], da Raum für einen originären politischen Willen verbleibt, der letztlich auch aus inkompatiblen Vorstellungen gemeinsame neue Formen schaffen kann.

(1) Grundsatz prinzipieller Gleichheit der Teilordnungen

Ausgangspunkt einer konstruktiven Wiedervereinigungspolitik muß der *Grundsatz der prinzipiellen Gleichheit der Teilordnungen* sein. Nur

---

[38] Als nicht ausreichend muß in diesem Zusammenhang eine nur abstrakte „Anschlußmöglichkeit" (Art. 23, S. 2 GG) oder ein bloßes „Wiedervereinigungsgebot" erachtet werden, auch wenn letzterem verfassungsrechtlicher Rang zuerkannt wird (vgl. Beschluß des BVerfG v. 20. Dez. 1960 in: DÖV 1961, S. 224 ff. (224)), solange hieraus nicht ein bestimmtes Tun oder Unterlassen abgeleitet wird, das einer Annäherung der Teilordnungen förderlich ist. Unzulänglich ist es auch, sich mit der reinen Fiktion zufrieden zu geben, die verfassungsmäßige Ordnung einer Teilordnung gelte auch in der anderen (expansive Kongruenztheorie, Art. 114 DDV), oder beide Teilordnungen seien volle Völkerrechtssubjekte ohne Verknüpfung durch das gemeinsame Band des überlagernden Gesamtstaates (Ansicht der DDR nach 1957). Letztlich sind unrealistisch alle Lösungsversuche, die mit ihrer Forderung nach Anschluß oder — gestützt auf 146 GG — nach gesamtdeutschen Wahlen als ersten und einzigen Schritt einen wirklichen Angleichungsprozeß ausschließen.

[39] Es ist so durchaus kein Zufall, daß an der Wiege des Deutschen Reichs staatenbündische und bundesstaatliche Elemente parallel liefen und erstere in der Form der Reservatrechte einzelner Gliedstaaten bis zur Revolution 1918/19 Bestand hatten (vgl. *Berber* I, S. 144). Auch vollzieht sich die europäische Teilintegration im Rahmen der EWG in diesem Zwischenbereich; der Begriff der „Gemeinschaft" (Communauté) läßt sich mit den überkommenen Bezeichnungen Staatenbund oder Bundesstaat nicht oder nur schwer beschreiben (vgl. *Berber* III, S. 254 ff.). Die neue Staatenverbindung ist mehr als ein Staatenbund, aber weniger als ein Bundesstaat; sie ist mehr als ein Staatenbund, weil die Vereinigung mit für die Gemeinschaft handelnden Organen ausgestattet wurde, die von den Mitgliedstaaten keinerlei Weisungen entgegennehmen dürfen; sie ist weniger als ein Bundesstaat, da ihr aus der Fülle staatlicher Zuständigkeiten nur ein begrenzter Aufgabenbereich zugewiesen ist.

so kann der verhängnisvollen Dialektik entgegengewirkt werden, man müsse zunächst den Gesamtstaat zerschlagen, um auch der faktisch schwächeren Einheit als vollgültiges Völkerrechtssubjekt die Möglichkeit einzuräumen, gleichberechtigt von einer Position der Stärke aus operieren zu können. Die das Verhältnis der Teilordnungen untereinander regelnden Rechtsprinzipien sind zunächst tunlichst dem materiellen Völkerrecht zu entnehmen, das als genossenschaftliches Recht am ehesten geeignet ist, einem Interessenausgleich zwischen partiellen Völkerrechtssubjekten förderlich zu sein. Betont werden muß allerdings, daß durch die analoge Anwendung völkerrechtlicher Grundsätze die Beziehungen der Teilordnungen untereinander nicht als völkerrechtlicher Natur anzusprechen wären; es handelt sich um in Staatsrecht transformierte Gedanken des Völkerrechts, wie sie gerade im sog. unechten Bundesstaat öfters angewendet werden.

(2) Grundsatz der gemeinsamen Unterordnung

Aus dem Grundsatz der Gleichheit der Teilordnungen ergibt sich ohne weiteres, daß nicht eine Teilordnung der anderen untergeordnet werden kann — sei es direkt durch Ausdehnung des Verfassungsgebietes oder indirekt durch Majoritätsdiktat. Wiedervereinigung bedeutet demnach fortschreitende, *gemeinsame Unterordnung der Teilordnungen unter das fortbestehende gesamtdeutsche Völkerrechtssubjekt;* die einzelnen Stationen auf diesem Weg ließen sich — ohne daß damit irgendeine Musterlösung angeboten wird, die über das Grundsätzliche hinausgeht — wie folgt skizzieren:

(a) *Schaffung eines gesamtdeutschen Organs, das die Viermächteverantwortung in bezug auf Deutschland als Ganzes übernimmt.* Diese Institution ist von den Weisungen der Teilordnungen unabhängig und trifft die notwendigen Entscheidungen im Interesse des Gesamtstaates. Die Mitglieder dieser Institutionen wären nicht Vertreter der Teilordnungen, sondern „gesamtdeutsche Beamte", d. h. Rudiment der gesamtdeutschen Exekutive. Wenn diese „gesamtdeutschen Beamten" auch nicht Funktionsträger der Teilordnungen sind, so handelt es sich doch um deren Bürger, die sich nicht so leicht der Einflußnahme ihrer Regierungen entziehen können. Bei der näheren Regelung der Geschäftsordnung des gesamtdeutschen Organs müßte so sichergestellt werden, daß durch das Verhalten eines Teils der Mitglieder die Institution nicht gesprengt oder funktionsunfähig würde; zumindest dürfte der status quo ante nicht gefährdet werden. Als geeignet könnte sich hier die Einschaltung neutraler oder internationaler Organisationen erweisen, die in derartigen Fällen im Interesse des Gesamtstaates zu entscheiden haben. Die politische Praktikabilität dieses Vorschlags liegt darin, daß der erste Schritt noch keinerlei Eingriffe in Integrität und Bestand der Teilordnungen vorsieht und bei der Verwaltung des früher den Siegermächten zustehenden Aufgabenbereichs risikolos Erfahrungen für spätere, weiterreichende Unternehmungen gesammelt werden könnten.

(b) Die weitere Unterordnung der Teilordnungen unter den Gesamtstaat kann durch die *Übertragung hoheitlicher Befugnisse der Teilordnungen an das gesamtdeutsche Organ* erfolgen. Hierbei können sich die bei der Errichtung zwischenstaatlich-separationaler Einrichtungen gemachten Erkenntnisse als nützlich erweisen. Nicht zu Unrecht weist deshalb Menzel[40] auf Art. 24 GG als Verfahren zur Überwindung der deutschen Spaltung hin[41]. Es handelt sich hier um einen umständlichen aber gefahrlosen Weg, da in zahlreichen Einzelakten schrittweise von allgemeinen technischen Kontakten zu schwierigeren Problemen des Zusammenlebens übergegangen werden kann.

(c) Bei den Bemühungen um die deutsche Einigung darf letztlich nicht übersehen werden, daß sie durch technokratische Maßnahmen allein nicht erreicht werden kann[42]. Diese Maßnahmen sind nur geeignet, den Konfliktstoff aufzubereiten, können ihn letztlich aber nicht beseitigen; hierzu bedarf es eines politischen Wollens, das die letzten Gegensätze überwindet und im Rahmen der hier angestrebten gewaltlosen Lösung seinen Ausdruck im *Plebiszit* oder in freien Wahlen findet. Dieses „vox populi, vox dei", die Maßgeblichkeit der Entscheidung der Mehrheit, kann aber nicht erster, sondern *nur letzter Schritt* der gemeinsamen Unterordnung der Teilordnungen unter den Gesamtstaat sein — ultima ratio, wenn alle Versuche scheitern, im gegenseitigen Einvernehmen der Teilordnungen, zu einem gerechten Ausgleich der wohlverstandenen Interessen zu gelangen.

3. Exkurs: Der sowjetische Vorschlag

In der gemeinsamen Erklärung Chruschtschows und Ulbrichts vom 13. Aug. 1957[43] wird die „Konföderation" der beiden deutschen Staaten als einzig möglicher Weg zur deutschen Wiedervereinigung bezeichnet. Ebenso greift die Präambel des sowjetischen Friedensvertragsentwurfs den Konföderationsgedanken auf[44].

Der sowjetische Vorschlag ist in vielen Punkten unpräzis und entspricht nur teilweise den oben entwickelten Grundsätzen.

a) Der Begriff „Konföderation" an sich wäre geeignet — ähnlich wie der Begriff „Communauté" oder „Gemeinschaft" — den Bereich zwi-

---

[40] Vgl. *Menzel*, Staats- und völkerrechtliche Probleme der Wiedervereinigung Deutschlands, in: EA 1958, 11051; *ders.*, Falsche staats- und völkerrechtliche Thesen zur Wiedervereinigung, in: Blätter für deutsche und internationale Politik, 1959, S. 714.

[41] Art. 24, Abs. 1 GG lautet: „Der Bund kann durch Gesetz Hoheitsrechte auf zwischenstaatliche Einrichtungen übertragen." Dabei ist nicht zu übersehen, daß Art. 24 GG die Übertragung von Zuständigkeiten nur an zwischenstaatliche Einrichtungen vorsieht, das gesamtdeutsche Organ im Rahmen des fortbestehenden gesamtdeutschen Staates aber immer nur interzonale Funktionen ausüben kann; so mit Recht *Schuster*, aaO, S. 145. Es handelt sich aber hier wiederum nur um die analoge Anwendung eines im internationalen Bereich mit Erfolg erprobten Verfahrens auf eine innerstaatliche Situation mit ähnlich schwieriger und komplexer Interessenlage.

[42] Dies wird leider bei den Bestrebungen um eine Wiedervereinigung, die es allein auf die Viermächteverantwortung abstellt, nicht mit ähnlicher Schärfe erkannt wie bei der Einigung Europas; vgl. die Feststellung des deutschen Bundeskanzlers vom 9. 1. 1964 (zit. bei *Berber* III, S. 258), in der vor der Annahme gewarnt wird, daß das geeinte Europa auf „funktionellem Wege" am Ende einer Übergangsperiode „wie eine reife Frucht vom Baume fällt".

[43] Vgl. *v. Siegler*, aaO, 4. Aufl., S. 72 ff.

[44] Vgl. oben § 8, Fn. 118.

schen Staatenbund und Bundesstaat anzusprechen. Im Interesse eines politischen Angleichungsprozesses wäre es auch untunlich, den Begriff als Staatenbund oder Bundesstaat zu fixieren, da dies das Ende des Angleichungsprozesses bedeuten würde, bevor er überhaupt begonnen hätte[45].

Im größeren Zusammenhang betrachtet, kann aber in der Konföderation des sowjetischen Vorschlags keine Kompromißformel zwischen deutschem Bundesstaat und Staatenbund erblickt werden, sondern bestenfalls ein Versuch, zunächst durch unbestimmte Begriffe das Terrain zu sondieren[46].

b) Dem Begriff der Konföderation läßt sich weiter entnehmen, daß vom Grundsatz prinzipieller Gleichheit von BRD und DDR ausgegangen wird[47]. Diese prinzipielle Gleichheit besteht aber nicht auf der Ebene partieller Völkerrechtssubjektivität[48], sondern — wie dem Passus „beiden deutschen Staaten" entnommen werden muß — im Rahmen der souveränen Gleichheit voller Völkerrechtssubjekte. Insoweit muß es auch an der Bereitschaft zur gemeinsamen Unterordnung unter einen überlagernden Gesamtstaat[49] fehlen[50].

c) Letztlich ist die Bildung einer deutschen Konföderation i. S. des sowjetischen Vorschlags für den Abschluß eines Friedensvertrags mit Deutschland unbehelflich. Die Sowjetunion sieht auch nach der Bildung einer Konföderation die eigentlichen Partner des Friedensvertrages in der DDR und der BRD, auf die sich nach Art. 2 des Entwurfs — wie anzunehmen ist, gesamtschuldnerisch — alle Rechte und Pflichten des in Aussicht genommenen Vertragswerkes beziehen sollen[51]. Ein Friedens-

---

45 In einer Übergangszeit müßte sogar eine „falsa demonstatio" dergestalt hingenommen werden, daß eine Teilordnung in dem zu schaffenden Gebilde einen Staatenbund, die andere einen Bundesstaat erblickt.

46 Vgl. *Menzel*, Die staats- und völkerrechtlichen Probleme der Wiedervereinigung, aaO, S. 11 055 ff.; *Schuster*, aaO, S. 194, führt mit Hinweis auf die Sowjetenzyklopädie, Bd. 22, 2. Aufl. 1953, S. 486 ff. aus, daß Konföderation nach der sowjetischen Terminologie („Konfederacija") „ständiger Staatenbund" („postojanny sojuz gosudarstv") bedeute.

47 Im sowjetischen Friedensvertragsentwurf wird dieser Grundsatz bis zur Gleichmacherei vorangetrieben: in Art. 2 werden als deutsche Staaten die „*Deutsche* Demokratische Republik" und die „*Deutsche* Bundesrepublik" aufgeführt, obgleich die offizielle Bezeichnung für letztere Teilordnung „Bundesrepublik Deutschland" lautet; vgl. dazu auch *Schuster*, aaO, S. 194, Fn. 70.

48 Vgl. oben 2, c (1).

49 Vgl. oben 2, c (2).

50 Der Konföderationsvorschlag verzichtet damit auf jeden Anhaltspunkt für ein wirkliches Ingangkommen eines Wiedervereinigungsprozesses; wie sich aus der Präambel und Art. 2 des sowjetischen Entwurfs ergibt, wird vielmehr zwischen Konföderation und der „Wiedervereinigung Deutschlands in dieser oder jener Form" unterschieden.

51 Vgl. Fn. 50; Art. 2, 2. Halbsatz lautet: „. . . und alle Rechte und Pflichten Deutschlands, die durch den Vertrag vorgesehen sind, beziehen sich sowohl

vertrag mit Deutschland kann aber nur in dem Maße geschlossen werden, in dem sich gesamtdeutsche Organe herausgebildet, die Teilordnungen sich dem Gesamtstaat untergeordnet haben und diesem Hoheitsbefugnisse übertragen worden sind.

Der sowjetische Vorschlag kann deshalb nur als ein Versuch gewertet werden, im Rahmen der höchst widerspruchsvollen Teilidentitätslehre[52] mittels eines Friedensvertrages zu einer juristischen Immunisierung des faktischen Besitzstandes zu gelangen, ohne das überkommene deutsche Völkerrechtssubjekt in seiner Funktionsfähigkeit wiederherzustellen.

§ 12 Inhalt und Wirkung des Friedensvertrages

Treten auch heute in der politischen Diskussion die einzelnen Bestimmungen eines Friedensvertrags mit Deutschland noch gegenüber der Frage des „Ob" und „Wie" des Friedensschlusses zurück[1], so läßt es doch die wachsende Bedeutung der Kriegsverhütung als völkerrechtliche Disziplin[2] angebracht erscheinen, auf den materiellen Gehalt der Friedensordnung mit Deutschland unter diesen Gesichtspunkten einzugehen[3]. Es gilt nicht Gewalt mit Gewalt, Unrecht mit Unrecht zu bekämpfen[4], sondern Grundsätze in einer friedensvertraglichen Regelung zu

---

auf die Deutsche Demokratische Republik als auch auf die Deutsche Bundesrepublik." Diese Vorschrift (ganz abgesehen von ihrer technischen Undurchführbarkeit) soll nicht — etwa als Bundesstaatsklausel — die Schwierigkeiten bei der innerstaatlichen Durchführung völkerrechtlicher Verträge in einem heterogenen unechten Bundesstaat überbrücken helfen, sondern ist Ausdruck der von der Sowjetunion vertretenen Ansicht der „Teilrechtsnachfolge" von BRD und DDR; vgl. oben § 7, II, 3 b.

[52] Vgl. oben § 7, II, 3 b und § 8, Fn. 118.

[1] Das — abgesehen von einigen territorialen Fragen — mangelnde Interesse namentlich im Westen an der Ausarbeitung einer konkreten Friedensordnung (vgl. demgegenüber den sowjetischen Friedensvertragsentwurf vom 10. 1. 1959, aaO, mit seinen bis in letzte Einzelheiten gehenden Regelungen) mag darin begründet sein, daß in einem gewissen Umfang ein faktischer Friedenszustand eingetreten ist; vgl. oben § 4, I. Dessen ungeachtet bleiben alle territorialen und politischen Fragen ungelöst, die von so tiefgreifendem Einfluß auf das zwischenstaatliche Leben sind, daß zumindest für die nahe Zukunft nicht von einem sog. faktischen Friedensschluß vom Prinzip des „uti possidetis" (vergleichbar etwa dem Verhältnis zwischen Preußen und Liechtenstein nach 1866, dem Deutschen Reich und dem Königreich Hedschas nach 1919; weitere Hinweise bei *Berber* II, S. 102) ausgegangen werden kann. Von dieser Sicht aus wird auch die Forderung nach einer „normalen Beendigung des Krieges durch den Abschluß eines Friedensvertrages" (vgl. etwa das Gutachten des Ausschusses für Auswärtige Angelegenheiten der Volkskammer der DDR vom 9. Feb. 1959 zum sowjetischen Friedensvertragsentwurf, Text: Deutsche Außenpolitik, Sonderheft I (1959, S. 17)), seitens jener verständlich, die sich sonst immer auf die nach 1945 entstandenen Fakten berufen.

[2] Vgl. die beispielhafte Darstellung bei *Berber* III, S. 103 ff.

[3] Es lassen sich so materielle, wenigstens die Prinzipien klar umreißende, Regeln über die inhaltlichen Schranken eines Friedensvertrags aufstellen; vgl. *Berber* III, S. 127 und *Berber* II, S. 108 ff.

[4] Es müssen vor allem Folgerungen aus vorangegangenen verhängnisvollen Friedensschlüssen gezogen werden — nicht zuletzt auch aus dem Ver-

entwickeln, die die Spannungen eliminieren[5]. Bei der Verwirklichung dieses Gedankens muß zum gegenwärtigen Zeitpunkt versucht werden, einen „mittleren Weg wissenschaftlicher Objektivität“[6] zu finden zwischen dem einen Extrem der Sanktionisten[7], die Weltgeschichte als Weltgerichtsbarkeit und Weltinnenpolitik begreifen zu wollen und dem anderen der Nur-Politologen[8], die mit einer Absage an juristische Grundsätze nur der Prinzipienlosigkeit allgemeiner politischer Klugheit vertrauen wollen[9].

Grundlage des Friedenskonzepts soll das bei den nach 1945 geschlossenen Friedensverträgen[10] übereinstimmend angewandte Schema sein[11], dem — wenn auch mit Abweichungen — der sowjetische Friedensvertragsentwurf folgt[12].

I. Zu den grundsätzlichen Fragen des Friedens und der friedlichen Beziehungen

Unter normalen Verhältnissen dient ein Friedensvertrag einmal der Kriegsbeendigung, zum andern soll er zur Regelung aller durch die

---

sailler Friedensdiktat, das die „unerhörte Vernichtung von materiellen und moralischen Gütern . . . durch einen unsinnigen Friedensvertrag noch vertieft und in die unbestimmt lange Zukunft eines pervertierten Friedens hinein verlängert“ hat (so *Berber*, Sicherheit und Gerechtigkeit, aaO, S. 28).

[5] Vgl. im übrigen H. *Kraus*, Von ehrlicher Kriegsführung und gerechtem Friedensschluß, 1950; *Pick*, Peacemaking in Perspection, 1950; *v. Henting*, Der Friedensschluß, 1952; *Schätzel*, Der Friede mit dem Aggressor, in: Festschrift für Laun, 1953, S. 327 ff.; *Scheuner*, Der fehlende Friede, in: Festschrift für H. Kraus, 1954, S. 190 ff.

[6] So *Berber* III, S. 106.

[7] Vgl. etwa *Clark-Sohn*, World-Peace through World Law, 2. Aufl. 1962.

[8] Vgl. etwa *Kennan*, Realities of American Foreign Policy, 1954; *ders.*, Russia, the Atom and the West, 1958.

[9] *Berber*, Sicherheit und Gerechtigkeit, aaO, S. 6; zutreffend wird dort ausgeführt, daß eine wirklich fruchtbare Völkerrechtspolitik sich vor der Scylla der Prinzipienlosigkeit wie vor der Charybdis technokratischer Starrheit zu bewahren habe: „das erstere stellt einen Verzicht auf die rechtliche Ordnung politischer Sachverhalte dar, das zweite einen Versuch, die Politik in Recht zu transformieren: beides verfehlt die Aufgabe.“

[10] Vgl. die am 10. 2. 1947 in Paris unterzeichneten Friedensverträge der in den Verträgen als „Vereinte Nationen“ bezeichneten Alliierten mit den ehemaligen Satelliten Deutschlands (Texte: Bulgarien — UNTS Bd. 41, S. 21 ff.; Finnland — UNTS Bd. 48, S. 203 ff.; Italien — UNTS Bd. 49, S. 3 ff.; Rumänien — UNTS Bd. 42, S. 3 ff.; Ungarn — UNTS Bd. 41, S. 135 ff.) und den am 8. 9. 1951 in San Franzisco von 48 Staaten unterzeichneten Friedensvertrag mit Japan (Text: UNTS Bd. 136, S. 45); ferner den sog. österreichischen Staatsvertrag vom 15. 5. 1955 (Text: *Ermacora*, aaO).

[11] In Präambel und einführenden Artikeln wird zu den grundsätzlichen Fragen des Friedens und der friedlichen Beziehungen — meist unter Bezugnahme auf Art und Ausmaß der Kriegsschuld — Stellung genommen; dann folgen Grenzregulierungen, politische Klauseln (mit sowohl innenpolitischer als auch außenpolitischer Bedeutung), militärische Beschränkungen und zuletzt wirtschaftliche Bestimmungen.

[12] Vgl. Einzelheiten: Für einen Friedensvertrag mit Deutschland, in: Deutsche Außenpolitik, Sonderheft I, 1959.

kriegerische Auseinandersetzung aufgeworfenen Fragen führen[13]. Die Wiederherstellung friedlicher Beziehungen zwischen den Unterzeichnerstaaten, das erste der beiden genannten Kernstücke eines Friedensvertrags, ist in den modernen Friedensschlüssen aus dem eigentlichen Blickpunkt der Vertragswerke gerückt worden[14]. Da im Hinblick auf Deutschland Einverständnis darüber besteht, daß eine Kriegsbeendigung bereits anderweitig eingetreten ist[15], wird beim Friedensvertrag mit Deutschland der Akzent zwangsläufig auf die Bereinigung der zahllosen Kriegs- und Nachkriegsprobleme zu setzen sein.

Dies sollte aber umso mehr Veranlassung geben, sich die Rechtsparömie „pax in carta conscripta non valet nisi in corde radicata“[16] zu vergegenwärtigen und hieraus Rückschlüsse auf den Gehalt der friedlichen Beziehungen zu ziehen.

1. Aufhebung der rechtlichen Diskriminierung des ehemaligen Aggressors

Erstes Erfordernis in diesem Zusammenhang wäre die Auflösung der Kriegskoalition gegen die damaligen „Mitglieder des Dreierpakts und ihrer Anhänger“[17], die über Art. 107 und Art. 53[18] der Satzung der Vereinten Nationen Bestandteil der gegenwärtigen allgemeinen „Friedens“-ordnung wurde; das unbeschränkte Gewaltrecht[19] der Sieger gegen die Besiegten muß im Interesse der Aufnahme wahrhaft friedlicher Beziehungen verschwinden.

2. Zur Frage der einseitigen Fixierung der Kriegsschuld

Als schwere Belastung für eine dauerhafte Befriedung der Staatengemeinschaft hat sich die einseitige Festlegung der Kriegsschuld durch die Siegermächte erwiesen[20].

---

[13] Vgl. *Berber* II, S. 103.

[14] Bei den Friedensverträgen des Jahres 1947 und dem Versailler Friedensvertrag hat so die Aufnahme friedlicher Beziehungen lediglich in der Präambel ihren Niederschlag gefunden.

[15] Vgl. oben § 4 I.

[16] Lucas de *Penna*, Super tribus libris Codicis, 1544, Tit. 63, § 8; zit. bei *Scheuner* in: Wörterbuch des Völkerrechts, Bd. I, S. 393.

[17] „Declaration by the United Nations“ vom 1. 1. 1942.

[18] Art. 53, Abs. I, S. 2 bestimmt: „Es dürfen jedoch unter Regionalabmachungen oder durch Regionalorgane keine Erzwingungsmaßnahmen ohne Autorisierung durch den Sicherheitsrat ergiffen werden, mit Ausnahme von Maßnahmen gegen irgendeinen Feindstaat, wie in Absatz II dieses Artikels definiert, die in Verfolg des Art. 107 oder in gegen die Erneuerung aggressiver Politik von seiten irgendeines solchen Staates gerichteten Regionalabmachungen vorgesehen sind, bis zu dem Zeitpunkt, da die Organisation auf Ersuchen der betreffenden Regierungen mit der Verantwortung beauftragt wird, weiteren Angriff durch einen solchen Staat zu verhindern.“

[19] Vgl. *Berber* II, S. 52 ff.

[20] Vgl. Art. 231 des Versailler Vertrags. In den Präambeln der Friedensverträge des Jahres 1947, aaO, sind Hinweise auf die Verantwortung des einzelnen Staates für den „Angriffskrieg“ enthalten; die Relation aus Bündnis

Man muß sich hier vergegenwärtigen, daß Begriffe wie Schuld und Sühne, in der individuellen Sphäre verankert, im Strafrecht des pluralistischen Staates Gegenstand lebhafter Kontroversen sind und im zwischenstaatlichen Bereich mangels einer geeigneten Instanz zur Feststellung der vielschichtigen und nicht immer offenkundigen Kriegsursachen Gefahr laufen, moralistisch und propagandistisch ausgeschlachtet zu werden. Dies gilt vor allem, wenn mehr als ein Viertel Jahrhundert seit der Verursachung eines Krieges verstrichen sind[21] und eine so tiefgreifende politische Umschichtung stattgefunden hat wie nach 1945[22]. Mangels weltweiter Ideengleichheit wird es der künftigen Entwicklung des Völkerrechts zuträglicher sein, auf einen Gefährdungstatbestand mit qualifizierten Haftungsfolgen abzustellen als von komplexen und letztlich vom Recht nicht erfaßbaren Begriffen wie Schuld und Sühne[23].

3. Zur Frage der Bezugnahme auf das Potsdamer Abkommen

Als Ausdruck einer realistischen Betrachtungsweise der politischen Zusammenhänge, die den Siegermächten nicht mehr die Funktionen eines Jüngsten Gerichts zuschiebt, kann die Präambel des sowjetischen Friedensvertragsentwurfs vom 10. 1. 1959 gelten. Allerdings darf hier die Verbindlichkeit in der Form, die eine Kriegsschuldklausel nicht weiter in Erscheinung treten läßt, nicht über die Härte hinwegtäuschen, die gerade in der Bezugnahme auf das Potsdamer Abkommen[24] erblickt werden muß. Damit wird die so verhängnisvolle Entwicklung der Nachkriegszeit, die — was das Verhältnis Sieger-Unterlegener anbelangt — zu dem bedauerlichsten der modernen Völkerrechtsgeschichte gehört, in einer pervertierten Friedensordnung fortgeführt, die Deutschland in einer Zeit, deren wahre Probleme nicht mehr vom Nationalsozialismus geprägt werden, zum Objekt von Maßnahmen der Sicherung und Besse-

mit Deutschland, späterem Ausscheiden und Zusammenwirken mit den Siegermächten ergibt die Grundlage für die Friedensbedingungen. Der Unterschied in der Bewertung der Lage nach dem ersten und dem zweiten Weltkrieg besteht vornehmlich darin, daß 1914 — im Gegensatz zu 1939 — keine völkerrechtlich relevante Unterscheidung von legalem und illegalem Krieg nachzuweisen war.

[21] So verzichtet auch schon der österreichische Staatsvertrag auf die unnötige Schärfe einer Kriegsschuldklausel, vgl. *Ermacora*, Österreichs Staatsvertrag und Neutralität, Dok. Bd. 25, 1957, S. 25.

[22] Vgl. oben § 3 I. Im Mittelpunkt der Erwägungen des sowjetischen Friedensvertragsentwurfs steht so nicht mehr die faschistische Aggression des Jahres 1939, sondern der befürchtete kapitalistische Angriff.

[23] Vgl. oben § 2, II, 1, b.

[24] Abs. 4 der Präambel lautet: „. . . von dem Bestreben geleitet, unter den bestehenden Bedingungen die grundlegenden Bestimmungen, die in den Dokumenten der Anti-Hitler-Koalition und besonders im Potsdamer Abkommen enthalten sind, zu verwirklichen; . . .“ vgl. auch Art. 9, 14, Nr. 4 und Abschnitt VI (unten Fn 128).

rung degradiert[25]. Jeder echte und beständige Friede mit Deutschland muß bewußt Abstand nehmen von den Interventionen der Nachkriegszeit.

II. Zu der Grenzfrage

Im Mittelpunkt der sowohl durch die kriegerische Auseinandersetzung als auch durch die Gewaltmaßnahmen im Anschluß an die bedingungslose Kapitulation[26] aufgeworfenen Fragen steht der gerechte Ausgleich über die schwebenden territorialen Ansprüche. Ein Novum stellen in diesem Zusammenhang die Art. 9 und 10 des sowjetischen Friedensvertragsentwurfs dar[27], die hinsichtlich der deutschen Ostgrenze eine Diskussion bei den in Aussicht genommenen Friedensvertrags-„verhandlungen" mit dem Hinweis überhaupt ausschließen, die in den Potsdamer Konferenzaufzeichnungen enthaltenen territorialen Bestimmungen seien — obgleich ohne Beteiligung des deutschen Völkerrechtssubjekts getroffen — verbindlich[28]. Demgegenüber wird im Westen mit-

---

[25] Vgl. oben § 2, II, 1, b.

[26] Vgl. z. B. die Zwangsaussiedlung und Vertreibung der deutschen Bevölkerung aus den deutschen Ostgebieten; nach dem Bericht des Bundesministerium für die Angelegenheiten der Vertriebenen, Die deutschen Heimatvertriebenen, 1951, sind im Gebiet östlich der Oder-Neiße-Linie 9,5 Millionen heimatlos geworden; dazu kommen 3,3 Millionen aus dem Sudetenland und 0,8 Millionen aus dem sonstigen Ausland. Insgesamt mußten in der BRD 7,8, in der DDR 4,5 Millionen Flüchtlinge aus den von Deutschen evakuierten Gebieten aufgenommen werden. *Churchill,* Der zweite Weltkrieg, Bd. VI, 2. Buch, S. 356 ging allein im Hinblick auf die Entschädigung Polens zu Lasten Deutschlands von der „Verpflanzung von 8 250 000 Menschen" aus (vgl. auch Potsdam Papers II, S. 211). Nach vorsichtigen Schätzungen sollen bei den Vertreibungen mindestens 2 Millionen Deutsche umgekommen und eine weitere Million verschleppt worden sein; vgl. *Faust,* aaO, S. 185. Weitere Einzelheiten vgl.: Ausweisungsplan des Kontrollrats, in: EA 1947, S. 823; Jahrbuch für Geschichte, Bd. I, 2. Berichte 282 ff. Dokumente der Menschlichkeit, Bd. I, S. 149.

[27] Artikel 9: „In Übereinstimmung mit dem Potsdamer Abkommen von 1945 a) verzichtet Deutschland auf alle Rechte, Rechtstitel und Ansprüche auf ehemalige deutsche Gebiete östlich der Linie, die von der Ostsee etwas westlich von Swinemünde und von da entlang der Oder bis zum Zufluß der westlichen Neiße und entlang der westlichen Neiße bis zur tschechoslowakischen Grenze verläuft (einschließlich des Territoriums des ehemaligen Ostpreußen, sowie auf das Territorium der ehemaligen Stadt Danzig), die der Souveränität der Volksrepublik Polen unterstellt worden sind, was Deutschland anerkennt; b) verzichtet Deutschland auf alle Rechte, Rechtstitel und Ansprüche auf die ehemalige Stadt Königsberg und das umliegende Gebiet, die der Souveränität der Union der Sozialistischen Sowjetrepubliken unterstellt worden sind, was Deutschland anerkennt."

Artikel 10: „Deutschland erkennt die Ungültigkeit des Münchner Abkommens mit allen sich aus ihm ergebenden Folgen an und erklärt, daß es das Territorium des ehemaligen sogenannten Sudetengebietes immer als unantastbaren Bestandteil des Staatsgebietes der Tschechoslowakischen Republik anerkennen wird."

[28] Im Gegensatz zum sog. Versailler Friedensdiktat, in dem Deutschland widerrechtlich (vgl. Vorfriedensvertrag vom 5. 11. 1918 und *Berber,* Das Diktat von Versailles, 1939) zu Verfügungen über deutsche Gebiete gezwungen wurde, würde Deutschland nach der vom sowjetischen Friedensvertragsentwurf vor-

unter die Auffassung vertreten, Gebietsabtretungen könnten zu Lasten — auch eines unterlegenen Aggressors — nicht ohne dessen Zustimmung vorgenommen werden[29].

Auf diese beiden Vorfragen ist zunächst einzugehen.

1. Zur Frage der Präjudizierung

a) Bedingungslose Kapitulation als Präliminarfrieden?

Rechtlich relevante Bindungen für einen in Aussicht genommenen Friedensvertrag können in einem sog. Vorfriedensvertrag enthalten sein, der Prinzipien des endgültigen Friedensvertrags enthält[30]. Im Gegensatz zu den Waffenstillstandsabkommen der Jahre 1944 und 1945 mit den osteuropäischen Verbündeten des Deutschen Reichs[31] kann der bedingungslosen Kapitulation Deutschlands bzw. Japans[32] kein vorfriedensvertragliches Element entnommen werden. Aus der Tatsache der Kapitulation kann nicht der Verzicht auf die Einhaltung des Völkerrechts und die völlige und bedingungslose Unterordnung unter das will-

---

geschlagenen Konzeption überhaupt der Möglichkeit beraubt, mit konstitutiver Wirkung über deutsches Gebiet zu verfügen; Deutschland soll nur mehr deklaratorisch anerkennen.

[29] Vgl. etwa die grundlegende Darstellung von H. *Kraus*, Die Oder-Neiße-Linie. Eine völkerrechtliche Studie, 1959; ferner *Schätzel*, Archiv des Völkerrechts II, 1950, S. 20.

[30] a) So wurde 1918 zwischen dem Deutschen Reich und den Verbündeten ein Vorfriedensvertrag auf der Grundlage der Wilson'schen 14 Punkte geschlossen.

b) Bestimmungen, die quasi auf einen Präliminarfriedensvertrag hinauslaufen, enthalten auch die Waffenstillstandsabkommen mit den ehemals deutschen Verbündeten:

(1) Waffenstillstandsabkommen mit *Rumänien* vom 12. Sept. 1944; Bestimmungen über territoriale Veränderungen enthalten die Art. 4 und 18.

(2) Waffenstillstandsabkommen mit *Finnland* vom 19. Sept. 1944; territoriale Bestimmungen enthalten die Art. 7 (Petsamo), 8 (Porkkala), 9 (Aaland-Inseln).

(3) Waffenstillstandsabkommen mit *Bulgarien* vom 23. Okt. 1944; Art. 2 enthält eine indirekte Regelung über territoriale Fragen.

(4) Waffenstillstandsabkommen mit *Ungarn* vom 20. Jan. 1945; Art. 2 enthält eine indirekte Regelung über territoriale Fragen, in dem der Rückzug aus rumänischen, tschechoslowakischen und jugoslawischen Gebieten geregelt wird.

Text: Recueil de textes à l'usage des Conférences de la paix, Paris 1946, S. 278 ff.

[31] Vgl. Fn. 30 b. *Berber* (Probleme des neuen Waffenstillstandsrechts, 1943, S. 15 f.) hat schon während des zweiten Weltkriegs darauf hingewiesen, daß im Rahmen des totalen Kriegs der Waffenstillstand zu einem eigenen völkerrechtlichen Status wird und Züge eines Diktat-Präliminarfriedens trägt: „War der echte Waffenstillstand eine im wesentlichen militärische Angelegenheit, eine reine Unterbrechung der Kampfhandlungen, so ist der neue Waffenstillstand eine Schlußepisode in der totalen Niederwerfung und Überwältigung des Gegners" (Berber, aaO, S. 16).

[32] Kapitulation vom 2. Okt. 1945, die sich auf das sog. Potsdamer Ultimatum vom 26. Juli 1945 bezieht.

kürliche Belieben des Gegners abgeleitet werden[33]. Die der Kapitulation folgenden spezifischen Regelungen waren einseitig auferlegt und widersprechen dem vertraglichen Charakter, der einem Präliminarfrieden eigen ist[34].

b) Potsdamer Abkommen als „adiudicatio"?

Nachdem sich die Begriffe der debellatio und subiugatio als wenig opportun erwiesen haben[35], ist im Hinblick auf die territorialen Regelungen im Potsdamer Abkommen namentlich von der Völkerrechtslehre des Ostblocks der Begriff der „adiudicatio" angewendet worden[36], der erklären soll, wie ohne Mitwirken der Staaten Polen und Deutschland die Grenzen dieser Staaten verbindlich geregelt werden konnten.

Auch wenn Großbritannien, die UdSSR und die USA im Namen der „Vereinten Nationen" tätig geworden wären[37], so ließe sich doch weder 1945 noch heute, noch zu irgendeinem anderen Zeitpunkt in der Entwick-

[33] Ein derartiger „Vorfriedensvertrag" würde gegen zwingendes Völkerrecht verstoßen und wäre nichtig, vgl. *Berber* II, S. 111.

[34] Die Siegermächte haben sich durch die maßlose Forderung nach bedingungsloser Kapitulation der realen Möglichkeit beraubt, durch ein — wenn auch erzwungenes, so doch zweiseitiges — Waffenstillstandsabkommen mit Zügen eines Präliminarfriedens (vgl. Fn. 30 b) eine antizipierte Friedensordnung zu schaffen, die den Unterlegenen beim Abschluß des endgültigen Friedensvertrags rechtlich bindet. Allein hierauf beruht die Tatsache, daß die Friedensverträge mit Italien und den osteuropäischen Staaten im wesentlichen — auch was die territorialen Bestimmungen anbelangt — die Regelungen der Waffenstillstandsabkommen aufgreifen und auf diese Bezug nehmen. Konsequenterweise nimmt deshalb auch der Friedensvertrag mit *Japan* weder auf ein Abkommen der Siegermächte noch auf die bedingungslose Kapitulation Bezug. Die die Gebietsfragen regelnden Art. 2 und 3 gehen — im Gegensatz zu den Art. 3 ff. des sowjetischen Friedensvertragsentwurfs — nicht von einer zu einem früheren Zeitpunkt eingetretenen Verpflichtung oder gar Verfügung aus.

[35] Vgl. oben § 7, I, 1.

[36] a) Vgl. *Klafkowski*, The Form of Recognition of State Frontiers after the Second World War, in: Polish Western Affairs, Nr. 2/1963; *Wiewióra*, The Recognition of Territorial Accessions in International Law, 1961. b) Das Völkerrechtslehrbuch der sowjetischen Akademie der Wissenschaften, aaO, S. 188 geht davon aus, daß die Methode internationale Anerkennung gefunden habe, „territoriale Probleme im Wege der Gebietsrückgabe durch Wiederherstellung der historischen Rechte von Staaten zu lösen, denen bestimmte Teile ihres Gebietes früher gewaltsam entrissen worden waren". Als Beispiel wird das Potsdamer Abkommen genannt, durch das die „historischen Rechte des polnischen Staates auf ureigene Gebiete wiederhergestellt" worden seien.

[37] *Klafkowski*, aaO: „. . . it may be said that the Polish-German frontier has been established by the decision of the Four Great-Powers acting on behalf of the United Nations"; in Wirklichkeit lag ein Mandat der „United Nations" — sofern darunter nicht nur die Kriegskoalition der Washingtoner Erklärung vom 1. 1. 1942 verstanden werden soll — nicht vor; im Gegensatz zu den 1947 geschlossenen Friedensverträgen wurde das Potsdamer Abkommen auch nicht von den Siegermächten in ihrer usurpierten Eigenschaft als „United Nations" unterzeichnet.

lung des modernen Völkerrechts ein Rechtssatz nachweisen, der es einer Gruppe von Staaten — sei es die Majorität, seien es alle Staaten der Völkergemeinschaft bis auf den streitbefangenen Beklagten — gestatten würde, zu Lasten eines Völkerrechtssubjekts über dessen Territorium nach selbstgesetzten Prämissen[38] zu verfügen[39].

Ein derartiges Vorgehen — auch gegenüber den diskriminierten Unterlegenen — widerspricht zutiefst dem genossenschaftlichen Charakter der Völkerrechtsordnung.

Werden derartige Maßnahmen als „Rückgabe" anstatt als Wegnahme, als gerechte Friedensordnung anstatt als Zwang deklariert, so muß dies im Interesse der gesamten Völkerrechtsentwicklung klargestellt werden.

c) Gebietserwerb kraft Annexion?

Die sowjetisch-polnischen Maßnahmen in bezug auf die Gebiete östlich der Oder-Neiße-Linie[40] können vom völkerrechtlichen Standpunkt nur als Annexion, d. h. als die nicht-einverständliche Abtrennung eines Teils eines Gebietes durch einen anderen Staat[41], gesehen werden.

---

[38] Als treffendes Beispiel kann in diesem Zusammenhang die Bezeichnung der deutschen Gebiete jenseits der Oder-Neiße-Linie als „ureigene polnische Gebiete" (vgl. Fn. 36 b) angeführt werden: (1) die *Lausitz* war — nachdem sie im Jahre 1002 einem polnischen Herzog als Lehen übergeben worden war — seit 1031 in deutschem Besitz; (2) *Pommern* war nach den Auseinandersetzungen mit den Polanen seit 1181 kaiserliches Lehen und dem Reich zugehörig; (3) *Schlesien* war seit dem Verzicht des polnischen Königs im Vertrag von Trentschin (1335) endgültig deutscher Besitz; (4) *Ostpreußen* ist — mit Ausnahme des ermländischen Besitzes — nie polnisch gewesen, das von baltischen Völkern bewohnte und vom Deutschen Ritterorden besiedelte Gebiet geriet lediglich nach der Schlacht von Tannenberg (1410) für etwa 200 Jahre unter polnische Lehensherrschaft; aus dieser Tatsache lassen sich genauso wenig „historische Ansprüche" herleiten wie aus dem Umstand, daß Polen für Jahrhunderte Lehensstaat des Deutschen Reichs war. Vgl. geschichtlichen Überblick bei H. *Kraus*, Die Oder-Neiße-Linie, aaO, S. 13. Würden die im Hinblick auf die Oder-Neiße-Linie beanspruchten Grundsätze zur Maxime des allgemeinen Völkerrechts gemacht, hätte derzeit wohl kaum eine Staatsgrenze völkerrechtlichen Bestand. Vgl. etwa den Bericht, den Stettinius von der Konferenz von Jalta bringt: Auf die Frage Präsident Roosevelts, vor wie langer Zeit diese Gebiete polnisch gewesen seien, antwortete Molotow: ‚vor sehr langer Zeit'. Der Präsident bemerkte hierauf, daß derartige Grundsätze dazu führen könnten, daß Großbritannien die Rückkehr der USA verlangen könnte (*Stettinius*, Roosevelt and the Russians. The Yalta Conference, 1949, S. 240).

[39] Die „adiudicatio" als Gebietszuteilung kraft völkerrechtlicher Entscheidung beruht letztlich immer auf einem völkerrechtlichen Vertrag, der entweder die Zuständigkeit eines Schiedsgerichts oder einer sonstigen völkerrechtlichen Instanz begründet oder als bedingte Zession erscheint; vgl. *Berber* I, S. 348 f.

[40] Polen hat mit Zustimmung der UdSSR diese Gebiete zum Bestandteil des polnischen Staates erklärt; vgl. Einzelheiten: Keesing's Contemporary Archives, Weekly Diary of World Events, Bd. I, 1943—1945, S. 7328.

[41] Vgl. *Berber* I, S. 343.

(1) Zulässigkeit einer Annexion zu Lasten des Aggressors

Zunächst ist zu klären, ob jenseits der Grundregel des klassischen Völkerrechts, daß ein Gebietserwerb nur mit Zustimmung des betroffenen Staates stattfinden kann[42], eine Annexion möglich ist, wenn der Krieg seitens des die Annexion vornehmenden Staates rechtlich zulässig war — also in die Rechte des unterlegenen Aggressors eingegriffen wird.

(a) *Ein generelles und zwingendes Annexionsverbot* auch im letztgenannten Fall nimmt gerade im Hinblick auf die deutschen Ostgebiete die wohl überwiegende Anzahl der Vertreter der deutschen Völkerrechtslehre an[43].

Der Bundesgerichtshof[44] sieht im Verbot der Unterwerfung — auch eines Angreiferstaates — einen „zwingenden Satz übergesetzlichen Rechts". Schätzel[45] schließt die Annexion als völkerrechtlichen Erwerbstitel mit Hinweis auf einen Satz des römischen Juristen Pomponius[46] aus.

In diesen Fällen werden entweder Rechtssätze der innerstaatlichen Friedensordnung oder schwer faßbare Normen als aktuell geltendes Völkerrecht hingestellt.

(b) Soweit auf konkrete Völkerrechtssätze Bezug genommen wird, beruft man sich auf die *Atlantik-Charta vom 14. Aug. 1941*[47], in der bis zum Kriegsende etwa 30 Staaten — darunter die Hauptmächte und Polen — den Verzicht auf Annexion zu „gemeinsamen Prinzipien ihrer Nationalen Politik" erklärten.

Hier wird aber verkannt, daß die Atlantik-Charta — zumindest[48] hinsichtlich Deutschlands — kein neues Völkerrecht schaffen konnte, und zwar auch nicht als „declaration in the face of the world"[49]. In ihr kann nur ein — wenn auch sehr verwerfliches — Instrument einer auf moralistische Effekte abzielenden ideologischen Kriegsführung erblickt

---

[42] Vgl. etwa *Berber* I, S. 344 f.; *Dahm*, aaO, S. 603 ff.

[43] Vgl. *Faust*, aaO, S. 148 ff.; H. *Kraus*, aaO, S. 20 ff.; *Nadolny*, aaO, S. 39 ff.; *Schätzel*, aaO, S. 20 f.; *Wehberg*, Krieg und Eroberung im Wandel des Völkerrechts, S. 86.

[44] BGHZ 13, 265 ff. (293).

[45] *Schätzel*, aaO, Fn. 39.

[46] „Id quod nostrum est, sine facto nostro ad alium transferri non potest."

[47] Churchill und Roosevelt erklärten im ersten Abschnitt: „Ihre Länder suchen keine territoriale oder sonstige Vergrößerung. Sie wünschen nicht, daß territoriale Veränderungen zustande kommen, die nicht mit den frei geäußerten Wünschen der betreffenden Völker übereinstimmen." Deutsche Übersetzung in: Völkerrechtliche Urkunden zur europäischen Friedensordnung, Nr. 6, Anm. 8.

[48] *Oppenheim-Lauterpacht*, International Law I, S. 788 scheint davon auszugehen, daß auch unter den kontrahierenden ca. 30 Staaten keine *rechtliche* Bindung eintreten konnte, da es sich nur um gemeinsame *politische* Prinzipien handelt: „A mere general statement of policy and principles cannot be regarded as intended to give rise to contractual obligation in the strict sense of word."

[49] Vgl. H. *Kraus*, aaO, S. 29.

werden, die zunächst[50] beim Gegner Verwirrung stiften, aber hauptsächlich auch — unter Vorgabe edler Gesinnung — die Kriegsbereitschaft des eigenen Landes forcieren sollte. Aus der Atlantik-Charta kann ebensowenig ein Rückschluß auf die Rechtsposition des besiegten Aggressors gezogen werden, wie aus Art. 2, Ziff. 4 der Satzung der Vereinten Nationen[51]. Letztgenannte Vorschrifft ist nach Art. 107 der Satzung[52] in bezug auf Deutschland bedeutungslos[53].

Als Ergebnis kann deshalb festgestellt werden, daß die Annexion als völkerrechtlicher Titel zum nicht-einverständlichen Erwerb fremden Staatsgebiets in gewissen Ausnahmefällen[54] — u. a. wenn die Annexion zu Lasten eines Aggressors geht[55] — möglich ist[56].

(2) Aussichtslosigkeit der Wiedereinsetzung deutscher Staatsgewalt?

Mit der Statthaftigkeit, in einem gewissen Umfang[57] Annexionen zu Lasten Deutschlands vorzunehmen, ist die Frage noch nicht beantwortet, ob die Gebiete jenseits der Oder-Neiße-Linie tatsächlich — und demnach

---

[50] Später haben die Alliierten allerdings keinen Zweifel darüber aufkommen lassen, daß die Atlantik-Charta bei der Behandlung Deutschlands keine Anwendung findet; vgl. etwa die Erklärung Edens vom 23. Feb. 1944 vor dem Unterhaus (EA Dok 6 (1948), S. 53); ferner, wiederholt, Churchill (Reden, Bd. V, S. 107).

[51] „Mitglieder haben sich in ihren internationalen Beziehungen jeder Drohung oder der Anwendung von Gewalt zu enthalten, die gegen die territoriale Unversehrtheit oder politische Unabhängigkeit irgendeines Staates gerichtet oder sonst mit den Zielen der Vereinten Nationen unvereinbar sind."

[52] Vgl. oben Fn. 18.

[53] Die Ansicht *Menzels* (EA 1949, S. 2224 ff.), daß die im Zeichen der Grundsätze der Atlantik-Charta erfolgte Einigung über die Koordinierung der nationalen Politik keine Scheidung in die Welt der Sieger und Besiegten enthielte, wird eben durch Art. 107 widerlegt. Vergleiche demgegenüber die nüchterne Kommentierung *Kelsens* zu Art. 107 (aaO, S. 805): „Any action, especially action taken by force, forbidden by the Charter, is not forbidden if directed against an ex-enemy state", die sich dem objektiven Betrachter von den Beratungen um den Text des § 2, Kap. XII der Dumbarton Oaks Proposals (entspricht Art. 53, 107 der Charter) her besonders gut erschließt: sämtliche Versuche, das unbeschränkte Recht zur Anwendung von Gewalt gegenüber dem besiegten Aggressor einzudämmen, (vgl. etwa die Ausführungen des kanadischen Vertreters, der sich gegen die Vorschrift als „so unlimited as to time and scope that it could exempt practically any thing from Council action" wandte; U.N.C.I.O.Doc. 765, III/3/39) schlugen fehl.

[54] So geht das Lehrbuch von *Oppenheim-Lauterpacht,* I, aaO, S. 574 f. davon aus, daß „the title by conquest remains a valid title in those cases in which the conquering State is not bound by the Charter of the United Nations or by the General Treaty for the Renunciation of War or when, although so bound, the resort to war on its part is not, in the particular case, unlawful".

[55] Vgl. *Berber* , S. 345.

[56] Die von einem einen rechtmäßigen Krieg führenden Sieger vorgenommene Annexion wird aber im Rahmen der allgemeinen Völkerrechtsordnung und ihrem Prinzip der Verhältnismäßigkeit nur dann als Titel erachtet werden können, wenn sie in Art und Ausmaß einer gerechten Kompensation entspricht.

[57] Vgl. Fn. 56.

auch mit bindender Wirkung für den ausstehenden Friedensvertrag — annektiert wurden. Zwar sind die genannten Gebiete effektiv von Siegerstaaten in Besitz genommen worden[58], fraglich bleibt aber, ob die deutsche Staatsgewalt endgültig und ohne Aussicht auf Wiedereinsetzung verdrängt wurde[59].

(a) Die Vertreibung der deutschen Bevölkerung

Nur als zynisch kann in diesem Zusammenhang anmuten, wenn die Aussichtslosigkeit der Wiedereinsetzung deutscher Staatsgewalt in den deutschen Ostgebieten damit begründet wird, daß die deutsche Bevölkerung vertrieben worden ist. Das Berufen auf völkerrechtswidrig[60] geschaffene Umstände ist dolos; im Bereich des Faktischen beweist die Zwangsaussiedlung der Deutschen nur, daß die von den dortigen Behörden angesiedelte Bevölkerung durch Gewaltmaßnahmen auch ebenso schnell wieder vertrieben werden kann; derartige Maßnahmen sind eher geeignet, Widerstand und Revancheabsichten des betroffenen Staates aufrecht zu erhalten, als einer Konsolidierung förderlich zu sein[61].

Die Frage der Aussichtslosigkeit der Wiedereinsetzung deutscher Staatsgewalt ist vielmehr ein sehr vielschichtiges Problem, das durch die uneinheitliche Haltung der deutschen Teilordnungen und die Überlagerung der deutschen Staatsgewalt durch die Viermächteverantwortung noch kompliziert wird.

(b) Die unterschiedliche Haltung der Teilordnungen

Stellt man es bei den Erfolgsaussichten der Annexion auf den Willen des bisherigen Gebietsherrn und die Haltung dritter Staaten ab[62], so

---

[58] Vgl. oben § 9, II.

[59] Über die Voraussetzungen des Gebietserwerbs kraft Annexion vgl. *Berber* I, S. 343 f.

[60] (1) Abschnitt XIII des Potsdamer Abkommens („The three Governments, having considered the question in all its aspects, recognize that the transfer to Germany of German populations, or elements thereof, remaining in Poland, Czechoslovakia and Hungary, will have to be undertaken") konnte kein neues Völkerrecht schaffen; vgl. demgegenüber die zwischen den damaligen Hauptmächten und Polen und der Tschechoslowakei im Jahre 1919 abgeschlossenen Minderheitsschutzverträge, die formell fortbestanden (so *Nadolny*, aaO, S. 106 ff.). (2) Art. 107 der Charter diskriminiert nur den Aggressor-Staat, kann aber die allgemeinen Prinzipien der Menschlichkeit nicht außer Kraft setzen. (3) Vgl. Einzelheiten *Geiler*, Die gegenwärtige völkerrechtliche Lage Deutschlands, S. 15 ff.; *Raschhofer*, aaO, S. 290; *Laun*, Das Recht auf Heimat, S. 25.

[61] Ein nur unzureichender Versuch der Konsolidierung kann in dem Bemühen des sowjetischen Friedensvertragsentwurfs erblickt werden, die innere Kraft — namentlich der geschädigten Bevölkerungskreise, sich der gewaltsamen Vertreibung und der Abtrennung des Gebietes entgegenzustellen — mit völkerrechtlichen Geboten und Straftatbeständen zu brechen; vgl. Art. 17, 18, aaO.

[62] Vgl. *Berber* I, 344.

wird bei Prüfung im Rahmen des ersten Kriteriums bereits die ganze Problematik der Rechtslage im Nachkriegsdeutschland hochgespielt: die Regierung der DDR erkennt die Oder-Neiße-Linie als endgültige Grenze an[63], während die Bundesregierung jeder Konsolidierungsbestrebung energisch entgegentritt[64]; wer repräsentiert den maßgeblichen Willen des bisherigen Gebietsherrn? — Zunächst stehen dem Faktum „nichteinverständliche Abtrennung deutschen Reichsgebiets" zwei sich widersprechende Fakten gegenüber, die Tatsache nämlich, daß die effektive Mehrheit des deutschen Volkes und der Vertriebenen der Loslösung dieser Teile des überkommenen deutschen Völkerrechtssubjekts sich widersetzt, während die Teilordnung, deren Grenze im Gespräch ist, sich mit der nach 1945 entstandenen Situation zufriedengibt.

Die Frage, ob die im Osten vorgenommenen Gebietsänderungen hingenommen oder gar anerkannt werden sollen, betrifft „Deutschland als Ganzes"[65] und steht nicht zur Disposition der einzelnen Teilordnungen[66], da nicht Gebietsteile streitbefangen sind, die zu irgendeinem Zeitpunkt Bestandteil einer der Teilordnungen waren.

In Anbetracht dieser Umstände gewinnt der Viermächtevorbehalt in bezug auf Deutschland als Ganzes und das zweite oben angeführte Kriterium, die Haltung dritter, ein besonderes Gewicht.

(c) Die Haltung der Siegermächte

Prüft man die völkerrechtlichen Dokumente der Nachkriegszeit daraufhin nach, ob die an der Regelung der deutschen Frage maßgeblich beteiligten Großmächte die im Osten vorgenommenen territorialen Änderungen anerkannt oder hingenommen haben, so trifft man — entsprechend dem Auseinanderbrechen der Siegerkoalition in Ost und West — ebenfalls auf diametral entgegengesetzte Auffassungen. Mit Recht argumentieren die westlichen Siegermächte[67] mit dem Wortlaut des Pots-

[63] Vgl. die zunächst programmatische Erklärung vom 12. Okt. 1949, ferner die Warschauer Erklärung vom 6. Juni 1950 und letztlich den am 6. Juli 1950 abgeschlossenen Grenzvertrag über die sog. Friedensgrenze (GBl. d. DDR 1950, S. 1205), Einzelheiten vgl. *Poeggel*, Deutschlands Grenzen — die Aussage des Völkerrechts, in: Staat und Recht, Nr. 1/1964, S. 24.

[64] Vgl. Dokumente bei *v. Siegler*, Wiedervereinigung und Sicherheit Deutschlands, S. 184 ff.

[65] Vgl. oben § 8, II, 3.

[66] Vgl. oben § 10, II.

[67] Eine von den westlichen Siegermächten abweichende Auffassung vertrat zunächst das an den Potsdamer Verhandlungen nicht beteiligte *Frankreich*, indem es für eine Schwächung Deutschlands durch Gebietsabtretungen (Saarland!) eintrat; ab 1947 schwenkte dann Frankreich mehr und mehr auf die westliche Linie in seiner Deutschlandpolitik ein und nahm den Vertrag über die deutsch-polnische „Friedensgrenze" vom 6. Juli 1950 zum Anlaß, durch seinen Hohen Kommissar Deutschlands Grenzen des Jahres 1937 anzuerkennen; die de Gaulle'sche Ostpolitik hat allerdings wieder Zweifel an der französischen Haltung aufkommen lassen.

damer Abkommens[68], daß 1945 eine verbindliche Grenze zwischen Deutschland und Polen nicht anerkannt worden sei[69].

Die UdSSR und Polen weisen demgegenüber darauf hin, daß in allen die Westgrenze Polens betreffenden Dokumenten von den „früher deutschen Gebieten"[70] hinter Oder und Neiße die Rede ist; das Potsdamer Kommuniqué gebraucht aber andererseits den Begriff „Verwaltung"[71], der gerade dafür spricht, daß nicht einverleibt werden sollte. Auf das weitere Argument, im Potsdamer Abkommen sei die Vertreibung der deutschen Bevölkerung beschlossen worden[72], und diese könne nicht nur als zeitweiliges Experiment betrachtet werden[73], ist oben schon eingegangen worden. Aus der Zustimmung der Westmächte zum Abschnitt XIII des Potsdamer Abkommens eine über diese Vorschrift hinausgehende Festlegung der Westmächte in ihrer Deutschlandpolitik entnehmen zu wollen, widerspricht — soweit der ausdrückliche Text in dem die polnische Westgrenze regelnden Abschnitt IX, Absatz B dem entgegensteht — den allgemeinen Regeln der Auslegung völkerrechtlicher Abkommen[74].

---

[68] Im Abschnitt IX wird unter Absatz B „Western Frontier of Poland" u. a. aufgeführt: „. . . The Heads of Government reaffirm their opinion that the final delimination of the Western frontier of Poland should await the peace settlement." Das sog. Potsdamer Abkommen ist zwar für Deutschland res inter alios gesta und deshalb für Deutschland rechtlich unverbindlich (vgl. oben § 12, II, 1, b); aber für die faktische Frage der Endgültigkeit des nichteinverständlichen Gebietserwerbs nicht ohne Bedeutung.

[69] Dies ergibt sich auch aus der Entstehungsgeschichte der Oder-Neiße-Linie; so ging die von den drei Außenministern ausgearbeitete und am 10. Feb. 1945 vorgelegte Kompromißformel über die polnische Westgrenze davon aus, daß die endgültige Festlegung bis zur Friedenskonferenz zurückzustellen sei (deutsche Übersetzung in: *Rhode-Wagner*, aaO, Nr. 125, S. 196); als noch vor dem 8. Mai 1945 die Polnische Provisorische Regierung in Warschau von den deutschen Ostgebieten Besitz ergriff, erklärte die UdSSR auf westlichen Protest hin, es handle sich nur um Verwaltungsmaßnahmen und „es verstehe sich von selbst, daß die endgültige Festlegung der westlichen Grenze Polens, wie in der Entscheidung von Jalta vorgesehen, bei der Friedensregelung erfolgen werde." Vgl. *Rhode-Wagner*, aaO, Nr. 132, S. 216. In der Plenarsitzung vom 31. Juli 1945, in der die die Oder-Neiße-Linie betreffenden Entscheidungen gefällt wurden, stand diesbezüglich nur die *zeitweilige* Übertragung der Verwaltung der Ostgebiete an Polen zur Debatte; vgl. Potsdam Papers II, S. 528 ff. (533 f.).

[70] „The former German territories east of a line . . ." (vgl. Abschnitt IX, Absatz B des Potsdamer Abkommens).

[71] „Administration" (vgl. Abschnitt IX, Absatz B des Potsdamer Abkommens).

[72] Vgl. Abschnitt XIII des Potsdamer Abkommens.

[73] Vgl. etwa die Erklärung Molotows vom 16. Sept. 1946 (Antwort auf die Stuttgarter Byrnes-Rede vom 6. Sept. 1946), *Molotow*, Fragen der Außenpolitik, Reden und Erklärungen von April 1945 bis Juni 1948, 1949, S. 256 ff.

[74] Soweit historische Ereignisse zur Präzisierung angeführt werden können, ist die Haltung der Westmächte im Verlauf der Jahre nicht einheitlich geblieben. Auf der Konferenz von Teheran (28. Nov.—1. Dez. 1943) wurde ein Bevölkerungsaustausch auf freiwilliger Basis in Aussicht genommen, vgl. *Meissner*, Rußland, die Westmächte und Deutschland, S. 30. Ein Jahr später (15. Dez. 1944) unterbreitete Churchill dem Unterhaus einen Vorschlag, der

Die Gesamtkonzeption der alliierten Deutschlandpolitik lief in Anbetracht der sich bereits abzeichnenden Ost-West-Spannungen darauf hinaus, sich rechtlich nicht zu binden — und zwar sowohl was formelle als auch materielle Fragen der Friedensordnung betraf[75]. Den Westmächten kann insoweit nicht das Recht abgesprochen werden, ebenfalls durch Veränderung der faktischen Lage eine ihnen entsprechende Friedensordnung anzustreben und dies umso mehr, als sie sich in der Zwischenzeit in ihren Erwartungen bezüglich der Errichtung eines starken, unabhängigen und demokratischen Polens[76] ebenso betrogen sahen, wie in der von ihnen angestrebten Deutschlandpolitik. Die Westmächte haben auch grundsätzlich nicht auf dieses Recht zur freien und durch keine faktischen Vorgriffe auf einen Friedensvertrag beschwerten Gestaltung der mitteleuropäischen Friedensordnung verzichtet[77].

(d) Ergebnis

Die Haltung der westlichen drei Großmächte, wie sie sich in den Abmachungen der Siegermächte dokumentiert und in zahlreichen Erklä-

die völlige und rücksichtslose Vertreibung der Deutschen „aus den Gebieten, die Polen im Westen und Norden gewinnt" vorsah, vgl. Parliamentary Debates, House of Commons. Official Report, Bd. 406, Spalte 1480. Auf der 5. Plenarsitzung der Potsdamer Konferenz am 21. Juli 1945, auf der über die Ausweisung der deutschen Bevölkerung beschlossen wurde, machte der Westen und insbesondere Churchill Einschränkungen; die Verpflanzung von 8 250 000 Menschen ginge zu weit und Polen hätte kein Recht, Deutschland der Katastrophe einer Hungersnot auszusetzen, Potsdam Papers II, S. 21 ff. Zu weit dürfte die Vermutung gehen, die westlichen Siegermächte hätten nur dem Abschnitt XIII zugestimmt, um eine „ordnungsgemäße und humane" Durchführung der Ausweisung zu bewirken; dagegen sprechen die mitunter zynischen Bemerkungen Churchills vom „nach links Aufrücken — ganz gleich, ob dabei Deutschen auf die Füße getreten wird".

[75] Dieser Abschnitt der westlichen Deutschlandpolitik wird letztlich nur verständlich, wenn man bedenkt, daß die von Großbritannien und den USA eigentlich geplanten Maßnahmen (vgl. die mit der polnischen Exilregierung geführten diesbezüglichen Verhandlungen bei *Ciechanowski*, Defeat in Victory, 1947, S. 268 ff.) nunmehr von der UdSSR in eigener Regie mit ihrer Polnischen Provisorischen Regierung in Lublin unter kommunistischen Vorzeichen durchgeführt wurde. Zu einer Konsolidierung der durch die russische Überrumpelung geschaffenen faktischen Lage konnte es nicht kommen, wenn auch mehr die Interessen der westlichen Siegermächte, als das wohlverstandene Interesse des deutschen Volkes dafür ausschlaggebend war.

[76] Vgl. Einzelheiten bei *Mikolajczyk*, The Rape of Poland, 1948.

[77] Text der zahlreichen Erklärungen bei *Rhode-Wagner*, aaO, S. 265 ff., ferner H. *Kraus*, aaO, S. 36. Vgl. ferner die offiziellen Erklärungen auf der New Yorker Konferenz der westlichen Außenminister (New York Times vom 29. Sept. 1955). Lediglich Äußerungen de Gaulles haben gelegentlich zu Mißverständnissen geführt, wie etwa die seit dem 25. März 1959 (vgl. *v. Siegler*, Wiedervereinigung und Sicherheit Deutschlands, S. 17) öfters wiederholte Ansicht, die Wiedervereinigung werde die „gegenwärtigen Grenzen im Westen, Osten, Norden, Süden nicht in Frage stellen"; es handelt sich aber hier nur um eine de lege ferenda zu verwirklichende Friedensordnung, aufbauend auf dem Junctim: Wiedervereinigung, Anerkennung der Oder-Neiße-Linie, die an der grundsätzlichen Stellungnahme Frankreichs (vgl. oben Fn. 67) nichts ändert.

rungen nach 1945 immer wieder zum Ausdruck gekommen ist, rechtfertigt den Schluß, daß die faktische Abtrennung weder anerkannt wurde noch hingenommen wird[78]. Damit erscheint die Wiedereinsetzung der deutschen — zumindest aber die Einsetzung einer nichtpolnischen — Staatsgewalt als nicht ausgeschlossen, der faktische Besitzwechsel als noch nicht „juristisch immunisiert". Einzuräumen ist, daß sich in Anbetracht des schon über Jahrzehnte erstreckenden Annexionsvorgangs der weitere Zeitablauf und die normative Kraft des Faktischen[79] zum Vorteil des Annektierenden auswirken. Während als Faktum der Wille des deutschen Volkes und vor allem seine innere Kraft, sich der nicht-einverständlichen Abtrennung vom Staatsgebiet nicht zu beugen, bedeutungsvoll bleiben, sind die Aktionen der Regierungen der Teilordnungen gegenüber der konkreten Machtfülle und den Vorbehalten der Siegermächte bedeutungslos.

2. Zu den in Aussicht genommenen Gebietsänderungen

a) Memel- und Sudetengebiet

In bezug auf das Memel- und Sudetengebiet wird davon auszugehen sein, daß dieses ehemals deutsche Territorium in der Zeit nach 1945 mit Erfolg annektiert wurde[80]. Die Lage dieser Gebiete entspricht in etwa der des ehemalig türkischen Tripolis zwischen dem italienischen Annexionsdekret vom 5. Nov. 1911 und dem Friedensvertrag von Lausanne vom 18. Okt. 1912[81].

In dem genannten Friedensvertrag trat die Türkei Tripolis nicht an Italien ab, sondern konnte sich nur mehr verpflichten, seine Truppen und Beamten abzuziehen. Die Friedensregelung war demnach nicht konstitutiv für den eingetretenen Gebietswechsel[82]. Dieses Ergebnis ist für die weitere Völkerrechtsentwicklung nicht ermutigend, muß aber hingenommen werden. Aber auch von einem unterlegenen Aggressor braucht

---

[78] Ein Abstrich ist hier u. U. im Hinblick auf die nach dem 31. Dez. 1937 erfolgten völkerrechtlich zulässigen Gebietserwerbungen (Sudetenland und Memelgebiet vgl. oben § 5, II, 1, a und c) zu machen. Die Siegermächte haben der Annexion dieser Gebiete durch die CSR und die UdSSR nicht widersprochen, indem sie von dem Begriff „Germany, within her frontiers as they were on 31st December 1937" ausgingen (vgl. oben § 5, II, 1). Die Wiedererrichtung deutscher Staatsgewalt in diesen Gebieten erscheint zum gegenwärtigen Zeitpunkt sehr unwahrscheinlich, so daß von einem vollendeten nicht-einverständlichen Gebietserwerb durch die UdSSR und die Tschechoslowakei ausgegangen werden kann.

[79] So kann auch eine ursprünglich widerrechtliche Annexion durch Ersitzung geheilt werden, vgl. *Berber* I, S. 346.

[80] Vgl. oben Fn. 78.

[81] Das Beispiel ist bei *Berber* I, S. 344 aufgeführt.

[82] Ein ähnliches Ergebnis strebt der sowjetische Friedensvertragsentwurf an mit dem Hinweis auf die angebliche Rechtsverbindlichkeit des Potsdamer Abkommens; derartige Konzeptionen laufen den Prinzipien eines echten Verständigungsfriedens zuwider.

nicht hingenommen zu werden, daß der Titel zum einstigen völkerrechtsgemäßen[83] Erwerb der nunmehr mit Erfolg abgetrennten Gebiete als nichtiger „völkerrechtswidriger aggressiver Akt"[84] hingestellt wird. Hierin kann nur ein scheinheiliger Versuch erblickt werden, vor der Weltöffentlichkeit den eigentlichen Tatbestand der Annexion zu vertuschen.

b) Das Königsberger Gebiet

Das Königsberger Gebiet wurde der Sowjetunion auf der Potsdamer Konferenz von Großbritannien und den USA zugesichert[85]. Es bedarf damit noch einer zumindest formellen friedensvertraglichen Regelung, zumal auch auf Grund der von der Sowjetunion inszenierten Nachkriegsentwicklung nicht sicher ist, ob die westlichen Siegermächte an ihre in Potsdam gegebene Zusage noch gebunden sind.

Die Sowjetunion forderte die genannten Gebiete mit dem Hinweis, daß es Aufgabe einer friedlichen Regelung der territorialen Probleme der Nachkriegszeit sei, „nach Mitteln zu suchen, um den aggressiven Mächten die Möglichkeit zu nehmen, ihre Nachbarn zu bedrohen und Aggressionen auszulösen". Königsberg sei als „Jahrhunderte altes Sprungbrett für Angriffe gegen die Nachbarländer" zu liquidieren[86].

Es ist anzuerkennen, daß in einem Friedensvertrag dem Sicherheitsbedürfnis der Nachbarvölker Rechnung zu tragen ist. Gerade im Hinblick auf die UdSSR muß aber die Frage aufgeworfen werden, ob eine echte objektive Gefährdung oder eine aus politischen Erwägungen heraus nur subjektiv empfundene Gefährdung vorliegt[87]. Anspruch auf Beachtung kann nur die objektiv drohende Gefahr für die Existenz, Unabhängigkeit oder territoriale Integrität des Nachbarstaates haben. Dagegen wird die unbegründete Furcht vor Gefahr meist nur vorgeschützt, um den Frieden zum eigenen Vorteil zu organisieren.

(1) Was die objektive Sicherheit der UdSSR anbelangt, so ist die Bedrohung durch den „Brückenkopf" Königsberg gegenüber der Drohung der sowjetischen Machthaber, Deutschland mit einem einzigen termonuklearen Schlag auszulöschen, lächerlich.

(2) Es ist weiter nicht einzusehen, warum die Stadt Königsberg in den Händen der Sowjets eine geringere Gefahr für den Ostseeraum bedeu-

---

[83] Vgl. oben § 5, II, 1, a.

[84] Vgl. Art. 10 des sowjetischen Friedensvertragsentwurfs, aaO, und das diesbezügliche Gutachten des Ausschusses für Auswärtige Angelegenheiten der DDR, aaO, S. 22.

[85] Vgl. oben § 9, Fn. 33 ff.

[86] So die Rechtfertigung des Völkerrechtslehrbuchs der sowjetischen Akademie der Wissenschaften, aaO, S. 188.

[87] Zur Unterscheidung von subjektiver und objektiver Sicherheit vgl. *Berber* III, S. 109.

ten soll als in der Hand eines quasi entmilitarisierten Deutschlands. Die sowjetische Argumentation scheint vielmehr vom verhängnisvollen Trugschluß auszugehen, daß Machtkonzentration im eigenen Bereich nie eine Gefahr für die Umwelt darstellt, wogegen jede auch belanglose Position der Außenwelt immer eine Gefahr bedeutet[88]. Auch wenn man im Rahmen eines auf die Spitze getriebenen Moralismus auf eine „Lebensführungsschuld“[89] und historisch begründeten Hang zur Aggression[90] abstellt, ist das russisch-polnische Verhältnis ebenso belastet wie die deutsch-polnischen Beziehungen[91].

(3) Letztlich hat bei den Forderungen nach Sicherheit und Kompensation der Grundsatz der Wahl des mildest möglichen Mittels zur Anwendung zu gelangen, d. h. es darf — wenn nicht gerade die Störung der Völkerrechtsordnung in der Ausübung der Gebietshoheit über ein bestimmtes Gebiet durch den Unterlegenen begründet ist[92] — nur zu Gebietsabtretungen als einschneidendste Maßnahme geschritten werden, wenn dies unumgänglich ist, etwa Abrüstung und Reparationsleistungen sich als nicht ausreichend erweisen sollen.

c) Der polnische Anspruch auf das Gebiet östlich der Oder-Neiße-Linie

(1) Der historische Anspruch

Auf die Haltlosigkeit des polnischen Anspruchs auf die Gebiete bis zur Oder und Lausitzer Neiße unter historischen Gesichtspunkten wurde oben schon hingewiesen[93]. H. Kraus hat zutreffend eine derartige Argumentation als „Geschichtsklitterei“[94] bezeichnet; sollte ihr die Völker-

---

[88] Vgl. die fruchtlosen Abrüstungsdebatten Ende der Zwanziger und Anfang der Dreißiger Jahre bei *Schwendemann*, Abrüstung und Sicherheit, 2 Bde., 1935.

[89] Vgl. oben § 2, II, 1, b.

[90] Vgl. etwa Gutachten zum sowjetischen Friedensvertragsentwurf, aaO, S. 21.

[91] An der am 5. Aug. 1772 in Petersburg unterzeichneten sog. ersten Teilung Polens war Rußland ebenso beteiligt wie Preußen und Österreich; der Einmarsch und die Siege russischer Truppen führten 1793 zur zweiten Teilung Polens; ebenso hielt sich Rußland an der dritten, der restlichen Aufteilung 1795 mit Litauen schadlos. An der Aufteilung Polens im Jahre 1939 war die Sowjetunion nicht unbeteiligt; in dem geheimen Zusatzprotokoll zum Nichtangriffspakt vom 23. Aug. 1939 vereinbarten Deutschland und die UdSSR ihre Interessengrenzen in Polen (Text: *Rhode-Wagner*, aaO, Nr. 2, S. 5). Nach der Niederwerfung Polens im Sept. 1939 wurde das Land von den Signatarmächten in Besitz genommen; die Sowjetunion besetzte Polen bis zur sog. Curzon-Linie und hat diese Gebiete bis heute an Polen nicht herausgegeben (vgl. unten Fn. 95).

[92] So, wenn es sich um ein Gebiet handeln würde, dem der bisherige Gebietsherr das Recht auf internationale Selbstbestimmung vorenthalten hätte (sog. terra irredenta).

[93] Vgl. oben Fn. 38.

[94] H. *Kraus*, aaO, S. 12 f.

rechtspraxis folgen, wäre Chaos das Ergebnis. Das Rad der Geschichte läßt sich nicht bis zur Zeit der Völkerwanderung zurückdrehen — zumindest dann nicht, wenn man sich gleichzeitig auf die Segnungen des modernen Völkerrechts beruft, um auszuschließen, daß die um die Jahrtausendwende anerkannten Grundsätze des gewaltsamen Gebietserwerbs zu Lasten des Neuerwerbers praktiziert werden.

(2) Der Anspruch auf Kompensation

Größere Bedeutung gewinnt demgegenüber der *Gesichtspunkt der Kompensation*

(a) Polen beansprucht *territoriale Kompensation für die im Osten erlittenen Gebietsverluste.* Hierbei taucht die Frage der Gleichwertigkeit der Gebiete auf, ferner das Problem, ob Deutschland überhaupt verpflichtet ist, die in Ost-Polen an die Sowjetunion in Verlust geratenen Gebiete[95] zu kompensieren.

Wertmäßig sind die deutschen Gebiete jenseits der Oder-Neiße-Linie wesentlich höher eingeschätzt worden als die der Sowjetunion zugefallenen, namentlich aus den Pripjetj-Sümpfen bestehenden Landstriche[96].

Letztlich können derartige Rechenexempel, die ethnische Gegebenheiten außer Acht lassen und die Grundprinzipien der Menschlichkeit mit dem Rechenstift ausschalten, nicht Grundlage einer erstrebenswerten Friedensordnung sein[97]. Darüberhinaus kann nicht einmal dem Ansatz der Kompensationsrechnung zugestimmt werden, da den Gebietsverlust

---

[95] Nach der Niederwerfung Polens im September 1939 besetzte die Sowjetunion Ost-Polen bis zur sog. Curzon-Linie, die Polen entlang der Flüsse San, Weichsel, Narew teilte (vgl. die deutsch-sowjetischen Grenzvereinbarungen von 1939 bei *Rhode-Wagner,* aaO, Nr. 17, S. 23) Im weiteren Verlauf des Krieges verlangte Stalin neben der Anerkennung anderer durch den Krieg erfolgter Gebietsgewinne (baltische Staaten, Karelien, Bessarabien, Bukovina u. a.) auch die Anerkennung der sowjetischen Annexion in Polen, der zunächst Churchill unter Berufung auf die Atlantik-Charta widersprach (vgl. Einzelheiten bei *Churchill,* Der zweite Weltkrieg, Bd. III, 2. Buch, S. 294 ff.); ebenso widersprach die polnische Exilregierung der neuen polnisch-russischen Grenze. Aus polnischen Kommunisten wurde daraufhin im März 1943 eine volksdemokratische polnische Gegenregierung (die sog. „Union polnischer Patrioten") gegründet, die die sowjetischen Gebietsansprüche anerkannte. Die Westmächte erkannten auf der Krim-Konferenz die Curzon-Linie als neue russisch-polnische Grenze an.

[96] *Nadolny,* aaO, S. 126 ff. beziffert den Wert der von Polen besetzten Gebiete etwa sechsmal so hoch wie den Verlust an seiner Ostgrenze; vgl. auch Churchills Ausführungen vor dem Unterhaus, in: Parliamentary Debates, House of Comons. Official Report, Bd. 408, Sp. 1278.

[97] So ist Churchill — allerdings nunmehr Oppositionsführer — zu der späten Einsicht gelangt, daß die in Potsdam getroffene vorläufige Regelung, die für Deutschland den Verlust eines Viertels des gesamten Ackerlandes bedeuten würde, kein gutes Vorzeichen für die künftige Gestaltung Europas bedeute; vgl. Parliamentary Debates, House of Commons, Official Report Bd. 413, Sp. 83 ff.

an der polnischen Ostgrenze nicht Deutschland, sondern die UdSSR verursacht hat. Es kann insoweit nur ein gerechter Interessenausgleich zwischen den polnischen und russischen Völkern angestrebt werden. Deutschland ist hieran nicht weiter beteiligt.

(b) Nicht in Frage gestellt wird der *Anspruch auf Wiedergutmachung des durch die Aggression entstandenen Schadens.* Aber auch hier gilt der Grundsatz der Wahl des mildest möglichen Mittels, das in adäquatem Zusammenhang mit dem schädigenden Ereignis gebracht werden kann[98].

(3) Der Anspruch auf das Territorium der Freien Stadt Danzig

Die Freie Stadt Danzig war bei Ausbruch des Krieges nicht Bestandteil des Deutschen Reiches und konnte diesem auch nicht völkerrechtlich wirksam eingegliedert werden[99]. Ein Verzicht seitens Deutschland auf dieses Gebiet in einem Friedensvertrag[100] kann deshalb den Anschluß an Polen nicht rechtfertigen. Danzig war nach dem Versailler Vertrag als eigenes Völkerrechtssubjekt konzipiert worden. Als primär deutschstämmiges Gebiet, das dem Reich völkerrechtswidrig einverleibt wurde, ist seine Lage prinzipiell mit der Österreichs zu vergleichen. Danzig war Opfer der Vorbereitungen des zweiten Weltkriegs und nicht Aggressor; seine Einverleibung durch Polen erscheint nicht als Annexion deutschen Staatsgebiets, sondern als völkerrechtswidrige subiugatio, die durch nichts gerechtfertigt werden kann.

d) Die Westgrenze

Das Potsdamer Abkommen sieht an der deutschen Westgrenze keine Veränderungen vor. Auf Grund der Vereinbarungen zwischen den Regierungen von Großbritannien, Frankreich, den USA und den Beneluxstaaten vom 26./28. März 1949[101] wurden an 31 Stellen — im Vergleich zur Ostgrenze — geringfügige Veränderungen zugunsten der Beneluxstaaten vorgenommen, die aber unter den Vorbehalt späterer Friedensregelung gestellt wurden; weiter fanden im Rahmen von Grenzbegradigungen unbedeutende Gebietsaustausche statt[102]. Der sowjetische Friedensvertragsentwurf geht von der Widerrechtlichkeit dieser Grenzänderungen aus[103]. Dies kann aber an der Tatsache nichts ändern, daß die ver-

---

[98] Vgl. oben 2, b (3).
[99] Vgl. oben § 5, II, 1, d.
[100] Dies sieht der sowjetische Friedensvertragsentwurf, aaO, in seinem Art. 9, lit. a) vor.
[101] Sog. Sechsmächteerklärung; Text: Ruhm-v. Oppen Documents on Germany under Occupation, 1955, S. 368, vgl. oben, § 4, I, 1, d.
[102] So etwa mit Belgien auf Grund des Abkommens vom 24. Sept. 1956 und mit der Schweiz im Grenzabschnitt Konstanz-Neuhausen.
[103] Vgl. Gutachten zum sowjetischen Friedensvertragsentwurf, aaO, S. 23.

bindliche Fixierung der deutschen Westgrenze durch den Friedensvertrag eines seiner geringsten Probleme darstellt.

Die Aufnahme der völkerrechtlich bereits geklärten Tatbestände Elsaß-Lothringen und Saargebiet in den sowjetischen Friedensvertragsentwurf[104] kann nur geeignet sein, das Interesse von der eigentlich problematischen Ostgrenze abzulenken.

3. Eigene Stellungnahme

Die schwierigen Fragen eines gerechten territorialen Ausgleichs zwischen Sieger und Besiegten, der Konflikt zwischen den Postulaten der Völkerrechtsordnung und den mutwillig und zynisch geschaffenen Fakten übersteigen die Methode des bloßen Erkennens völkerrechtlicher Tatbestände und Normen; es wird hier darüber hinaus die „große Kunst des Taktes und der Weisheit in politischen Dingen“ angesprochen, wie Berber die Gerechtigkeit mitumschrieben hat[105].

Dies bedeutet nicht Anerkennung der nach 1945 entstandenen „Realitäten“[106], die nicht etwa als die einmütig aus der Geschichte erkannten Lehren[107] erscheinen, sondern als die konsequente Verwirklichung Hitler'scher Prinzipien, bemäntelt — und das ist das Gefährliche für die weitere Entwicklung der zwischenstaatlichen Beziehungen — mit fadenscheinigsten völkerrechtlichen Argumenten. Es ist ein schöpferischer Akt notwendig und Maßnahmen, die geeignet sind, den streitbefangenen Objekten die Spitze zu nehmen. Als bereits erfolgreich praktiziertes Beispiel bietet sich die Methode der Befriedung der deutschen West-

---

Die Ansicht geht davon aus, daß die angeblich „für Deutschland völkerrechtlich verbindlichen Vereinbarungen der Siegermächte“ eine Westgrenze vorsehen, wie sie am 31. Dez. 1937 bestand. Hier wird übersehen, daß die vom Westen vorgenommenen Grenzänderungen nur vorbehaltlich eines Friedensvertrages gelten; ferner, daß im Rahmen der von der Ostblock-Völkerrechtslehre in bezug auf Deutschland strapazierten Theorie von der adiudicatio deutscher Gebiete an andere Staaten auch an der Westgrenze Änderungen vorgenommen werden könnten. Was die mit der Bundesrepublik vereinbarten Grenzänderungen anbelangt, so ist es interessant, festzustellen, daß hier auf einmal nur der Gesamtstaat rechtswirksam verfügen können soll; man vertritt hier also weder die Zweistaatenlehre noch eine Teilidentitätstheorie. Nach den Prinzipien der in dieser Arbeit vertretenen Teilordnungslehre können in den von der Bundesrepublik vorgenommenen Grenzberichtigungen nur Abkommen mit primär technischem Charakter erblickt werden, die innerhalb des Zuständigkeitsbereichs einer Teilordnung liegen.

[104] Art. 11 lautet: Deutschland erkennt an, daß das Territorium Elsaß-Lothringen ein Bestandteil der Französischen Republik ist. Das Saargebiet gehört zum Gebietsbestand Deutschlands.

[105] *Berber*, Sicherheit und Gerechtigkeit, S. 164.

[106] Das Gutachten des Ausschusses für Auswärtige Angelegenheiten der Volkskammer der DDR gelangt zu dem Ergebnis: „Es ist keine friedensvertragliche Regelung möglich, die nicht von den bestehenden Realitäten ausgeht“, aaO, S. 22.

[107] Vgl. Gutachten, aaO, S. 21.

grenze an. Erster Schritt der friedlichen Integration, die eine feindliche Separation ablösen soll, wäre ein Kompromiß über die deutschen Ostgebiete. Deutschland könnte gegen die Rückgabe der zwischen der westlichen und östlichen Neiße gelegenen Gebiete[108] die übrigen Gebiete an Polen abtreten, wobei sich die beiden Parteien zur Wahrung der Menschenrechte und zur Wiedergutmachung des beiderseits verursachten Unrechts verpflichten sollten. Ein weiterer Ausgangspunkt einer konstruktiven Politik wäre die wirtschaftliche Teilintegration des gesamten Odertales.

III. Zur Frage der politischen Bestimmungen

Die Friedensverträge mit den ehemaligen Satelliten Deutschlands beruhen auf der Grundkonzeption, die politischen und völkerrechtlichen Grundsätze der Satzung der Vereinten Nationen zu positivieren. Sie sehen besondere Bestimmungen vor, die nicht nur die Menschen- und Bürgerrechte in den betreffenden Ländern sichern, sondern auch die Demokratisierung gewährleisten und ein Wiederaufleben des Faschismus verhindern sollen. Es handelt sich damit um Maßnahmen, die sowohl außenpolitisch als innenpolitisch Beschränkungen auferlegen und einer besonders genauen Überprüfung bedürfen, da der sowjetische Friedensvertragsentwurf derartige Bestimmungen wieder aufgreift[109].

1. Die außenpolitischen Bindungen

a) Friedensvertragliche Verpflichtung zur Einhaltung der außenpolitischen Grundsätze der UN?

Die außenpolitischen Klauseln der Friedensverträge des Jahres 1947 haben die Frage aufgeworfen, ob es sinnvoll ist, die Grundprinzipien, die die Mitglieder der Vereinten Nationen binden, als besondere Bestimmungen in den Friedensvertrag aufzunehmen. Im Endergebnis dürfte die volle Mitgliedschaft Deutschlands bei den Vereinten Nationen der enumerativen Aufzählung der für das Mitglied sich auf Grund des Art. 2 der Charter ergebenden Pflichten[110] vorzuziehen sein.

(1) Die Aufzählung der Prinzipien bei gleichzeitiger Mitgliedschaft[111] wäre eine die Grundsätze abwertende deklaratorische Wiederholung; es

---

[108] Diese Gebiete waren eigentlich Polen nicht als Kompensation zugedacht worden, sondern fielen Polen nur auf Grund der von Stalin geschaffenen faktischen Lage in die Hände; vgl. *Truman*, aaO, S. 365 ff.; *Churchill*, Der zweite Weltkrieg, Bd. VI, 2. Buch, S. 340.

[109] Vgl. Art. 4, 14 ff.

[110] Nach Art. 4 des sowjetischen Friedensvertragsentwurfs verpflichtet sich Deutschland u. a. zur Einhaltung der Prinzipien der Achtung der Souveränität (Art. 2, 1 der Charter), der Nichteinmischung (Art. 2, 1; 2, 7), des Nichtangriffs (Art. 2,4), der friedlichen Streiterledigung (Art. 2,3).

[111] Die ehemaligen Satelliten Deutschlands sind alle Vollmitglieder der

könnten etwa auch Zweifel auftreten, ob die Grundsätze des Art. 2 nicht erst durch ihre Konkretisierung in einem Friedensvertrag rechtliche Verbindlichkeit gewinnen, sonst aber nur gemeinsame politische Ziele bekunden.

(2) Die in einem Friedensvertrag anzustrebende Vollmitgliedschaft Deutschlands würde den Prinzipien der Klarheit und Offenkundigkeit dienen. Bei der zwanglosen Aufzählung der Prinzipien im russischen Friedensvertrag besteht begründeter Verdacht, daß unter der Bezeichnung Grundprinzipien der Nationen zu Lasten Deutschlands auch Bestimmungen eingeschleust werden, die nicht diese weltweite Beachtung gefunden haben[112]. Auch wäre damit die Frage der Konkurrenz zwischen Satzung und etwa von dieser divergierender Bestimmungen des Friedensvertrages angesprochen.

(3) Die in den Friedensverträgen von 1947 und auch im sowjetischen Friedensvertragsentwurf vorgesehene Sondernormierung kann eine Verletzung des Gleichheitsprinzips bedeuten. Hierher gehören alle die Fälle, in denen sich der Besiegte direkt oder indirekt zu mehr verpflichtet, als der Sieger auf Grund der Charter zu tun verpflichtet ist[113].

Es besteht die Gefahr, daß die sehr unbestimmt gefaßten Prinzipien, die gerade in Ost und West sehr unterschiedlichen Auslegungen unterliegen, innerhalb des Friedensvertragswerkes eine Sonderentwicklung zu Lasten des Besiegten mitmachen, die den Siegern Tür und Tor zu In-

---

Vereinten Nationen geworden; die Bundesrepublik hat sich als Mitglied assoziierter Organisationen zur Einhaltung der Prinzipien der Charter verpflichtet (vgl. etwa die Erklärung der Bundesregierung vom 3. 10. 1954).

[112] Art. 4, Ziff. 2 verlangt so in Abwandlung des Art. 2, Ziff. 5 der Charter („All Members shall refrain from giving assistance to any state *against which the United Nation is taking preventive or enforcement action*"), daß Deutschland „keinem Staat oder keiner Gruppe von Staaten, die den internationalen Frieden oder die Sicherheit verletzt haben, Hilfe und Unterstützung gewähren" soll. Damit werden Deutschland Pflichten auferlegt, die weit über das vom Art. 2, Ziff. 5 der Charter gesetzte Maß hinausgehen. Gerade die Unbestimmtheit des Angriffsbegriffs, das Genügen eines bloßen Gefährdungstatbestandes und vor allem der Wegfall irgendeines nach völkerrechtlichen Grundsätzen operierenden Spruchorgans, das eine Kontrollfunktion ausüben könnte, würden Deutschlad bei der Gestaltung einer „aktiven Außenpolitik" ständigen Interventionen dritter Staaten aussetzen. Es wäre so ein leichtes, die Waffenhilfe an Israel oder Entwicklungshilfe an den Kongo als Unterstützung eines Staates zu bezeichnen, der die internationale Sicherheit verletzt hat, ohne daß die Organisation der Vereinten Nationen zu den sehr vielschichtigen Fragen überhaupt Stellung genommen hat.

[113] Auf Art. 4, Ziff. 2 des sowjetischen Friedensvertragsentwurfs wurde oben schon hingewiesen (vgl. Fn. 112). Eine ähnlich einseitige Verpflichtung, verknüpft mit Prinzipien der UN-Charter, enthält Art. 4, Ziff. 2, Abs. II in Verbindung mit Abs. I. Deutschland verpflichtet sich hier gegenüber allen Ländern zur Wahrung des Prinzips der Gleichheit und des „gegenseitigen Vorteils". Diese Verpflichtung gilt für die Siegermächte nur gegenüber Deutschland und hier wiederum nur mit den Modifikationen des Friedensvertrages, der Deutschland in vielen Punkten diskriminiert.

terventionen öffnet, die bei einer Konkretisierung der Grundsätze durch die Organisation der Vereinten Nationen nicht zu befürchten wäre.

b) Bindung im Hinblick auf Österreich

Die Beziehungen Deutschland-Österreich sind bereits durch den österreichischen Staatsvertrag vom 15. Mai 1955 im Sinne eines Anschlußverbotes Österreichs an Deutschland fixiert worden, das auch das Verbot einer wirtschaftlichen und politischen Union enthält[114].

Der Friedensvertrag mit Deutschland dürfte nach der gegenwärtigen politischen Situation die Anerkennung der österreichischen Neutralität durch Deutschland bringen. Eine derartige Regelung der deutsch-österreichischen Beziehungen soll wohl als ein Versuch gewertet werden, kriegsverhütend durch eine Art Gleichgewichtspolitik zu wirken[115]; dieser Versuch muß aber in Anbetracht der gegenwärtigen Lage als antiquiert erscheinen, insbesondere vermag er die Probleme der Machtverteilung in der zweiten Hälfte des 20. Jahrhunderts weder richtig zu erkennen noch zutreffend zu lokalisieren. Das Gleichgewichtssystem hat sich als kein geeignetes Mittel der Kriegsverhütung erwiesen[116], vor allem dann nicht, wenn die Verhütung eines Integrationsprozesses eine derartige Skala von Präventionsmaßnahmen vorsieht, wie sie Art. 13 des sowjetischen Friedensvertragsentwurfs vorsieht[117]. Es handelt sich hier letztlich nicht um einen „Kompromiß zwischen Naturzustand und Herr-

---

[114] Vgl. Art. 3 und 4 des österreichischen Staatsvertrages, aaO, und das österreichische Verfassungsgesetz zur Neutralität vom 26. Okt. 1955, das nach Art. 13, Ziff. 3 des sowjetischen Entwurfs zum Gegenstand des Deutschen Friedensvertrages gemacht werden soll.

[115] Die Gutachten zum sowjetischen Friedensvertragsentwurf, aaO, S. 47, gehen davon aus, daß das Anschlußverbot „den elementaren Sicherheitsbedürfnissen aller europäischen Staaten, insbesondere denen Ost- und Mitteleuropas", entspricht.

[116] Vgl. *Berber* III, S. 141 ff. (145).

[117] In Art. 13, Ziff. 4 heißt es u. a.: „Deutschland darf keinerlei Abkommen mit Österreich schließen, keinerlei Handlungen unternehmen oder Maßnahmen durchführen, die direkt oder indirekt eine politische oder wirtschaftliche Union zwischen ihm und Österreich fördern oder der territorialen Integrität, der politischen oder wirtschaftlichen Unabhängigkeit Österreichs Schaden zufügen können. Deutschland verpflichtet sich weiter, auf seinem Territorium keinerlei Handlungen zuzulassen, die direkt oder indirekt eine solche Union fördern können, und muß das Bestehen, die Wiedergeburt und die Tätigkeit aller Organisationen verhindern, die sich eine politische oder wirtschaftliche Union mit Österreich und die Propaganda für eine Union mit Österreich als Ziel stellen." Würdigt man diese Bestimmungen im Zusammenhang mit den Gutachten zum Entwurf, aaO, S. 23, so wird anscheinend versucht, die subversiven Tätigkeiten, die mit zum Anschluß im Jahre 1938 geführt haben, völkerrechtlich in den Griff zu bekommen. Diese Bestrebungen — sofern sie nicht nur einseitig zu Lasten Deutschlands praktiziert werden sollen — könnten sich leicht für die UdSSR als Bumerang auswirken, da wohl kein Land der Erde das Instrumentarium der subversiven Intervention so perfektioniert und nach Kriegsende so erfolgreich praktiziert hat wie gerade die Sowjetunion.

schaft des Rechts"[118], sondern um das Bestreben, einen von der Organisation der Vereinten Nationen gebilligten und geförderten Evolutionsvorgang im Falle Deutschlands und Österreichs von außen durch Einmischung in innerstaatliche Angelegenheiten zu unterbinden.

c) Isolierung Deutschlands

Kann die in Aussicht genommene Gestaltung des deutsch-österreichischen Verhältnisses — wenn auch mit einigen grundsätzlichen Bedenken — hingenommen werden, da diese spezielle Frage nicht mehr die Aktualität besitzt, die ihr noch zu Beginn dieses Jahrhunderts zukam, so muß doch sichergestellt werden, daß diese von einem Teil der Siegermächte aus politischem Opportunismus geschürten Reminiszenzen nicht zu einer dauernden Isolierung sowohl Deutschlands, als auch Österreichs führen[119]. Ein Friedensvertrag darf nicht die Möglichkeit einer Integration ausschließen, oder gar die bereits bestehenden Ansätze einer Integration zerstören[120], sondern muß sie vertiefen; es böte sich hier gerade die Möglichkeit, den Torso der bereits bestehenden europäischen Integration nach Osten hin zu erweitern[121], wenn auch hierbei zunächst nur rein wirtschaftliche[122] Fragen angesprochen werden könnten.

Die Isolierung Deutschlands kann nur Notlösung sein im Sinne einer zeitweiligen Ausklammerung des Deutschlandproblems zur Überwindung des Ost-West-Konflikts[123].

---

[118] Vgl. *Berber* III, S. 145 und *Aron*, Paix et guerre entre les nations, 1962, S. 143.

[119] Die Isolierung eines so wichtigen Teils Mitteleuropas als politische Maßnahme der Kriegsverhütung erscheint wenig erfolgversprechend. Es handelt sich nicht um einen in sich geschlossenen Raum, der eine Pufferfunktion spielen könnte. Die zahllosen, namentlich wirtschaftlichen Verflechtungen lassen sich nicht einfach durchtrennen, sondern nur in einem Integrationsprozeß koordinieren. Vgl. *Berber* III, S. 157.

[120] Der österreichische Staatsvertrag hat sich bereits für die europäische Integration als hinderlich erwiesen; daß die vom sowjetischen Friedensvertragsentwurf in Aussicht genommene Regelung das Ende der Ansätze einer europäischen Integration unter Einschluß Deutschlands bedeutet, muß nach dem Wortlaut der Art. 4, Ziff. 1, 39, 43 angenommen werden; die Art. 4, Ziff. 1 und 39 sehen für Deutschland ein praktisch generelles Diskriminierungsverbot vor, nach Art. 43 wird sowohl die Bundesrepublik als auch die DDR von allen Verträgen befreit, die in Widerspruch mit dem Friedensvertrag stehen.

[121] Vgl. den oben (II, 3, am Ende) unterbreiteten Vorschlag der wirtschaftlichen Teilintegration des Odertales.

[122] Derartige Fragen lassen sich allerdings nicht befriedigend mit dem Hinweis auf eine Meistbegünstigungsklausel (Art. 39 des sowjetischen Friedensvertragsentwurfs) lösen, da jedem Land mit Staatshandel — auch bei Anerkennung gleicher Zölle und Handelsbedingungen — zahllose Möglichkeiten faktischer Diskriminierung verbleiben; vgl. Einzelheiten bei *Domke-Hazard*, State Trading and the Most-Favored-Nation Clause, AJIL 1958, S. 57 ff.

[123] Vgl. oben § 11, III, 1.

2. Die innenpolitischen Bindungen

Wie bereits festgestellt, enthalten die Friedensverträge des Jahres 1947 Bestimmungen, die auf eine Demokratisierung des besiegten Volkes und Abwertung des Faschismus oder Militarismus hinzielen. Hierin könnte ein vielversprechender Versuch erblickt werden, innerstaatliche Kriegsverhütungsmaßnahmen zu treffen, d. h. Maßnahmen, die sicherstellen, daß die zur Durchführung völkerrechtlicher Bestimmungen regelmäßig berufenen Organe des betreffenden Landes diese auch tatsächlich verwirklichen. Derartige im Interesse einer friedlichen Entwicklung der zwischenstaatlichen Beziehungen anzustrebende Reformen, namentlich des Verfassungsrechts der Einzelstaaten, erscheinen aber nur dann nicht als Intervention und Einmischung in innere Angelegenheiten, wenn sie gleichmäßig alle Mitglieder der Völkergemeinschaft binden und nicht etwa nur für eine gewisse Gruppe von Staaten als „Maßnahmen der Besserung und Sicherung" gedacht werden, wogegen andere Staaten über innerstaatliche Garantien ihrer friedliebenden Absichten erhaben sind.

Der dem genossenschaftlichen Prinzip der gegenwärtigen Staatengemeinschaft entsprechende Grundsatz der Gleichheit setzt eine gewisse Bestimmtheit bzw. Bestimmbarkeit der für alle Staaten anwendbaren Normen, weiter eine effektive Kontrolle, der zumindest theoretisch alle Staaten unterliegen, voraus.

a) Bestimmtheit der Normen

Sind schon die Grundrechte und Grundfreiheiten, die die Friedensverträge des Jahres 1947 und auch der sowjetische Entwurf[124] als für die Besiegten verbindlich aufführten, Gegenstand heftiger Kontroversen und uneinheitlicher Deutung[125], so muß dies umso mehr von den die politischen Parteien regelnden Bestimmungen gelten[126]: was ist Nationalismus, Faschismus, Revanchismus? Ist es dem Völkerrecht schon nicht geglückt, den Rechtsbegriff „Aggression" zu definieren, umso weniger wird es ihm möglich sein, diese Begriffe aus dem Wörterbuch der Propaganda zu erfassen.

---

[124] Vgl. die Art. 14 ff., aaO.

[125] Vgl. *Topitsch*, aaO, S. 2.

[126] Art. 17 des sowjetischen Friedensvertragsentwurfs lautet: „Deutschland verpflichtet sich, das Wiedererstehen, die Existenz und Tätigkeit der nationalsozialistischen Partei und ihrer Gliederungen oder unter ihrer Kontrolle befindlichen Organisationen auf dem Territorium Deutschlands einschließlich der politischen, militärischen und halbmilitärischen Organisationen, wie auch die Entstehung und Tätigkeit anderer ähnlicher Parteien und Organisationen und insbesondere revanchistischer Parteien und Organisationen, die eine Überprüfung der Grenzen Deutschlands fordern oder territoriale Ansprüche an andere Staaten zum Ausdruck bringen, unter der Androhung strafrechtlicher Verfolgung nicht zuzulassen."

b) Kontrolle

Läßt die Bestimmtheit der Normen zu wünschen übrig, so müßte wenigstens ihre Bestimmbarkeit und Auslegung sichergestellt werden. Eine derartige verfahrensmäßige Sicherung gewähren weder die Friedensverträge des Jahres 1947 noch der Art. 44 des sowjetischen Entwurfs[127].

c) Das Problem der innerstaatlichen Kriegsverhütungsmaßnahmen

Für die innerstaatlichen Kriegsverhütungsmaßnahmen gilt dasselbe wie für die Bindung der Außenpolitik an die Prinzipien der Satzung der Vereinten Nationen; sie werden besser durch die Mitgliedschaft des Besiegten bei der Organisation der Vereinten Nationen garantiert, wobei zugleich noch ein Fortschritt in den allgemeinen zwischenstaatlichen Beziehungen zu verzeichnen wäre.

In Friedensverträgen normierte innerstaatliche Kriegsverhütungsmaßnahmen geraten neben einseitig auferlegten Kriegsschuldklauseln[128] immer in den Geruch der moralisierenden Belehrung seitens der Siegerstaaten. Damit wird letztlich ein so wichtiges Institut des Kriegsverhütungsrechts in unverdienten Mißkredit gebracht.

Wirksame Mittel zur Erhaltung des Friedens sind weder Lippenbekenntnisse der Großmächte noch die Versuche, feindliche Gesinnungen auszumerzen; es bedarf vielmehr der „juristisch prägnanten und rechtswirksam bewehrten Beschneidung"[129] der Rechte der innerstaatlichen Staatsgewalt, und zwar im Hinblick auf sowohl die Einhaltung der Men-

---

[127] Ähnlich wie Art. 35 des ungarischen, Art. 36 des bulgarischen, Art. 38 des rumänischen Friedensvertrages können gemäß Art. 44 des sowjetischen Entwurfs die Parteien eine Kommission anrufen, die aus den Vertretern Deutschlands und den vier Hauptmächten besteht. Jeder der Streitteile kann die innerhalb einer Zweimonatsfrist zu ergehende Entscheidung durch sein Veto zu Fall bringen. Nunmehr wäre nach Art. 44, Abs. II eine Schlichtungskommission zu bestellen; dieses Verfahren kann aber wiederum durch einen Streitteil praktisch sabotiert werden, indem dieser keinen Vertreter für das Schlichtungsverfahren bestellt. Vgl. *Scheuner*, Der sowjetische Friedensvertragsentwurf, aaO, S. 10 und die Gutachten des Internationalen Gerichtshofs, Recueil des Arrêts, 1950, S. 65 und 221.

[128] So bringt der sowjetische Friedensvertragsentwurf im Abschnitt VI (sonstige Bestimmung) in der Verpflichtung Deutschlands, die Urteile des Internationalen Militärtribunals in Nürnberg anzuerkennen, quasi ein deutsches Kriegsschuldbekenntnis, an das im folgenden Art. 20 die Verpflichtung angeknüpft wird, „keine wie auch immer geartete Propaganda zuzulassen, die das Ziel verfolgt oder geeignet ist, eine Bedrohung des Friedens, eine Verletzung des Friedens oder einen Akt der Aggression zu schaffen oder zu verstärken, einschließlich der Kriegspropaganda wie auch jeglicher Art revanchistischen Auftretens mit der Forderung auf Revision der Grenzen Deutschlands oder der Anmeldung territorialer Ansprüche an andere Länder".

[129] Vgl. *Berber* III, S. 132.

schenrechte[130] als auch die Schaffung innerstaatlicher Rechtsgarantien zur Einhaltung der allgemein anerkannten Grundsätze des Völkerrechts[131]. Hier wird es allerdings dann notwendig werden, propagandistische Begriffe wie etwa „Revanchismus" in „peaceful change" umzumünzen. Eine Überprüfung könnte in einer die Mitgliedstaaten und insbesondere den Besiegten nicht diskriminierenden Weise bei der Zulassung als Mitglied der Vereinten Nationen erfolgen[132]. Der farblose Begriff der „peace-loving states" könnte dann endlich eine für die gesamte Völkergemeinschaft verbindliche Konkretisierung erfahren[133].

IV. Zur Regelung der Sicherheitsfrage

Die Friedensverträge des Jahres 1947 verfolgen die einseitige Abrüstung der Besiegten[134]; diese dient eher als Instrument der Machtpolitik in den Händen der Siegerstaaten als zur generellen Befriedung und Kriegsverhütung[135]; galt nach dem ersten Weltkrieg die Abrüstung des Unterlegenen noch als erster Schritt zu einer weltweiten Abrüstung[136],

---

[130] Als vorbildlich kann die am 4. Nov. 1950 in Rom von den Mitgliedstaaten des Europarates unterzeichnete Konvention zum Schutze der Menschenrechte und Grundfreiheiten gelten (vgl. Gesetz über die Konvention zum Schutze der Menschenrechte und Grundfreiheiten vom 7. Aug. 1952, BGBl. II, S. 685/953).

[131] So etwa Art. 26, Abs. I GG: „Handlungen, die geeignet sind und in der Absicht vorgenommen werden, das friedliche Zusammenleben der Völker zu stören, sind verfassungswidrig. Sie sind unter Strafe zu stellen." Vgl. Einzelheiten bei *Berber* I, § 11, *Berber* III, § 22.

[132] Art. 4 der Charter lautet: 1) „Membership in the United Nations is open to all other peace-loving states which accept the obligations contained in the present Charter and, in the judgment of the Organisation, are able and willing to carry out these obligations. 2) The admission of any such state to membership in the United Nations will be effected by a decision of the General Assembly upon the recommendation of the Security Council."

[133] Die Übertragung eines Teils der Befugnisse an die Vereinten Nationen erscheint insofern berechtigt, als allgemeine Fragen der Friedensordnung angesprochen werden, deren Klärung im Interesse der gesamten Völkergemeinschaft und nicht einseitig zu Lasten Deutschlands erfolgen muß.

[134] Vgl. etwa Art. 46—72 und Annex XII und XIII des Friedensvertrages mit Italien, Art. 11—19 und Annex II und III des Friedensvertrages mit Rumänien.

[135] Vgl. *Berber* III, § 20, I, S. 113 ff. mit Hinweis auf Art. 9 der dem besiegten Japan aufoktroyierten Verfassung, in dem Japan auf alle Streitkräfte verzichten mußte, wogegen nunmehr — nach Abschluß des Friedensvertrages mit Japan, der keine Abrüstungsbestimmungen mehr enthält, im Interesse namentlich einer Siegermacht eine erhöhte Verteidigungsbereitschaft von Japan erwartet wird.

[136] Die einschlägigen Bestimmungen sind im Teil V, Einleitung zum Art. 159 des Versailler Friedensvertrages enthalten: „Um den Anfang einer allgemeinen Beschränkung der Abrüstung aller Nationen zu ermöglichen, verpflichtet sich Deutschland zur genauen Befolgung nachstehender Bestimmungen über die Land-, See- und Luftstreitkräfte." Der Völkerbundsrat sollte nach Art. 8 Abrüstungspläne aufstellen, unter Berücksichtigung der geographischen Lage und der besonderen Umstände des betreffenden Staates.

verlieh man ihr nach 1945 einen moralisierend-belehrenden Beigeschmack, der die Erziehung zur Friedensliebe fördern sollte[137].

1. Die Überwindung der Diskriminierung des unterlegenen Aggressors und des Blockdenkens durch ein System der kollektiven Sicherheit

Moralisierende Diskriminierung des Besiegten[138], aber zugleich seine aus Gründen der Machtpolitik betriebene Eingliederung in die jeweiligen Bündnissysteme[139] läßt nicht nur die Siegermächte — bei ihrem an sich zu billigenden Interesse an Schutz vor weiteren Aggressionen[140] — unglaubwürdig erscheinen, sondern stellt auch die Gestalter der zukünftigen Friedensordnung vor schwierige Aufgaben. Diese können praktisch nur mehr auf der Grundlage einer kollektiven Sicherheit für alle Beteiligten befriedigend gelöst werden, die sowohl das aus Gründen machtpolitischen Opportunitätsdenkens heute noch immer wieder hochgespielte[141] Sieger-Aggressor-Verhältnis, als auch das derzeit in den Mittelpunkt[142] getretene Ost-West-Blockdenken überwindet[143].

---

[137] Vgl. etwa das Gutachten zum sowjetischen Friedensvertragsentwurfs, aaO, S. 27: „Die Geschichte Deutschlands lehrt, daß die Armee des deutschen Imperialismus stets ein Werkzeug zur Unterdrückung des eigenen Volkes und das Hauptinstrument zur Durchsetzung räuberischer Eroberungspläne gewesen ist."

[138] Vgl. etwa die die Bundesrepublik diskriminierenden Bestimmungen des Protokolls Nr. 3 der Londoner Abmachungen zum Eintritt der Bundesrepublik in die NATO.

[139] Vgl. oben § 4 I, 1, b bzw. 2 b.

[140] Beachte aber die oben (II, 2, b) getroffene Unterscheidung zwischen objektiver und subjektiver Sicherheit!

[141] Vgl. oben § II, 2, b.

[142] Vgl. oben § 3, I, 2.

[143] Dem Sicherheitsbedürfnis der Staaten trägt derzeit die Satzung der Vereinten Nationen mit zwei prinzipiell zu unterscheidenden Maßnahmen Rechnung: (1) Art. 51 spricht „individual or collective selfdefense" an. Diese Maßnahmen — namentlich die der kollektiven Selbstverteidigung —, die den Mitgliedern durch die Satzung weiterhin ausdrücklich zugestanden werden, beruhen auf einem politischen Freund-Feind-Verhältnis; der Block oder das Bündnis wird durch einen tatsächlichen oder imaginären Druck von außen integriert; ein dauerhafter Schutz, insbesondere der Interessen kleinerer Bündnispartner, wird damit nur vor einem Rechtsbruch von außen gewährt, ein echter Interessenausgleich innerhalb des Blockes findet besonders dann nicht statt, wenn der Druck von außen nachläßt (vgl. etwa innerhalb der NATO die griechisch-türkischen Auseinandersetzungen um Cypern). (2) Art. 52 sieht im Gegensatz zur kollektiven Selbstverteidigung des Art. 51 in den „regional arrangements or agencies for dealing with such matters relating to the maintenance of international peace and security" eine reale Möglichkeit der kollektiven Sicherheit vor. Der Regionalpakt nach Art. 52 der Satzung richtet sich nicht gegen Außenstehende (obgleich deren rechtswidrige Angriffe gegen die Rechtsgemeinschaft Gegenmaßnahmen auslösen), sondern dient der Aufrechterhaltung der Sicherheit und Wahrung des Rechts in einer integrierten Völkergemeinschaft, wobei „unterschiedslos Beistand an jedes Mitglied der Rechtsgemeinschaft" geleistet wird; vgl. *Berber* III, S. 108 ff. (110).

Ein derartiges Sicherheitssystem muß auf den folgenden drei Grundsätzen aufbauen[144], die schon der am 27. 8. 1928 in Paris unterzeichnete Kellogg-Pakt angesprochen hat:

(1) Ausschalten des Kriegs als Mittel zur Lösung der zwischenstaatlichen Streitigkeiten[145]; dies hat im Rahmen einer kollektiven Sicherheit auch für die Beziehungen zwischen Sieger und Aggressor des zweiten Weltkriegs zu gelten[146]. Weiter wird es erforderlich sein, den Begriff der Aggression zu präzisieren[147] und die durch das Gewaltanwendungsverbot heraufbeschworene Gefahr der subversiven Intervention zu erfassen.

(2) Da mit der Verurteilung des Krieges die Spannungen und Konflikte zwischen den Staaten nicht ausgeräumt werden, sondern nur eine Form ihrer Austragung ausgeschaltet wird, müssen friedliche Verfahren eröffnet werden, die gerechten Interessenausgleich und Anpassung an die sich ständig ändernden Verhältnisse im zwischenstaatlichen Bereich garantieren[148].

Diesen Aufgaben genügt nicht allein ein Obligatorium für alle Rechtsstreitigkeiten, sondern es muß eine über die Zementierung des status quo hinausgehende, friedliche Veränderung, eine Revision ohne Krieg ins Auge gefaßt und institutionalisiert werden[149].

(3) Letztlich bedarf es Organe, die die Einhaltung der Friedensordnung überwachen und den Frieden gegebenenfalls durchsetzen können[150].

---

[144] Vgl. *Berber* III, S. 110, *Rousseau*, aaO, S. 464.

[145] Vgl. auch Art. 2, Nr. 4 der Charter.

[146] Vgl. Art. 107, 53 der gegenwärtigen Charter und oben I, 1.

[147] Vgl. Einzelheiten über die verschiedenen Definitionsvorschläge bei *Berber* II, S. 47 ff.; dem Art. 51, 52 der Charter läßt sich diesbezüglich nichts entnehmen.

[148] *Berber* (Das Diktat von Versailles, Entstehung—Inhalt—Zerfall, 2 Bde., Bd. I, S. 220 f.) fordert so, von einem „nur erhaltenden Pazifismus" zu einem „aktiven Pazifismus" überzugehen, da es nicht genüge, den Krieg zu verbieten, sondern nötig sei, die Gründe des Krieges zu beseitigen.

[149] Art. 52, Nr. 2 sieht bislang nur vor, daß die Mitglieder alle Anstrengungen unternehmen sollen („shall make every effort"), um eine friedliche Regelung herbeizuführen; ein irgendwie geartetes Verfahren zur Durchführung des peaceful change" ist nicht vorgesehen. Insoweit gilt es, etwa die fruchtbaren Ansätze des Art. III des Wilson'schen Entwurfs (vgl. *Freytagh-Loringhoven*, Die Satzung des Völkerbundes, 1926, S. 211 ff.) wieder aufzugreifen, die der Art. 19 der Völkerbundssatzung nur unzureichend verwirklichte und die die Völkerrechtspraxis der Zwanziger Jahre leider völlig außer Acht ließ, ein Grund mehr, daß sich Deutschland veranlaßt sah, in den herkömmlichen Mitteln der Machtpolitik sein Heil zu versuchen. Einzelheiten bei *Berber*, Die Pariser Konferenz über Peaceful Change, in: Monatshefte für Auswärtige Politik, 1937, S. 465 ff.; *Berber* III, § 21.

[150] Was die Frage der Friedenssicherung durch Sanktionen betrifft, bleibt die Aufgabe, die bisher verwirklichten Vorstellungen zu überwinden; diese bauen meist auf dem Vetorecht zumindest der Großmächte auf, machen kollektive Durchsetzungsmaßnahmen unmöglich und führen letztlich wieder zum Ausgangspunkt zurück: der individuellen oder kollektiven Selbstverteidigung (vgl. Art. 106, 42 der Charter; Maßnahmen nach Art. 42 sind bislang noch nicht ergriffen worden; vgl. ferner die schlechten Erfahrungen, die auf Grund der Art. 35, 40 des Friedensvertrags mit Ungarn, 36 des Friedensvertrags mit Bulgarien, 37 und 38 des Friedensvertages mit Rumänien gemacht wurden — vgl. oben Fn. 127). Ob man im Falle des um Deutschland zu errichtenden „regional arrangements" die dem Vetorecht zugrunde liegende politische Realität, näm-

2. Die einseitige Abrüstung Deutschlands als Scheinlösung

Jeder Versuch, eine kollektive Sicherheit unter Außerachtlassung der oben kurz skizzierten Komplexe durch eine einseitige Abrüstung Deutschlands[151] zu erreichen, kann nur zu Scheinlösungen führen. Es wird letztlich nur eine Verschiebung des Gleichgewichts im Blocksystem der kollektiven Selbstverteidigung zugunsten der einen oder anderen Großmacht angestrebt[152], indem eine relativ schutzlose Einheit geschaffen wird[153], die zum Objekt offener und subversiver Intervention der Großmächte geradezu prädestiniert scheint.

---

lich die Haltung der Großmächte, ihre „vital interests" nicht einem internationalen Mehrheitsbeschluß unterzuordnen, ausschalten oder zumindest stark in den Hintergrund treten lassen kann, hängt nicht zuletzt davon ab, inwieweit die bereits vorhandenen kollektiven oder institutionellen Durchsetzungsmittel (vgl. etwa *Berber* III, S. 93 ff.) weiter entwickelt werden können.

[151] Nach Art. 28 des sowjetischen Friedensvertragsentwurfs darf Deutschland nicht besitzen, produzieren, erwerben oder experimentell erproben: „a) jegliche Arten von Kernwaffen und andere Mittel der Massenvernichtung einschließlich der biologischen und der chemischen; b) jegliche Arten von Raketen und gelenkten Geschossen sowie Apparate und Vorrichtungen, die zu ihrem Abschuß oder ihrer Lenkung dienen; c) Flugzeuge, die in der Hauptsache als Bombenflugzeuge eingerichtet sind und Aufhängevorrichtungen für Bomben und Geschosse besitzen; d) Unterseeboote.

[152] Der sowjetische Friedensvertragsentwurf läßt insoweit die fruchtbaren Ansätze eines Rapacki-Planes oder eines Gaitskell-Planes außer Acht, die davon ausgehen, daß das bestehende Machtverhältnis der Blöcke gewahrt werden muß.

[153] (1) Die Deutschland auf Grund des Katalogs des Art. 28 des sowjetischen Friedensvertrages (vgl. oben Fn. 151) belassene Bewaffnung gewährt dem bündnislosen Neutralen (vgl. Art. 30 des Entwurfs) nicht die Möglichkeit, präventive Schutzmaßnahmen zur Verteidigung seiner Territorialhoheit zu treffen oder seiner Pflicht nachzukommen, die von Kriegsführenden gegenüber seiner territorialen Integrität unternommenen Eingriffe abzuwehren (insoweit ist auch eine Diskrepanz zwischen Art. 26 („Deutschland wird eigene nationale Streitkräfte besitzen . . . die für die Sicherung der Landesverteidigung erforderlich sind") und den genannten Bestimmungen des Art. 28 nicht zu übersehen; nach dem heutigen Stand der Technik kann z. B. die Integrität des Luftraums nur wirksam mit Flugabwehrraketen geschützt werden, die Art.28, lit. b des Entwurfs verbietet).

(2) Die Verpflichtung aller Partner des Friedensvertrages, nach Art. 3, 4 des Entwurfs die Souveränität und territoriale Integrität Deutschlands zu achten, bedeutet einen ebensowenig effektiven Schutz wie ihn gegenwärtig etwa Art. 2 der Charter gegen subversive Intervention bieten kann.

(3) Das letzte Argument zur Sicherheit des einseitig abgerüsteten Deutschlands im Gutachten zum Entwurf, aaO, S. 28 — nämlich der Tatsache, „daß zu den Partnern des Friedensvertrages die Sowjetunion" gehört, die stets eine Politik der Sicherung des Friedens und Wahrung der nationalen Unabhängigkeit eines jeden Staates vertreten und verteidigt habe, kann nur beunruhigen, wenn man das Schicksal des litauisch-sowjetischen Nichtangriffspaktes (1926), des estnisch-sowjetischen Nichtangriffspaktes (1932), des lettisch-sowjetischen Nichtangriffspaktes (1932), des finnisch-sowjetischen Nichtangriffspaktes (1932), des polnisch-sowjetischen Nichtangriffspaktes (1932), des tschechisch-sowjetischen Nichtangriffspaktes (1943), des Bündnisses zwischen der Sowjetunion und der polnischen Exilregierung in London (1942) verfolgt.

Vgl. Einzelheiten bei *v. Tobien,* Die Methoden des sowjetischen Imperialismus, 2. erw. Aufl. 1958.

V. Schadensersatz und wirtschaftliche Bestimmungen

Eine auch nur skizzenhafte Darstellung der Regelung der wirtschaftlichen und finanziellen Kriegsfolgen[154] würde den Rahmen dieser auf das Grundsätzliche beschränkten Untersuchung sprengen; Reparation, Restitution und sonstige Bestimmungen wirtschaftlicher oder finanzieller Art[155] können deshalb nur ganz kurz von der Sicht des Völkerrechts her beleuchtet werden.

1. Reparationen

Ein Reparationsanspruch wird im Völkerrecht immer dann anerkannt, wenn ein Staat ein völkerrechtliches Unrecht begangen hat[156]; insbesondere stellt illegale Kriegseröffnung einen Verstoß gegen das Völkerrecht dar[157]. Der Aggressor haftet damit den verletzten Staaten nach allgemeinem Völkerrecht für den durch die Kriegseröffnung entstandenen Schaden. Soweit durch einen Friedensvertrag nichts besonderes geregelt ist, gilt für die Art des Schadensersatzes, seine Feststellung und seine Vollstreckung allgemeines Völkerrecht[158].

a) Aus den allgemeinen Regeln des Völkerrechts ergibt sich für das unterlegene Deutschland kurz folgendes:

---

[154] Vgl. kurzen Überblick über die nach 1945 bereits getroffenen Regelungen oben § 4, I, 1, c und 2 c; vgl. insbesondere den Einzelheiten regelnden Vertrag zur Regelung aus Krieg und Besatzung entstandener Fragen in der gemäß Liste IV des Protokolls über die Beendigung des Besatzungsregimes abgeänderten Fassung zwischen der BRD, England, Frankreich und den USA (= Überleitungsvertrag, Text bei Brandweiner, aaO): Teil III Innere Rückerstattung, Teil IV Entschädigung für Opfer der nationalsozialistischen Verfolgung, Teil V Äußere Restitutionen, Teil VI Reparationen (eine endgültige Regelung wird hier allerdings dem Friedensvertrag vorbehalten, Art. 1), Teil IX Regelung der Ansprüche gegen fremde Nationen und Staatsangehörige, Teil X Regelung der ausländischen Interessen in Deutschland.

[155] Ähnlich wie die Friedensverträge des Jahres 1947 unterscheidet der sowjetische Friedensvertragsentwurf zwischen Reparationen, Restitutionen (Teil V, Art. 41 ff.) und sonstigen wirtschaftlichen Bestimmungen (Teil IV, Art. 32 ff.), obgleich die verschiedenen Institute nicht immer mit der notwendigen Schärfe auseinandergehalten werden.

[156] Vgl. *Berber* III, § 2, *Liszt-Fleischmann,* Völkerrecht, 12. Aufl. 1925, S. 286 ff., *Oppenheim-Lauterpacht,* aaO, Bd. I, S. 318 ff.

[157] Vgl. *Berber* III, S. 4, *Stödter,* Deutschlands Rechtslage, S. 240 ff.; im Gegensatz zum Ausbruch des ersten Weltkriegs 1914, als es noch „keine die Kriegseröffnung beschränkende völkerrechtliche Illegalisierung" (so *Berber* II, S. 239) gab, war Deutschland 1939 sowohl durch den Kellogg-Pakt als auch durch den deutsch-polnischen Vertrag vom 26. Jan. 1934 (die Vertragspartner verpflichteten sich hier „unter keinen Umständen . . . zum Zweck der Austragung solcher Streitfragen zur Anwendung von Gewalt zu schreiten") rechtlich gebunden.

[158] Vgl. *Berber* II, S. 240; wie schon bei der Behandlung des Besatzungsrechts und der mit dem Abschluß eines Präliminarfriedens zusammenhängenden Fragen, zeigt sich auch hier wieder, daß der auf einer bedingungslosen Kapitulation bestehende Sieger sich der realen Möglichkeit begibt, durch eine — wenn auch erzwungene — einverständliche Regelung in rechtlich zulässiger Weise sich der Beschränkungen, denen er nach allgemeinem Völkerrecht unterliegt, zu entledigen.

(1) Das dem Grunde nach anzuerkennende Recht des Siegers, Schadensersatz zu fordern, findet seine Grenzen in der Menschlichkeit[159]. So darf nicht mutwillig ganzen Bevölkerungskreisen die Existenzgrundlage geraubt werden; weiter muß sichergestellt werden, daß durch den zu leistenden Schadensersatz nicht die Substanz des Volkes angegriffen wird, sei es durch Demontage oder Rationierung, die den anerkannten Mindestlebensstandard gefährdet[160].

(2) Die Frage der Einbeziehung oder Ausschließung von Kriegskosten und das Problem des indirekten Schadens verlangen gerade in Anbetracht der modernen Kriegsführung[161] eine Einigung zwischen Sieger und Besiegtem[162] über Inhalt und Höhe der Wiedergutmachungspflicht, die ja nach allgemeinem Völkerrecht nur in dem Maße bestehen kann, als adäquat Unrecht verursacht wurde[163].

---

[159] Auf diesen Gesichtspunkt weist insbesondere *Jerusalem,* Die völkerrechtliche Stellung Deutschlands, in: Frankfurter Hefte 1947, S. 1254 ff. (1259) hin.

[160] Diese Rechtsgrundsätze wurden auch im Abschnitt III B des Potsdamer Abkommens anerkannt, aber genausowenig verwirklicht wie der im gleichen Abschnitt bezeugte Grundsatz der wirtschaftlichen Einheit Deutschlands (vgl. Einzelheiten bei Meißner, Rußland, die Westmächte und Deutschland, S. 14) oder die in XIII vorgesehene humane Überführung deutscher Bevölkerungskreise (vgl. oben II, 1, c,(2), (a)): (1) Für Deutschland war ein „mittlerer Lebensstandard vorgesehen, Abschnitt III B, Ziff. 15 b und Potsdam Papers II, S. 1504. (2) Dem deutschen Volk sollten genügend Hilfsquellen für die Aufrechterhaltung seiner Existenz belassen werden, Abschnitt III B, Ziff. 19. (3) Die Demontage sollte sich nur auf Industrien beziehen, die für die deutsche Friedenswirtschaft nicht notwendig wären, Abschnitt IV, Abs. 4 a und b.

[161] Vgl. Einzelheiten bei *Graefrath,* Zur Geschichte der Reparationen, S. 137 ff. im Hinblick auf Deutschland insbes. *Grewe,* Ein Besatzungsstatut für Deutschland und *Stödter,* Deutschlands Rechtslage, S. 242.

[162] *Berber* sieht in der auf freier Einverständniserklärung beruhenden Wiedergutmachung die vollkommenste Garantie des Rechts (Bd. III, S. 86 f.); *Kelsen* ist der Ansicht, daß der verletzte Staat nicht durch einseitiges Diktat den Inhalt der Wiedergutmachungspflicht des verantwortlichen Staates (Unrecht und Unrechtsfolge im Völkerrecht, S. 65 ff.) festsetzen kann. Erschien die in den Friedensverträgen des letzten Jahrhunderts festgesetzte Kriegsentschädigung auch nicht als gerechter Ausgleich für völkerrechtliches Unrecht, sondern mehr oder weniger als „Erfolgsprämie“ (so *Grewe,* aaO, S. 156), so war sie doch ein vertraglich vereinbartes Zugeständnis auf Zahlung eines Geldbetrages. Die Schadensregelung nach dem ersten Weltkrieg geht ebenfalls von der Konzeption der vertraglichen Vereinbarung aus, auch wenn Deutschland durch Art. 231 des Versailler Vertrages einseitig die Verantwortung für alle Verluste und Schäden auferlegt wurden.

[163] Auch wenn nach 1945 nunmehr auf Grund des völkerrechtlichen Verbotes der illegalen Kriegseröffnung mit besseren Argumenten als 1919 von der alleinigen Verantwortung für die durch den Krieg entstandenen Schäden ausgegangen werden kann, so muß doch darüber Klarheit geschaffen werden, was als Kriegsfolge anzusehen ist und ob auch für eklatant völkerrechtswidrige Handlungen des Siegers der Besiegte einzustehen hat. So war oben (II, 2, c, (2), (a)) schon darauf hinzuweisen, daß Deutschland nicht für die sowjetische Aggression Polens verantwortlich gemacht werden kann und insoweit auch ein polnischer Kompensationsanspruch ausscheiden muß. Letztlich kann die Bemessung der Schadenshöhe nicht ins freie Ermessen des Siegers gestellt werden, da auf keinen Fall eine Bereicherung des Geschädigten eintreten darf (vgl. die Mißachtung dieses Grundsatzes — soweit hier überhaupt der Kompensationsgedanke Anwendung finden kann — bei der durch die Siegermächte in Aussicht genommenen Regelung der polnischen Westgrenze oben II, 2, c, (2)).

(3) Aus dem Prinzip der zumindest formell einverständlichen Wiedergutmachungsleistung ergibt sich das Verbot, wider den Willen des Besiegten (oder unter seiner Ausschaltung) eine Zwangsverwaltung bzw. -vollstreckung durchzuführen[164].

Wird nunmehr in einem Friedensvertrag mit Deutschland seitens der Verbündeten und Vereinigten Mächte „auf alle Ansprüche an Deutschland hinsichtlich der weiteren Zahlungen von Reparationen" verzichtet[165], so kann hierin kein besonderes Entgegenkommen erblickt werden[166].

Ein Anspruch der Siegermächte auf Reparationen besteht so gut wie nicht mehr[167]. Die rechtswidrig vorgenommenen Interventionen[168] sollen nachträglich noch mit dem Schein des vertraglichen Konsenses bemäntelt werden[169], während man sich in Versailles doch noch wenigstens an die Form des im völkerrechtlichen Verkehr mit einem — wenn auch diskriminierten — besiegten Staate Üblichen gehalten hatte.

---

[164] Derartige von Siegermächten getroffene Maßnahmen erscheinen als völkerrechtswidrige Interventionen. Zwar kann Deutschland sich zu seinen Gunsten nicht auf Art. 2, Ziff. 4 der Charter berufen, der im zwischenstaatlichen Bereich jede spezifische Gewaltanwendung verbietet, da nach 107 der Charter ihm gegenüber der Grundsatz keine Anwendung findet. Aber auch nach dem bis 1945 allgemein geltenden Völkerrecht kann der Rechtsbrecher nur gezwungen werden, sich dem Recht zu unterwerfen; keinesfalls darf aber unter Ausschaltung des Schädigers zur Durchsetzung — oft nur behaupteter Rechte — geschritten werden; dies wird seit Beginn des 20. Jahrhunderts auch von der sehr interventionsfreundlichen anglo-amerikanischen Völkerrechtslehre anerkannt; vgl. *Oppenheim-Lauterpacht*, aaO, S. 305 ff.; sehr anschaulich *Stone*, Legal Controls of International Conflict, 1954, S. 287 (zit. bei *Berber* I, S. 191, Fn. 3): It has already been acknowledged that these methods of settlement by coercion short of war stand more easily in the books of Machtpolitik than in those of a system of law. They are an invitation for the strong to be lawless judges in their own cause . . ." Die von den Siegermächten in Anschluß und in teilweiser Durchbrechung der Abschnitte III und IV des Potsdamer Abkommens und der Kontrollratsregelung vom 26. März 1946 (= „Plan für die Reparationen und das Niveau der deutschen Nachkriegswirtschaft in Übereinstimmung mit dem Potsdamer Abkommen", in: EA Dokumente, Bd. 6, 1948, S. 90 ff.) durchgeführten Interventionen lassen sich letztlich auch nicht durch die von den Siegermächten auf Grund der Art. 48 ff. LKO eingeräumten Befugnisse rechtfertigen. Derartige Maßnahmen sind nur in dem Rahmen zulässig, als sie zum Schutz der militärischen Interessen der Besatzungstruppen erforderlich scheinen. In keiner Weise gewährt die Landkriegsordnung einer Besatzungsmacht das Recht, die Reparationsforderungen des betreffenden Landes mit Gewalt einzutreiben.

[165] So der sowjetische Vorschlag in Art. 41, 2. Halbsatz des Entwurfs.

[166] Prof. Siegbert Kahn geht in seinen Erläuterungen zu den wirtschaftlichen Bestimmungen des Gutachtens vom 9. Feb. 1959, aaO, davon aus, daß sich die Regelung grundsätzlich vom Versailler Friedensdiktat unterscheide.

[167] Vgl. die sowjetische Deklaration über die Beendigung der Reparationen aus dem Jahre 1953; der im Teil VI, Art. 1, Abs. 1 des Überleitungsvertrages vorgesehene Vorbehalt ist praktisch nur formeller Natur.

[168] Vgl. oben Fn. 164.

[169] Art. 14, 1. Halbsatz lautet: „Die Frage der Zahlung von Reparationen durch Deutschland zur Wiedergutmachung des den Verbündeten und Vereinigten Mächten während des Krieges von ihm zugefügten Schadens gilt als vollständig geregelt."

Es mag vielleicht noch hingenommen werden, daß der Grundsatz der gleichen Ahndung des im Verlauf des Krieges von sowohl den Besiegten als auch den Siegern begangenen Unrechts zu Lasten des Besiegten durchbrochen wird, indem er nach einer an den Tatbestand der illegalen Kriegseröffnung anknüpfenden quasi-Gefährdungshaftung für den ganzen Schaden des Krieges einzustehen hat; mit den Grundsätzen eines Verständigungsfriedens, die auch der sowjetische Friedensvertragsentwurf angewendet wissen will[170], ist aber eine Regelung unvereinbar, die Gewaltakte des Siegers nach der Niederstreckung des Besiegten als rechtmäßig hinstellt und nicht nur für begangenes Unrecht weder Wiedergutmachung noch Genugtuung vorsieht, sondern in vollem Umfang auch hierfür den Besiegten aufkommen läßt.

(1) Nach Art. 36, Nr. 1 des sowjetischen Entwurfs verzichtet Deutschland „in seinem Namen beziehungsweise im Namen der deutschen Organisationen und Bürger auf alle Ansprüche jeglicher Art an die Verbündeten und Vereinten Mächte, an deren Organisationen und Bürger, die unmittelbar mit dem Krieg verbunden sind oder sich aus Maßnahmen ergeben, die infolge des Kriegszustandes in Europa nach dem 1. September 1939 getroffen wurden, unabhängig davon, ob sich die betreffende Verbündete und Vereinte Macht zu dieser Zeit im Zustand des Kriegs mit Deutschland befunden hat oder nicht".

Art. 37 erläutert: „Deutschland verzichtet auf alle Ansprüche staatlichen Charakters, Ansprüche öffentlicher deutscher juristischer Personen, Ansprüche deutscher privater juristischer Personen und deutscher Bürger, die mit den Gebieten verbunden sind, die anderen Staaten zurückgegeben und ihrer Souveränität unterstellt wurden."

Mit dieser Regelung würde jede Wiedergutmachung des nach 1945 gesetzten Unrechts, ohne es überhaupt zu nennen, von vornherein abgelehnt; mit der Formulierung, Gebiete, die anderen Staaten „zurückgegeben" wurden, soll scheinbar die Annexion deutscher Gebiete übertüncht werden. Um klarzustellen, daß hierunter aber auch Gebiete fallen — wie etwa Königsberg und Umgebung —, die sich niemals in den Händen der annektierenden Macht befunden haben, wird der Nachsatz angefügt „und ihrer Souveränität unterstellt wurden".

(2) Demgegenüber wird der im Vergleich geringe Schaden, der durch die Maßnahmen im Rahmen der 48 ff. LKO von der Besatzungsmacht verursacht wurde, anerkannt und eine Entschädigung in Aussicht gestellt (Art. 33). Damit soll eine scheinheilige Fassade völkerrechtlicher Sittsamkeit errichtet werden, die aber die Greueltaten der Vertreibung nicht verdecken kann und sich zudem noch als sehr brüchig erweist: Nicht die Sieger — wie eigentlich nach allgemeinem Völkerrecht und nach flüchtigem Lesen zu erwarten wäre — gewähren für Requirierung und Konfiszierung Entschädigung, sondern die „Regierung Deutschlands", wie sich aus der versteckten Vorschrift des Art. 36, Nr. 3, Satz 2 ergibt:

„Die Regierung Deutschlands erklärt sich bereit, den Personen, die den Streitkräften der Verbündeten und Vereinten Mächte auf deutschem Terri-

[170] Vgl. Gutachten zum Entwurf, aaO, S. 19 („Zu den grundsätzlichen Fragen des Friedens und der friedlichen Beziehungen, Artikel 1—7").

torium im Rahmen der Requirierung Versorgungsgüter oder Dienstleistungen zur Verfügung gestellt haben sowie für die Befriedigung der Ansprüche an die Streitkräfte der Verbündeten und Vereinten Mächte, die sich aus nichtkriegsbedingten Schäden auf deutschem Territorium ergeben haben, eine angemessene Entschädigung in Deutscher Mark zu zahlen."

(3) Als Gipfel des Zynismus erscheint Art. 38, wonach die annektierenden Mächte diese Gebiete lastenfrei erworben haben sollen:

„Die Staaten, auf die die Souveränität über einen Teil des ehemaligen Territoriums Deutschland überging, tragen keine Verantwortung für Verpflichtungen, die sich aus Schulden des deutschen Staates, der deutschen Städte und Gemeinden und der deutschen öffentlichen Einrichtungen ergeben, sowie aus anderen öffentlich-rechtlichen und privatrechtlichen Fragen, die bis zum 8. Mai 1945 entstanden und mit diesem Territorium verbunden sind."

Derartige Bestimmungen können nur als Racheakt gewertet werden[171] und sollten im Interesse des Rechts nicht als gerechte Friedensordnung etikettiert erscheinen.

2. Restitutionen

Unter Restitution wird allgemein die Rückgabe der Gegenstände verstanden, die irregulär einem anderen Staat oder dessen Angehörigen entzogen wurden; bei illegaler Kriegseröffnung werden hierzu auch Gegenstände zählen, die vom Aggressor nach Kriegsrecht requiriert wurden[172].

In den Friedensverträgen des Jahres 1947 werden in Einklang mit der Erklärung der Vereinten Nationen vom 5. 1. 1943 Restitutionsverfahren näher geregelt[173]. Im Falle Deutschlands sind diese Fragen bereits blockintern mit der jeweiligen Teilordnung geregelt worden[174]. Dem Friedensvertrag kann nur mehr eine abschließende Regelung des Fragenkomplexes zukommen[175], die — soweit Kulturgüter angesprochen wer-

---

171 Auch das Gutachten des Ausschusses für Auswärtige Angelegenheiten der Volkskammer, aaO, S. 31 und die Einzelgutachten, aaO, S. 54, äußern sich zu diesen Bestimmungen zurückhaltend; Prof. Siegbert Kahn, Leiter des Wirtschaftswissenschaftlichen Instituts der DDR, führt aus, es handle sich um Fragen, „die im Allgemeinen der innerstaatlichen Regelung" unterliegen; die genannten Artikel ließen zudem eine verschiedenartige Auslegung zu, „die in einen gewissen Widerspruch zur Grundhaltung des Vertrags geraten könnte".

172 Vgl. *Berber* II, S. 239.

173 Teil VI—X und Annex X, XIV—XVIII des Friedensvertrages mit Italien; Teil V und VI und Annex IV—VI der Verträge mit Bulgarien, Rumänien und Ungarn; Teil IV, V und Annex IV—VI des Vertrages mit Finnland.

174 Vgl. z. B. Teil V, Art. 1—7 Überleitungsvertrag nebst Verfahrensregelung im Anhang.

175 Art. 42, Abs. 2 des sowjetischen Entwurfs sieht so eine 12-Monatsfrist vor, in der noch Ansprüche auf Restitution geltend gemacht werden können.

176 Art. 42, Abs. 1 des sowjetischen Entwurfs sieht unter der Überschrift „Restitutionen" nur die Rückgabe der Gegenstände vor, „welche küstlerischen, historischen oder archäologischen Wert besitzen und zum Kulturgut der Vereinten und Verbündeten Mächte gehören". Diese Bestimmung ist insoweit enger als die zwischen BRD und den Westmächten vereinbarte Regelung, aaO, Fn. 174.

den[176] — auch die Rückgabe der rechtswidrig[177] aus Deutschland entfernten Werke der Kunst und der Wissenschaften einschließen sollte[178].

Um keine Restitution im Sinne des Völkerrechts handelt es sich dagegen bei den in Art. 42, Abs. 3 des sowjetischen Friedensvertragsentwurfs in Aussicht genommenen Regelung:

„Deutschland wird den Staaten, denen Teile des ehemaligen Territoriums zurückgegeben oder deren Souveränität solche Territorien unterstellt wurden, gleichfalls alle historischen, Gerichts-, Verwaltungs- und technischen Archive mit den Karten und Plänen übergeben, die diese Gebiete betreffen."

Wie der Formulierung „gleichfalls" zu entnehmen ist, geht die Sowjetunion scheinbar davon aus, daß den annektierenden Staaten ein Anspruch auf Restitution („zurückgeben") bezüglich der Kulturgüter zusteht, die die vertriebene Bevölkerung mit sich retten konnte oder die vor den Zugriffen der einfallenden Truppen noch rechtzeitig in Sicherheit gebracht werden konnten. Es kann nur als ein auch vom Nationalsozialismus düsterster Prägung kaum erreichter Zynismus bezeichnet werden, ganze Bevölkerungsschichten auszurotten oder zu vertreiben, die letzten Überreste ihrer Kultur und ihre Archive aber unter Bemühung völkerrechtlicher Normen herauszuverlangen, um eine seit Jahren begonnene Geschichtsfälschung zum Abschluß zu bringen.

3. Finanzielle Bestimmungen[179]

Wie Scheuner[180] feststellt, ist es kennzeichnend für die Friedensverträge seit Versailles, daß dem Besiegten einseitige Rechtsverluste auferlegt werden[181], während er seinerseits die Rechte der Staatsangehörigen des Gegners wiederherzustellen verpflichtet ist[182]. Diese Fragen haben blockintern ihre Regelung bereits gefunden; es handelt sich im we-

---

[177] Vgl. Art. 56 LKO.

[178] Eine Rückgabe deutscher Kulturgüter sieht der sowjetische Entwurf nicht vor; im Gutachten aaO, S. 31 heißt es lediglich, daß die Sowjetunion „in großzügiger Weise deutsche kulturelle Werte aus den Wirren der Nachkriegszeit gerettet und dem deutschen Volke zurückgegeben" habe.

[179] Es handelt sich hier um Fragen, die sachlich zum Abschnitt über die Reparationen gehören, in den Friedensverträgen des Jahres 1947 aber gesondert geregelt wurden.

[180] *Scheuner,* Der sowjetische Friedensvertragsentwurf vom 10. 1. 1959, aaO, S. 13.

[181] Vgl. Art. 76 des Friedensvertrages mit Italien; in Art. 36 des sowjetischen Entwurfs verzichtet Deutschland — auch für seine Organisationen und Bürger — auf Ersatzansprüche aller Art an die Verbündeten und Vereinigten Mächte.

[182] Vgl. etwa Art. 78 und 81 des Friedensvertrages mit Italien; Art. 34, Nr. 1 des sowjetischen Entwurfs sieht so vor, daß Deutschland „die legitimen Rechte und Interessen der Verbündeten und Vereinten Mächte und ihrer Bürger in Deutschland, wie sie am 1. September 1939 . . ." bestanden, wiederherstellt bzw. Entschädigungen gewährt.

sentlichen um schon abgeschlossene Tatbestände[183] — wie etwa die Beschlagnahme der deutschen Auslandsaktiva[184] — die bei den Friedensverhandlungen auf sich beruhen können, um den Blick für die gerechte Lösung vordringlicherer Probleme freizugeben.

4. Allgemeine wirtschaftliche Bestimmungen

Eine Politik der Bindung der deutschen Wirtschaftskraft und Deutschlands Verstrickung in eine zunehmende Auslandsverschuldung[185] ist nach den schlechten Erfahrungen der Sieger des ersten Weltkriegs nicht mehr im Gespräch. Lediglich die vom sowjetischen Friedensvertragsentwurf angestrebte Meistbegünstigungsklausel ohne zeitliche Begrenzung[186] erinnert an die dem Deutschen Reich durch die Art. 264—267 des Versailler Vertrages zugemutete unbeschränkte Meistbegünstigungsklausel für alle Waren aller Siegermächte. Die Verpflichtung zur Nichtdiskriminierung stellt eine wirtschaftspolitisch sehr einschneidende Maßnahme dar; sie erscheint nach dem gegenwärtigen Stand der zwischenstaatlichen Beziehungen nur als Vorleistung zu einer in Aussicht genommenen weiteren Integration der Beziehungen gerechtfertigt. Auf die Gefahr, daß eine derartige Vorleistung Deutschlands die bereits bestehenden und zu begrüßenden Ansätze einer europäischen Integration ersatzlos beseitigen und zur Isolierung Deutschlands führen würde, mußte oben[187] schon hingewiesen werden.

---

183 Vgl. etwa Teil V und IX des sog. Überleitungsvertrages, aaO und bzgl. der Wiederaufnahme privater Vorkriegsschulden das Londoner Schuldenabkommen vom 27. Feb. 1953 (vgl. oben § 4, I, 1, c).

184 Vgl. Abschnitt IV des Potsdamer Abkommens; nach Art. 35, Abs. 1 und 2 des sowjetischen Entwurfs erkennt Deutschland die diesbezüglichen Verfügungen der Siegermächte sowie die im österreichischen Staatsvertrag getroffene Regelung an.

185 Vgl. Teil X und insbesondere die Art. 280 ff. des Friedensvertrages von Versailles.

186 Vgl. Art. 4, 1 und 39 des Friedensvertragsentwurfs; der österreichische Staatsvertrag und der Friedensvertrag mit Italien sehen demgegenüber nur geringere Beschränkung für eine Übergangsperiode von 18 Monaten vor.

187 Vgl. III, 1, c.

Schlußbemerkung

Die bei der Untersuchung der völkerrechtspolitischen Grundlagen eines Friedensvertrages mit Deutschland erarbeiteten Ergebnisse sind bestimmt nicht die einzig möglichen Rückschlüsse, die aus einer unheilvollen Entwicklung der zwischenstaatlichen Beziehungen in der Mitte des 20. Jahrhunderts gezogen werden können; auch wenn man auf der hier dargelegten Grundlage aufbaut, werden sich in Anbetracht der Vielzahl der bestimmenden Faktoren Modifikationen und abweichende Lösungen finden lassen. Jenseits allen nur akademischen Erkennens der Probleme und jenseits aller ideologischen und politischen Streitigkeiten sowohl im eigenen Haus als auch in der gespaltenen Welt, zeichnet sich aber doch mit einiger Schärfe ein Bild der gegenwärtigen Verfassung der Staatengemeinschaft und der Lage im sog. geteilten Deutschland ab.

I. Eine Friedensordnung, die sowohl die Staaten des Westens als auch die des Ostens einbegreift, ist nicht utopisch, sondern wird durch die mit dem technischen Fortschritt wachsende Integrierung der zwischenstaatlichen Beziehungen gefördert; das intensive Zusammenleben macht eine über schöpferische Einzelakte hinausgehende rechtliche Bindung notwendig.

II. Für die Lösung der Kriegs- und Nachkriegsprobleme in bezug auf Deutschland als Ganzes bieten sich die folgenden Möglichkeiten:

(1) Wiederherstellung des überkommenen deutschen Völkerrechtssubjekts in voller Handlungsfähigkeit und Abschluß eines Friedensvertrages — der hier unterbreitete Vorschlag.

(2) Beendigung des seit 1945 andauernden Dismembrationsprozesses; mit der Vernichtung des überkommenen Völkerrechtssubjekts entfällt gleichzeitig die Grundlage für einen Friedensvertrag mit Deutschland; der Taschenspielertrick, den Friedensvertrag zwar mit Deutschland abzuschließen, es aber gleichzeitig als untergegangen zu betrachten und in den souveränen Staaten BRD und DDR die Verpflichteten zu sehen, widerspricht den Denkgesetzen.

(3) Keine echte Lösung stellt die dritte Möglichkeit politischen Verhaltens dar: weiterhin untätig zu bleiben, den verendenden Körper Gesamtdeutschlands weiterhin vor sich her zu schieben, um damit die gesamten zwischenstaatlichen Beziehungen zu verpesten.

Welcher der drei zu diskutierenden Wege — (1), (2) oder (3) — eingeschlagen wird, ist nicht nur entscheidend für das Schicksal Deutschlands, sondern ebenso für den Bestand der internationalen Ordnung; gelingt es, am Modellfall Deutschland sowohl den Konflikt Sieger-Aggressor als auch die ost-westlichen Spannungen durch einen gerechten Frieden zu überwinden, so ergeben sich ungeahnte Perspektiven für die weitere Integration der zwischenstaatlichen Beziehungen; folgt auf die ungeheuren Verluste an moralischen und rechtlichen Werten in der Kriegs- und Nachkriegszeit aber ein pervertierter Frieden, oder eine Kapitulation der Gerechtigkeit vor den durch Unrecht gesetzten Fakten, so bleibt nicht vielmehr als der bittere Nachgeschmack, daß Deutschland den bis dahin größten Weltbrand entfachte und die Siegermächte als Scharlatane mit einem bis dahin unbekannten Maße an Scheinheiligkeit ein gut Teil der in Jahrhunderten aufgebauten Völkerrechtssubstanz verspielten — bleibt nicht viel mehr als das Vermächtnis des 83-jährigen Gerhart Hauptmanns angesichts des Untergangs Dresdens am 13. Februar 1945:

„. . . die Bitte, Gott möge die Menschen mehr lieben,
läutern und klären zu ihrem Heil als bisher.“

Literaturverzeichnis

Im Interesse der besseren Übersichtlichkeit enthält das Literaturverzeichnis nur diejenigen Werke, die für einen der behandelten Problemkreise von allgemeiner Bedeutung waren. Die darüber hinaus zu einzelnen Fragen herangezogene Spezialliteratur ist nur in den dazugehörigen Anmerkungen zitiert. Bei wiederholten Zitaten innerhalb desselben Paragraphen wird lediglich der Name des Autors — soweit notwendig mit einem weiteren Stichwort — aufgeführt.

1. Lehrbücher, Kommentare, monographische Literatur

Abendroth: Die gegenwärtige völkerrechtliche Bedeutung des Potsdamer Abkommens, in: EA 1952, 4943 ff.

— Die völkerrechtliche Bindung Gesamtdeutschlands durch Verträge seiner Staatsfragmente, in: Festschrift für Laun, 1953, S. 145 ff.

Ankenbrank: Ist die Eingliederung des Sudetenlandes in das Deutsche Reich im Herbst 1938 rechtswirksam geworden? in Jahrbuch für internationales und ausländisches öffentliches Recht, 1950, S. 129 ff.

Anzilotti: Corso di diritto internazionale, Bd. I, 4. Aufl., 1955.

Arndt: Deutschlands rechtliche Lage. Die Wandelung, 1947, S. 106 ff.

— Der Deutsche Staat als Rechtsproblem, 1960.

Aron: Paix et guerre entre les nations, 1962.

Austin: Lectures on Jurisprudence or the Philosophy of Positive Law (potshum).

Bathurst-Simpson: Germany and the North Atlantic Community, 1956.

Berber: Die Rechtsbeziehungen der britischen Dominions zum Mutterland, 1929.

— Sicherheit und Gerechtigkeit, 1934.

— Locarno, eine Dokumentensammlung, 1936.

Berber-Lytton: Peaceful Change, in: International Institute of Intellectual Cooperation, League of Nations 1938.

Berber: Das Diktat von Versailles, 2 Bde., 1939.

— Probleme des Waffenstillstandsrechts, 1942.

— Von den Grenzen des Völkerrechts, in: Politische Studien, Heft 108 (1959), S. 213 ff.

— Lehrbuch des Völkerrechts, I. Band: Friedensrecht, 1960; II. Band: Kriegsrecht 1962; III. Band: Streiterledigung. Kriegsverhütung. Integration. 1964.

Beyer: Zum gegenwärtigen völkerrechtlichen Status Deutschlands, in: NJ 1952, S. 535 ff.

v. Bieberstein: Zum Problem der völkerrechtlichen Anerkennung der beiden deutschen Regierungen. Ein Beitrag zur Diskussion über die Rechtslage Deutschlands, in Schriften zum Öffentlichen Recht, Bd. 3, 1959.

Bishop: The „contractual agreements" with the Federal Republic of Germany, in: AJIL, Bd. 49 (1955), S. 125 ff.

Bornkamm: Jesus von Nazareth, 4., 5. Aufl., 1960, Exkurs: Zur Geschichte der Auslegung der Bergpredigt, S. 202.

Bracht: Ideologische Grundlagen der sowjetischen Völkerrechtslehre, 1964.

Brandt: Berlins Stellung im Bund, Parlament Nr. 39 (vom 26. Sept. 1962).

Brandweiner: Die Deutsche Demokratische Republik und das Problem der Staatennachfolge, in: Deutsche Außenpolitik, 1956, S. 496 ff.

Brierly: The Law of Nations. An introduction to the international law of peace, 1955.

Burlazkij: Über einige Fragen der Theorie des sozialistischen Volksstaates, in: Sowjetstaat und -recht, 1962, Nr. 10.

Ciechanowski: Defeat in Victory, 1947.

Clark-Sohn: World Peace through World Law, 2. Aufl. 1962.

Dahm: Völkerrecht, Bd. I, 1958.

Decker: Das Selbstbestimmungsrecht der Nationen, 1955.

Delbez: Droit international public, 2. Aufl. 1951.

Djilas: Die neue Klasse, 1957.

Domke-Hazard: State Trading and the Most-Favored-Nation Clause, in: AJIL 1958, S. 57 ff.

Dübber: Zur Frage der staatsrechtlichen Position deutscher Berater auf der Viermächte-Konferenz, in: DVBl, 1959, S. 377 ff.

Dürig: Der Deutsche Staat im Jahre 1945 und seither, in: Veröff. d. Vgg. d. dt. StRL, Heft 13 (1955), S. 27 ff.

Eschenburg: Das Problem der deutschen Einheit nach den beiden Weltkriegen, in Vierteljahreshefte für Zeitgeschichte, 1957, S. 107 ff.

Faust: Das Potsdamer Abkommen, 3. Aufl. 1964.

Fenwick: International Law, 1948.

Freund: Der unauffindbare Friede, in: Der Staat, 1964, S. 169 ff.

Freytag-Loringhoven: Die Satzung des Völkerbundes 1926.

Friedrich Fritz (Pseudonym): Once again: Germany's legal status, in: World Polity, I (1957), S. 229 ff.

Friesenhahn: Die völkerrechtliche und staatsrechtliche Lage Deutschlands, in: Recht-Staat-Wirtschaft, Bd. I (1949), S. 34 ff.

Geiler: Die gegenwärtige völkerrechtliche Lage Deutschlands, 1947.

Gemma: Les gouvernements de fait, in: Rec. 4 (1924), S. 293 ff.

Gidel: Quelques idées sur la condition internationale de la Papauté, in: RDIP, Bd. XVIII, S. 589 ff.

Gieseke: Westdeutschlands Rechtslage, 1951.

Graefrath: Zur Geschichte der Reparationen, 1954.

Green: The legal Status of Berlin, in Nederlands Tijdschrift voor Internat. Recht, Bd. 10 (1963), S. 125.

Grewe: Ein Besatzungsstatut für Deutschland, 1948.

— Ein Friedensvertrag mit Deutschland?, EA 1959, S. 305 ff.

— Objektive Widersprüche des sowjetischen Außenministers (Erklärung am 2. Juni 1959 auf der Genfer Konferenz der Vier Außenminister), Bulletin Nr. 98 vom 4. Juni 1959, S. 953 f.

— Deutsche Außenpolitik der Nachkriegszeit, 1960.

— Ungleiche Souveränität, in: AöR, Bd. 79, S. 504 ff.

v. Grottian: Ist Koexistenz mit der Sowjetunion möglich? in: Moderne Welt, 1961/62, S. 115 ff.

Grotius: De jure belli ac pacis, 1625.

Guggenheim: Lehrbuch des Völkerrechts, Bd. I 1948; Bd. II 1951.

— Traité de droit international public, I 1953; II, 1954.

Haupt: Die Souveränität der beiden in Deutschland bestehenden Staaten, in: StuR, 1956, S. 301 ff.

Hensel: Strukturgegensätze oder Ausgleichstendenzen der Wirtschafts- und Gesellschaftssysteme von Ost und West? in Ordo Bd. XII, 1961, S. 305 ff.

v. d. Heydte: Deutschlands Rechtslage, FW 1950, S. 323 ff.

— Die Geburtsstunde des souveränen Staates, 1952.

v. d. Heydte/Dürig: Der deutsche Staat im Jahre 1945 und seither, in: Veröff. d. Vgg. d. dt. StRL, Heft 13, S. 6 ff.

v. d. Heydte: Die politische Ausgangslage eines modernen Völkerrechts, in: Internationales Jahrbuch für Politik, 1956, S. 8 ff.

— Rechtssubjekt und Rechtsperson im Völkerrecht, in: Festschrift für Spiropoulos, 1957, S. 237 ff.

— Völkerrecht. Ein Lehrbuch, Bd. I, 1958.

— Die Entwicklung der deutschen Rechtslage, in: Jahrbuch für Internationales Recht, 1962, S. 138 ff.

— Stichwort „Deutschland" in: Staatslexikon der Görresgesellschaft.

Huber, Max: Die soziologische Grundlage des Völkerrechts, 1928.

— Vermischte Schriften, Bd. IV, Rückblick und Ausblick, Gesammelte Aufsätze und Ansprachen, 1957 (zit. Max Huber). Das christliche Geschichtsbild (S. 121—135). Christliches Ethos und das Internationale (S. 175—197). Prolegomena und Probleme eines Internationalen Ethos (S. 373—405). Koexistenz und Gemeinschaft (S. 459—483).

Hyde: International Law, chiefly as Interpreted and Applied by the United States, 2. Aufl., 3 Bde., 1945.

Ipsen: Das Grundgesetz in seiner Vorläufigkeit, in: Recht-Staat-Wirtschaft, Bd. 2, S. 185.

Jellinek: Allgemeine Staatenlehre, 3. Aufl. 1922.

Jerusalem: Die völkerrechtliche Stellung Deutschlands, in: Frankfurter Hefte 1947, S. 1254 ff.

Kaufmann: Règles Générales de Droit de la Paix, 1936.

— Deutschlands Rechtslage unter der Besetzung, 1948.

Kennan: Realities of American Foreign Policy, 1954.

— Russia, the Atom and the West, 1958.

Kelsen: The legal Status of Germany to be established immediately upon termination of war, AJ 38 (1944), S. 689 ff.

— The legal status of Germany according to the Declaration of Berlin, in: AJ 89 (1945), S. 518 ff.

— Is a Peace Treaty with Germany Legally Possible and Politically Desireable?, The American Political Science Review, Bd. XLI (1947), S. 605 ff.

— Ein Friedensvertrag oder ein neues Deutschland?, Berliner Hefte, 1948, S. 193 ff.

— The Law of the United Nations, 1. Aufl., 3. Druck, 1951.

— Unrecht und Unrechtsfolge im Völkerrecht, in: Zeitschrift für öffentliches Recht, 1952, S. 481 ff.

— Reine Rechtslehre, 2. Aufl. 1960.

Klafkowski: The Form of Recognition of State Frontiers after the Second World War, in: Polish Western Affairs, Nr. 2/1963.

Klein: Neues Deutsches Verfassungsrecht, 1949.

Klingelhöfer: Zwei Staaten oder zwei Provisorien?, in: Vorwärts, Nr. 1 (1959), S. 5 ff.

Kordt: Koexistenz als politisches Phänomen, in: Moderne Welt, 1. Jahrgang (1959), S. 30 ff.

Korowin: Das Völkerrecht der Übergangszeit, russ. 1924, deutsche Übersetzung 1926.

Kraus: Von ehrlicher Kriegsführung und gerechtem Friedensschluß, 1950.
— Die Oder-Neiße-Linie. Eine völkerrechtliche Studie, 2. Aufl. 1959.

Krüger: Bundesrepublik Deutschland und Deutsches Reich, in: SJZ, 1950, Sp. 113 ff.
— Koexistenz und Brüderlichkeit, in: Mitteilungen aus der Forschungsstelle für Völkerrecht und ausländisches öffentliches Recht der Universität Hamburg und dem Institut für auswärtige Politik, Nr. 1 (Juni 1959), S. 5 ff.
— Finis belli pax est, in: Jahrbuch für Internationales Recht, 11. Band (1962).

Krüger-Rauschning: Die Gesamtverfassung Deutschlands, Die Staatsverfassungen der Welt, Bd. I, 1962.

Krylow: Zur Diskussion über Fragen der Theorie des Völkerrechts, in: Sowjetstaat und Sowjetrecht 1954, Heft 7, S. 74 ff. (russ.).

Kutscher-Grewe: Bonner Vertrag. Vertrag über die Beziehungen zwischen der Bundesrepublik und den Drei Mächten nebst Zusatzvereinbarungen und Briefwechsel, 1952.

Kunz: Die Anerkennung von Staaten und Regierungen im Völkerrecht, in: Stier-Somlo, Handbuch des Völkerrechts, Bd. II, 4. Abteilung, 1928.
— The status of occupied Germany under International Law, in: Western Political Quarterly, Bd. 3 (1950), S. 538 ff.

Kunzmann: Die friedliche Koexistenz, in: EA, 1961, S. 741 ff.

Landshut: Marxismus, in: Evangelisches Kirchenlexikon, 1958.

Larenz: Methodenlehre der Rechtswissenschaft, 1960.

v. Laun: The legal Status of Germany, in: AJ Bd. 45, S. 267 ff.
— Zweierlei Völkerrecht, Jahrbuch für internationales und ausländisches Recht, Bd. I (1948/49), S. 652.
— Das Recht auf Heimat, 1951.

Leibholz: Das Wesen der Repräsentation, 1929.

Lenin: Werke, 1927—31. Ausgewählte Werke in 3 Bänden, 1963.

Lepjeschkin: Das Programm der KPdSU und einige Fragen der Theorie des sozialistischen Sowjetstaates, in: Sowjetstaat und -recht, 1961, Nr. 12, S. 3 ff. (russ.).

Lewald: Deutschlands Rechtslage, in: NJW 1951, 344.

Liszt-Fleischmann: Völkerrecht, 12. Aufl. 1925.

Marek: Identity and Continuity of States in Public International Law, Diss. Genf 1954.

v. Mangoldt-Klein: Das Bonner Grundgesetz. Erläutert von Hermann von Mangoldt und von Friedrich Klein, Bd. I, 2. Aufl. 1957.

Martin: Es gibt zwei deutsche Staaten, DAP 1957, S. 834 ff.

Maunz: Deutsches Staatsrecht, 9. Aufl. 1959; 10. Aufl. 1961.

Maurach: Handbuch der Sowjetverfassung, 1955.

Meissner: Die Sowjetunion, die baltischen Staaten und das Völkerrecht, 1956.
— Außenpolitische Theorie und Völkerrechtsdoktrin in der Sowjetunion, in: Internationales Recht und Diplomatie, Heft 3/4 (1960), S. I—XVIII.

Meister: Stimmen des Auslands zur Rechtslage in Deutschland, in: ZöRVR Bd. 13 (1950/51), S. 173 ff.

Menger: Die Teilung Deutschlands als Verfassungsproblem, in: Der Staat, I. Bd. (1962/63), S. 3 ff.

Mensching: Allgemeine Religionswissenschaft, 2. Aufl. 1949.

Menzel: Zur völkerrechtlichen Lage Deutschlands, EA 1947, S. 1009 ff.
— Deutschland — ein Kondominium oder Koimperium? in: Jahrbuch für internationales und ausländisches öffentliches Recht, Bd. I (1948), S. 43 ff.
— Die vertraglichen Regelungen über deutsche Gebietsabtretungen, EA 1949, S. 223 ff.
— Die staats- und völkerrechtlichen Probleme der Wiedervereinigung, EA 1958, S. 11 051 ff.
— Falsche staats- und völkerrechtliche Thesen zur Wiedervereinigung, in: Blätter für deutsche und internationale Politik, Heft 9 (1959), S. 707 ff.
— Zwei deutsche Staaten?, Referate des 6. Barsinghausener Gesprächs vom 16. bis 28. Oktober 1959, 1960, S. 16 ff.
— Die Vereinten Nationen und das Selbstbestimmungsrecht der Völker, in: Jahrbuch für internationales Recht, 1962, S. 270 ff.
— Völkerrecht, 1962.

Mikolajczyk: The Rape of Poland, 1948.

Mitteis: Deutsche Rechtsgeschichte, 1956.

Morrow: The Peace-Settlement on the German-Polish border lands, 1936.

Mosler: Der Einfluß der Rechtsstellung Deutschlands auf die Kriegsverbrecherprozesse, in: SJZ 1947, S. 362 ff.
— Die völkerrechtliche Wirkung bundesstaatlicher Verfassungen, in: Festschrift für Thoma, 1950, S. 129 ff.
— Die Beendigung des Kriegszustandes mit Deutschland und die Entwicklung des völkerrechtlichen Kriegsbegriffs, in Max-Planck-Institut für ausländisches öffentliches Recht und Völkerrecht, Bd. 37 (1963).

Münch: Die Freie Stadt, in: FW, Bd. 55 (1959/60), S. 26 ff.

Nadolny: Völkerrecht und deutscher Friede, 1949.

Nawiasky: Die Grundgedanken des Grundgesetzes für die Bundesrepublik Deutschland, 1950.

Noël-Baker: The British Commonwealth in International Law, 1955.

O'Brien: The constitution of the United States and the occupation of Germany, in: World Polity, I (1957), S. 61 ff.

Oppenheim-Lauterbach: International Law, Vol. I, 8. Aufl. 1955; Vol. II, 7. Aufl. 1952.

Peck: Zum völkerrechtlichen Status der Deutschen Demokratischen Republik, 1956.

Peters: Die staats- und völkerrechtliche Lage Berlins, in: DV 1949, S. 601 ff.

Phillipson: Termination of War and Treaties of Peace, 1915.

Podestà Costa: Efectos internacionales de la actuación de los gobiernos de facto, 1924.

Poeggel: Deutschlands Grenzen — die Aussage des Völkerrechts, in: Staat und Recht, Nr. 1/1964.

Rabl: Die gegenwärtige völkerrechtliche Lage der deutschen Ostgebiete, 1958.

Radbruch: Rechtsphilosophie, 4. Aufl. 1950.
— Vorschule der Rechtsphilosophie, 2. Aufl 1959.

Raschhofer: Die Sudetenfrage — ihre völkerrechtliche Entwicklung vom 1. Weltkrieg bis zur Gegenwart, 1953.

Reibstein: Völkerrecht, Bd. I und II, 1958.

Riesman: The Lonely Crowd, 1952.

Rigin: Der Staatsbegriff in der sowjetischen juristischen Literatur, in: Osteuropa-Recht 1964, S. 51 ff.

Ripka: Munich before and after, 1939.

Ritter: Europa und die deutsche Frage, 1948.

Rogge: Die Verfassung des Memelgebiets, 1928.

Rothfels: Gesellschaftsordnung und Koexistenz, in: Zeitgeschichtliche Betrachtungen, 1959, S. 202 ff.

Rousseau: Droit International Public, 1953.

Rumpf: Aktuelle Rechtsfragen der Wiedervereinigung Deutschlands, in: EA, 1957, S. 9723 ff.

Sauer: Juristische Methodenlehre, 1944.
— Völkerrecht und Weltfrieden. Fundamente zur völkerrechtlichen Neuordnung, 1948.

Schätzel: Das Reich und das Memelgebiet, 1942.
— Der Friede mit dem Aggressor, in: Festschrift für Laun, 1953, S. 327 ff.

Scheuer: Die Rechtslage des geteilten Deutschland, 1960.

Scheuner: Die Annexion im modernen Völkerrecht, FW, 1949, S. 81 ff.
— Entstehung, Altersstufen und Untergang von Staaten im Lichte des Rechts, in: Kölner Zeitschrift für Soziologie, Bd. 4 (1951/52), S. 208 ff.
— Der Fehlende Friede, in: Mensch und Staat in Recht und Geschichte, Festschrift für H. Kraus, 1954, S. 190 ff.
— Voraussetzungen und Verfahren der Wiedervereinigung, in: EA 1955, S. 8076.
— Anmerkungen zur Frage der Beendigung des Kriegszustandes, AöR, Bd. 77, S. 320.
— Der sowjetische Friedensvertragsentwurf vom 10.1. 1959, Sonderdruck für das Bundesministerium für Gesamtdeutsche Fragen (aus Recht in Ost und West, Heft 3, 1959).

Schilling: Religion und Recht, 1957.

Schmoller-Maier-Tobler: Handbuch des Besatzungsrechts, 1951.

Schuster: Zum Problem der völkerrechtlichen Anerkennung der beiden deutschen Regierungen (zur gleichnamigen Schrift des Freiherrn Marschall von Bieberstein) in DöV 1960, S. 165 ff.
— Deutschlands staatliche Existenz im Widerstreit politischer und rechtlicher Gesichtspunkte 1945—1963, 1963 (zit. Schuster).

Schwendemann: Abrüstung und Sicherheit, 2 Bde., 1935.

Smend: Verfassung und Verfassungsrecht, 1928.

Sorokin: Soziologische und kulturelle Annäherung zwischen den Vereinigten Staaten und der Sowjetunion, in: Zeitschrift für Politik, Bd. 7 (1960), S. 341 ff.

Stalin: Werke, 1949—1951 (russ.)

Stödter: Deutschlands Rechtslage, 1948.

Stone: Legal Control of International Conflict, 1954.

Strebel: Das Östereicher Gesetz vom Blickpunkt des Völkerrechts, in: Festgabe für Makarov, Abhandlungen zum Völkerrecht, Zeitschrift für ausländisches öffentliches Recht und Völkerrecht, Bd. 19, Nr. 1—3, 1958, S. 483 ff.

Táborsky: The Czechoslovak Cause, 1944.

v. Tobien: Die Methoden des sowjetischen Imperialismus, 2. Aufl. 1958.

Topitsch: Die Menschenrechte, ein Beitrag zur Ideologiekritik, in: JZ 1963, 1 ff.

Tunkin: Eine unglückliche Auslegung des internationalen Rechts (russ.), Iswestija vom 27. Mai 1959.

— Co-Existence and International Law, in: Recueil des Cours de l'Académie de Droit International, Bd. 95 (1959), S. 5 ff.

— The Role of International Law, in: Völkerrecht und rechtliches Weltbild, Festschrift für Alfred Verdroß, 1960, S. 293 ff.

Verdroß: Völkerrecht, 2. Aufl. 1950, 3. Aufl. 1955.

Vocke: Deutschlands Rechtslage im Spiegel der Lehre und Praxis, Diss. Würzburg, 1957.

— Politische Gefahren der Theorien über Deutschlands Rechtslage, EA 1957, S. 10 199 ff.

Völkerrecht, Lehrbuch, herausgegeben von der Akademie der Wissenschaften der UdSSR, 1957 (russ.); deutsch: Berlin-O 1960, Hamburg 1960 (Veröffentlichung des Instituts für internationales Recht an der Universität Kiel).

Wagner: Die Teilung Europas. Geschichte der sowjetischen Expansion bis zur Spaltung Deutschlands, 1918—1945, 1959.

Weber, Max: Wirtschaft und Gesellschaft, 4. Aufl. 1956.

Wehberg: Krieg und Eroberung im Wandel des Völkerrechts, 1953.

Weill und *Virally:* Du contrôle exercé par la Cour de Cassation sur l'interprétation de lois du Conseil de contrôle en Allemagne, in Revue Critique de droit internat. privé, Bd. 41 (1952), S. 253 ff.

Weizäcker: Die Bedingungen des Friedens, in: SZ 1963, Nr. 248, S. 16.

Wengler: Deutschland als Rechtsbegriff, in: Festschrift für Nawiasky, 1956, S. 49 ff.

— Der Begriff des Politischen im internationalen Recht, 1956.

— Völkerrecht, Bd. I und II, 1964.

Wetter: Der dialektische Materialismus, Freiburg 1952.

Wiewióra: The Recognition of Territorial Accessions in International Law, 1961.

Windisch: Die völkerrechtliche Stellung der deutschen Einzelstaaten, 1905.

Wohlstätter: The Delicate Ballance of Terror, Foreign Affairs, Vol. 37, No. 2 (1959).

Wolff: Ius Gentium Methodo Scientifica Pertractum, 1764.

2. Nachschlagewerke

Große Sowjetenzyklopädie, Bd. 22, 2. Aufl. (russ.) 1953.

Handbuch der Politik, 3. Aufl., 6 Bde., 1920 ff.

Kirchlich-theologisches Handwörterbuch, Göttingen 1956.

Rechtsvergleichendes Handwörterbuch für das Zivil- und Handelsrecht des In- und Auslandes. Herausgegeben von Schlegelberger, 6 Bde., 1929 ff.

Staatslexikon, Recht Wirtschaft Gesellschaft. Herausgegeben von der Görresgesellschaft, 8 Bde., 1957—63.

Wörterbuch des Völkerrechts und der Diplomatie, begonnen von Hatschek, fortgesetzt und herausgegeben von Strupp, 3. Bde., 1924 ff.

Wörterbuch des Völkerrechts. Begründet von Strupp; in völlig neu bearbeiteter zweiter Aufl. herausgegeben von Schlochauer, 3. Bde., 1960 ff. (zit. Strupp-Schlochauer).

3. Dokumente und Dokumentensammlungen

a) Berichte und Memoiren

Byrnes: Speaking frankly, 1947 (In aller Offenheit, 1949).

Churchill: Reden, 6 Bde., 1946—50.

— The Second World War, 6 Bde., 1948—52 (deutsche Übersetzung: Der zweite Weltkrieg, 6 Bde., Bern 1948—52).

Hull: The Memoirs of Cordell Hull, 1948.

Molotow: Fragen der Außenpolitik, Reden und Erklärungen von April 1945 bis Juni 1948, 1949.

Leaky: I was there, 1950.

Stettinius: Roosevelt and the Russians. The Yalta Conference, 1949.

Truman: Memoiren, Bd. I, Das Jahr der Entscheidungen, 1955.

b) Dokumentensammlungen

Die Dokumente sind geordnet nach dem Herausgeber (1) oder nach dem Herausgabejahr (2).

(1)

Brandweiner: Die Pariser Verträge, 2. durchgesehene Aufl. 1956.

Deuerlein: Die Einheit Deutschlands, 2. Aufl. 1961.

Ermacora: Österreichs Staatsvertrag und Neutralität, Dokumente, herausgegeben von der Forschungsstelle für Völkerrecht, Hamburg, 1957.

Hohlfeld: Dokumente der deutschen Politik und Geschichte von 1848 bis zur Gegenwart, 8 Bde., o. J.

Jäckel: Die Deutsche Frage, 1952—56.

Meissner: Das Ostpaktsystem, Dokumente, 1. Teil: Das sowjetische Paktsystem in Europa, 1951.

Mosler-Doehring: Die Beendigung des Kriegszustands mit Deutschland nach dem zweiten Weltkrieg, Max-Planck-Institut für ausländisches öffentliches Recht und Völkerrecht, Bd. 37, 1963.

Ruhm-v. Oppen: Documents on Germany under Occupations 1945—54, 1955.

Sartorius: Verfassungs- ud Verwaltungsgesetze, Bd. II.

Schlegelberger: Das Recht der Gegenwart, Stand 1. 9. 1962.

Schlüter: Die Wiedervereinigung Deutschlands. Ein zeitgeschichtlicher Leitfaden, 1959.

v. Siegler: Wiedervereinigung und Sicherheit. Eine dokumentarische Diskussionsgrundlage, 1956 (4. Aufl. 1961).

Toynbee: Documents on international affairs 1939—46.

(2)

Documents on American Foreign Relations, Bde. 2—7, herausgegeben von der World Peace Foundation, 1940—42.

The Treaty of Versailles and After. Annotations of the text of the treaty, Department of State, Publication 2724, Conference Series 92, 1947.

Poland: Germany and European Peace. Official Documents 1944—1948.

Veröffentlichung des Instituts für Internationales Recht in Kiel. Heft 1: Kriegsdokumente über Bündnisgrundlagen. Kriegsziele und Friedenspolitik der Vereinten Nationen, 1946. Heft 2: San Francisco-Charter der Vereinten Nationen. Potsdamer Erklärungen und andere Dokumente, 1948.

Ausländische Dokumente zur Oder-Neiße-Linie, 1949.

A Dekade of American Foreign Policy. Basic Documents 1941—1949. Prepared at the request of the Senate Committee on Foreign Relations by the Staff of the Committee and the Department of State, 1950.

Der Prozeß gegen die Hauptkriegsverbrecher vor dem Internationalen Militärgerichtshof (14. 11. 1945—1. 10. 1946); 1949, zit. Nürnberger Prozeß.

Akten zur deutschen auswärtigen Politik 1918—45, Reihe D, Bde. 2, 4 u. 5, Baden-Baden 1950—54.

Der KPD-Prozeß, 3 Bde., 1955.

Dokumente zur Staatsordnung der DDR, Bd. I, Bd. II, 1958.

Potsdam Papers. Foreign Relations of the United States — Diplomatic Papers — The Conference of Berlin (The Potsdam Conference) 1945, 2 Bde., 1960.

Selected Documents on Germany and the question of Berlin 1944—1961.

United Nations Treaty Series, Treaties and international agreements registered or filled and recorded with the Secretariat of the United Nations, 1946 ff.

Ost-Probleme. Herausgeber: Verlag Wissenschaft und Politik. Keesing's Archiv der Gegenwart.

c) Fundstellen öfters zitierter völkerrechtlicher Dokumente

Friedensvertrag zwischen dem Deutschen Reich und Frankreich vom 10. Mai 1871, RGBl. 1871, S. 223.

Friedensvertrag zwischen den Alliierten und Assoziierten Mächten und Deutschland, unterzeichnet am 28. Juni 1919 zu Versailles, RGBl. 1919, S. 687 ff.

Friedensvertrag Vereinigte Staaten—Deutsches Reich vom 25. 8. 1921, RGBl. 1921, S. 1318; US Treaty Series No. 658 (1922).

Vertrag über die Ächtung des Krieges (Kellog-Pakt) vom 27. 8. 1928 nebst Gesetz vom 9. 2. 1929, RGBl. 1929 II, S. 97.

Charta der Vereinten Nationen vom 26. 6. 1945, deutsche Übersetzung vom Sprachendienst des Auswärtigen Amtes in: Sartorius II/40.

Protokoll zwischen den Vereinigten Staaten, Großbritannien und der Sowjetunion vom 12. 9. 1944 über die Besatzungszonen in Deutschland und die Verwaltung von Groß-Berlin, UNTS II Nr. 532, Bd. 227, S. 279 ff.

Abkommen über Ergänzungen zum Protokoll vom 12. 9. 1944 über die Besatzungszonen in Deutschland und die Verwaltung von Groß-Berlin, UNTS II Nr. 532, Bd. 227, S. 286 ff.; UNTS II Nr. 533, Bd. 227, S. 298 ff.; VOBl. der Stadt Berlin 1945, S. 45.

Abkommen über Kontrolleinrichtungen in Deutschland, EA 1955, S. 7376 ff.; vgl. auch „Feststellung über das Kontrollverfahren in Deutschland" vom 5. 6. 1945, Amtsblatt des Kontrollrats in Deutschland, 1945, Ergänzungsheft 1, S. 11.

Erklärung in Anbetracht der Niederlage Deutschlands und der Übernahme der obersten Regierungsgewalt hinsichtlich Deutschlands, UNTS II Nr. 230, Bd. 68, S. 190 ff.; Amtsblatt des Kontrollrats in Deutschland, 1945, Ergänzungsheft 1, S. 57 ff.

Potsdamer Abkommen vom 2. 8. 1945, Amtsblatt des Kontrollrats in Deutschland, 1945, Ergänzungsheft 1, S. 13 ff.

Friedensverträge der Alliierten vom 10. 2. 1947.
Bulgarien, UNTS Bd. 41, S. 21 ff.
Finnland, UNTS Bd. 48, S. 203 ff.
Italien, UNTS Bd. 49, S. 3 ff.
Rumänien, UNTS Bd. 42, S. 3 ff.
Ungarn, UNTS Bd. 41, S. 135 ff.

Erklärung des sowjetischen Vertreters im Alliierten Kontrollrat, Marschall Sokolowski, am 20. 3. 1948 (Ausscheiden der UdSSR aus dem Kontrollrat), Sartorius II/45 g.

Sowjetische Verlautbarung vom 1. 7. 1948 über die Einstellung der Mitarbeit der Sowjetunion an der Arbeit der Alliierten Kommandantur der Stadt Berlin mit dem 16. 6. 1948 (Ausscheiden der UdSSR aus der Alliierten Kommandatur), Sartorius II/45 h.

New Yorker Viermächteabkommen vom 4. 5. 1949 über die Aufhebung der Berliner Blockade, UNTS I Nr. 1864, Bd. 138, S. 123 f.; EA 1949, S. 2146.

Friedensvertrag mit Japan vom 24. 4. 1952, UNTS Bd. 136, S. 45; deutsche Übersetzung in: EA 1952, S. 5267.

Brüsseler Vertrag vom 17. März 1948, BGBl. 1955 II S. 283; Gesetz betreffend den Beitritt der Bundesrepublik Deutschland zum Brüsseler Vertrag vom 24. 3. 1955, BGBl. 1955 II S. 256.

Protokoll über die Beendigung des Besatzungsregimes in der Bundesrepublik Deutschland vom 23. 10. 1954, BGBl. 1955 II S. 215.

Vertrag über die Beziehungen der Bundesrepublik Deutschland und den Drei Mächten vom 6. 5. 1952 (in der gemäß Liste I zu dem am 23. 10. 1954 in Paris unterzeichneten Protokoll über die Beendigung des Besatzungsregimes in der Bundesrepublik Deutschland geänderten Fassung), BGBl. 1955 II S. 305; Brandweiner, aaO, S. 60 ff.

Nordatlantikvertrag vom 4. 4. 1949, BGBl. 1955 II S. 289.

Erklärung der Sowjetregierung über die Beziehungen zwischen der Sowjetunion und der DDR vom 25. 3. 1954 (sog. Souveränitätserklärung), EA 1954, S. 6534 f.

Vertrag über die Beziehungen der DDR und der UdSSR vom 20. 9. 1955, GBl. der DDR 1955, S. 918 f.; EA 1955, S. 8316 f.

Österreichischer Staatsvertrag vom 15. 5. 1955, vgl. Ermacora, aaO.

Entwurf der Regierung der UdSSR für einen Friedensvertrag mit Deutschland vom 10. Januar 1959, in: Deutsche Außenpolitik, Sonderheft I/1959, S. 3 ff. (zit. Entwurf).

Gutachten des Ausschusses für Auswärtige Angelegenheiten der Volkskammer der DDR vom 9. Februar 1959 über den Entwurf der Regierung der UdSSR für einen Friedensvertrag mit Deutschland, DA, Sonderheft I: 1959, S. 15 ff. (zit. Gutachten).

Erläuterungen des Gutachtens des Ausschusses für Auswärtige Angelegenheiten der DDR durch Otto Winzer, Artur Baumgarten, Fritz Geyer, Walter Bartel, Herbert Kröger, Siegbert Kahn u. a., DA, Sonderheft I: 1959, S. 35 ff. (zit. Erläuterung).

Personenregister

Sachregister

Papier | Fördert gute Waldnutzung
FSC® C083411

Kolibri 360 GmbH
Ferdinand-Jühlke-Straße 7
99095 Erfurt, Deutschland
produktsicherheit@kolibri360.de

Druck:
CPI Druckdienstleistungen GmbH
im Auftrag der
Kolibri 360 GmbH
Ferdinand-Jühlke-Str. 7
99095 Erfurt